LES PROCESSUS CG

**BTS CG 1re et 2e années**

W0214129

# PROCESSUS 6

## Analyse de la situation financière

**Sous la direction de Christine Darlay**

Florence Boudet
Emmanuelle Sardain
Régis Tombarel

**+ liens avec le P7**

Nathan
TECHNIQUE

# Sommaire




**Édition :** CDL, **couverture :** V. Rioult, **conception maquette** : A.-D. Naname, **mise en pages :** J.-J. Galmiche

**Crédits photographiques :** p. 3 de haut en bas et de gauche à droite : Minerva Studio/Fotolia ; Minerva Studio/Fotolia ; Minerva Studio/Fotolia ; sepy/Fotolia ; sepy/Fotolia ; sepy/Fotolia ; sepy/Fotolia ; p. 4 : sepy/Fotolia ; p. 5 : sepy/Fotolia ; p. 9 : frender/Fotolia ; p. 11 : sepy/Fotolia ; p. 14 : Moreno Soppelsa/Fotolia ; p. 15 : astrosystem/Fotolia ; p. 16 : andersphoto/Fotolia ; p. 25 : stoleg/Fotolia ; p. 26 : Niki Love/Fotolia ; p. 27 : Minerva Studio/Fotolia ; p. 28 : UBER IMAGES/Fotolia ; p. 30 : sepy/Fotolia ; p. 37 : Will Thomas/Fotolia ; p. 39 : devrim_pinar/Fotolia ; p. 41 : EspritMeuble ; p. 43 : sepy/Fotolia ; p. 45 md : Rawpixel.com/Fotolia ; p. 45 bd : Syda Productions/Fotolia ; p. 46 : Krsmanovic/Fotolia ; p. 59 : Deyan Georgiev/Fotolia ; p. 60 : andrej_sv/Fotolia ; p. 61 : yurolaitsalbert/Fotolia ; p. 63 h : xy/Fotolia ; p. 63 b : tsach/Fotolia ; p. 71 : Kzenon/Fotolia ; p. 79 : sepy/Fotolia ; p. 80 : sepy/Fotolia ; p. 81 : Minerva Studio/Fotolia ; p. 83 : sepy/Fotolia ; p. 84 : Minerva Studio/Fotolia ; p. 89 : Gstudio Group/Fotolia ; p. 91 : Minerva Studio/Fotolia ; p. 93 : Minerva Studio/Fotolia ; p. 109 : opolja/Fotolia ; p. 111 : Wolfilser/Fotolia ; p. 113 : alexandro900/Fotolia ; p. 114 : miw45kg/Fotolia ; p. 115 : sepy/Fotolia ; p. 117 : sepy/Fotolia ; p. 134 : massimosp3/Fotolia ; p. 135 : Stokkete/Fotolia ; p. 137 : Rido/Fotolia ; p. 138 : sepy/Fotolia ; p. 139 : sepy/Fotolia ; p. 141 : sepy/Fotolia ; p. 157 : Temistocle Lucarelli/Fotolia ; p. 158 : Oleksandr Moroz/Fotolia ; p. 160 : Marcito/Fotolia ; p. 161 : Sepy/Fotolia ; p. 163 : kitzcorner/Fotolia ; p. 164 : mayatnik/Fotolia ; p. 179 : industrieblick/Fotolia ; p. 180 WaveBreakMediaMicro/Fotolia ; p. 183 : Ilhedgehogll/Fotolia ; p. 184 : sepy/Fotolia ; p. 193 : Bussiclick/Fotolia ; p. 194 : Tarzhanova/Fotolia ; p. 196 : riccardomojana/Fotolia.




**ISBN : 978-2-09-164849-1**

# L'entreprise Pack Inbox

## I. Son métier, ses hommes

La SA Pack Inbox a été créée en 1998 dans la région lyonnaise par M. Altoviti, M. Barel et Mme Emma. M. Altoviti est associé majoritaire et PDG de cette société.
Pack Inbox fabrique des cartons d'emballage. La direction a choisi de fabriquer ses produits finis directement à partir de bobines de papier achetées auprès de quelques fournisseurs réputés dans l'industrie papetière. Ces achats sont complétés par un système d'approvisionnement en vieux papiers.
Grâce à son savoir-faire, l'entreprise s'est spécialisée dans la fabrication de cartons solides, résistants, destinés aux transports de biens : conteneurs d'expédition, caisses américaines double canelure, cartons lourds pour emballages industriels, cartons à hauteur variable pour e-commerce, etc.

L'entreprise compte 38 salariés expérimentés. Le climat social est bon, l'entreprise bénéficie d'un très faible taux de *turnover*.
L'organigramme se présente ainsi :

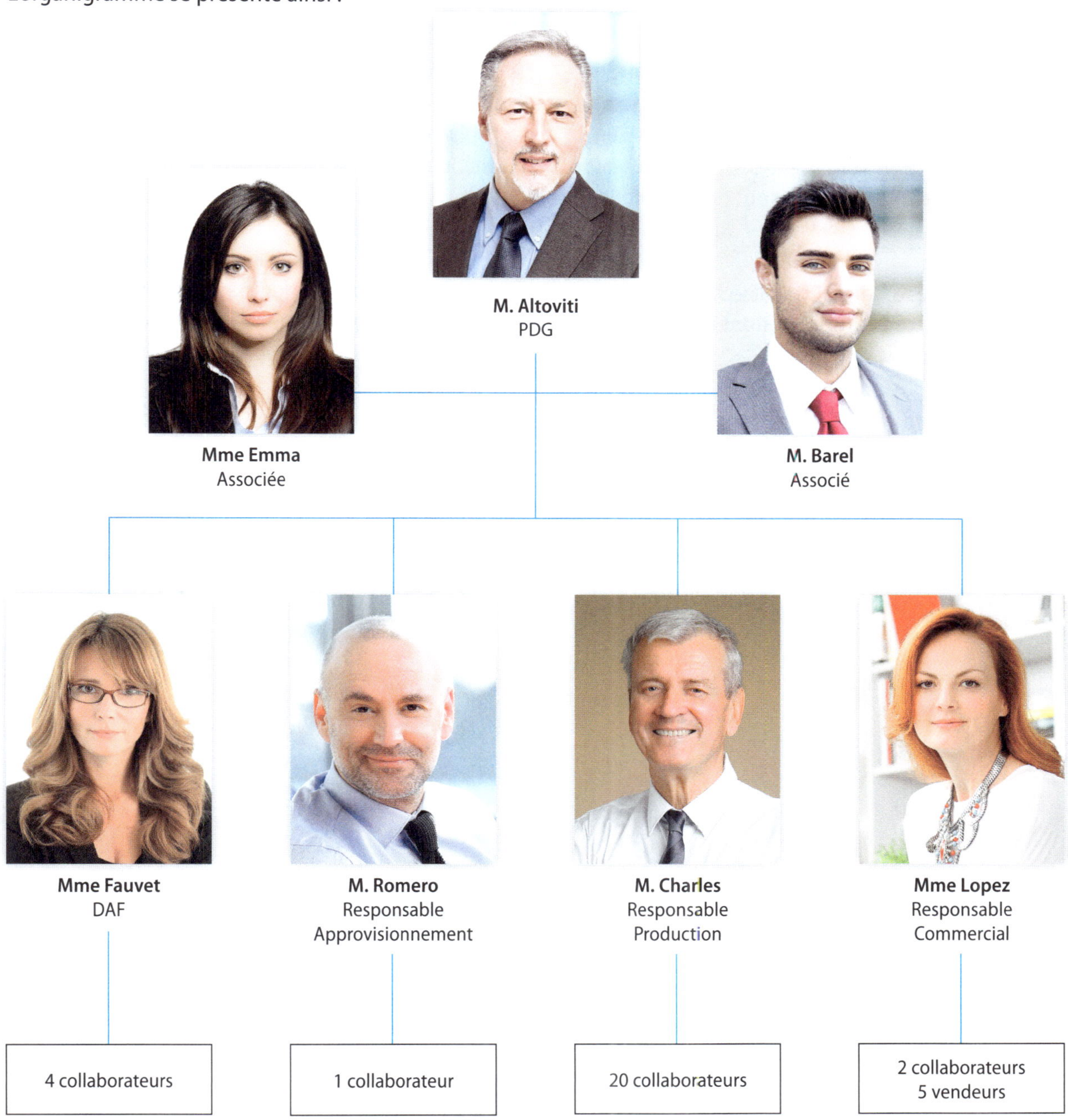

# II. Ses projets

## Une problématique…

Pack Inbox vend en B to B (*Business to Business*). Ses clients sont donc exclusivement des professionnels pour lesquels les conditions de livraison et de paiement sont particulièrement étudiées : l'entreprise a fait le choix de disposer de stocks importants afin de livrer rapidement après passation des commandes. Par ailleurs, Pack Inbox accorde à ses clients des délais de règlement assez longs.
Ces conditions commerciales représentent un avantage concurrentiel apprécié par la clientèle mais sont très consommatrices de disponibilités et contraignent l'entreprise à gérer quotidiennement sa trésorerie.
Par ailleurs, si le chiffre d'affaires de l'entreprise se maintient face à la concurrence, le résultat net comptable est en baisse depuis quelques années.

## … Une solution ?

C'est en visitant un Salon du meuble à Paris que M. Altoviti a eu l'idée de donner à son entreprise une nouvelle impulsion : la fabrication de meubles en carton. Cette nouvelle activité permettrait, d'une part, de diversifier la gamme tout en utilisant le savoir-faire de l'entreprise, d'autre part, de recycler les chutes de carton et de papier. Elle pourrait s'organiser dans une démarche de production responsable.
La clientèle visée serait avant tout des particuliers, pour lesquels les meubles fabriqués sur mesure ne nécessiteraient que peu de stockage et qui paieraient comptant. À l'activité Pack Inbox s'ajouterait une activité Live Inbox…
M. Altoviti et ses associés souhaitent étudier plus en détail ce projet à partir d'études de rentabilité et de solutions de financement. Ils souhaitent bien sûr mesurer l'impact de ce projet sur l'activité actuelle de l'entreprise, qu'ils ambitionnent de préserver.

Vous participez à cette étude auprès de Mme Fauvet, la responsable administrative.
L'exercice comptable de l'année N est terminé. Mme Fauvet a finalisé les documents de synthèse et prépare une analyse. Elle vous transmet le bilan et le compte de résultat des trois dernières années (N, N-1 et N-2).

# III. Votre rôle dans ce projet

| Chapitre | | Date | Votre rôle |
|---|---|---|---|
| 1 | L'analyse de l'activité de l'organisation | 31/12/N | Vous assistez Mme Fauvet dans sa démarche d'analyse de l'activité afin d'apporter une explication à la baisse actuelle du résultat de l'entreprise (RNC). |
| 2 | L'analyse de la performance financière | 31/12/N | Vous mesurez l'impact de cette baisse du RNC sur la capacité d'autofinancement de l'entreprise. En effet, dans le cadre d'investissements importants, Mme Fauvet souhaite mesurer la capacité de l'entreprise à dégager du financement interne de façon pérenne. |
| 3 | L'analyse de la rentabilité d'un investissement | Étude prévisionnelle | Vous étudiez la rentabilité prévisionnelle du projet d'élargissement de l'activité (Live Inbox). Le responsable technique hésite entre deux types de matériel à acquérir pour les besoins de la nouvelle activité. Votre étude doit permettre de choisir l'investissement le plus rentable. |
| 4 | L'analyse fonctionnelle du bilan | 31/12/N | Vous étudiez la structure financière actuelle de Pack Inbox. Il s'agit de vérifier que cette structure est suffisamment solide pour supporter de lourds investissements. |
| 5 | L'analyse de l'équilibre financier | 31/12/N | Votre analyse de la structure financière a permis de mettre en évidence des fragilités. Vous approfondissez votre étude à l'aide de ratios afin de proposer quelques solutions. |
| 6 | L'analyse de la liquidité du bilan et l'évaluation des risques | 31/12/N | Les fragilités structurelles de Pack Inbox restent présentes et risquent de décourager le banquier de soutenir l'entreprise dans son projet. Vous aidez Mme Fauvet à mettre en place une analyse de solvabilité telle qu'une banque le ferait. |
| 7 | Les prévisions de trésorerie | 31/12/N | Suite à votre analyse, Mme Fauvet a mis en place un *reporting* de trésorerie. Celui-ci a mis en évidence des déséquilibres. Vous complétez ce travail par la mise en place d'une gestion de trésorerie à court terme afin de gérer les excédents ou d'assurer le financement de la trésorerie. Ces dispositions devraient rassurer les établissements bancaires. |
| 8 | Les choix de financement | Étude prévisionnelle | Les fragilités de Pack Inbox ont été mises en lumière et des solutions apportées. L'élargissement de l'activité à la fabrication de meubles est désormais possible, à condition de trouver un financement. Suite au chapitre 3, un *business plan* est élaboré. Vous traitez le volet financier. |
| 9 | L'interprétation d'un tableau de financement | 31/12/N+1 | Un choix de financement a été fait et l'activité « mobilier » a été lancée dès le début de l'année N+1. Un an plus tard, vous faites le point sur l'ensemble des activités (emballage + mobilier) : tout ne s'est pas passé comme prévu. Vous interprétez un tableau de financement afin de comprendre la dégradation de la structure financière de l'entreprise… |
| 10 | L'interprétation d'un tableau des flux et la réalisation d'un diagnostic global | 31/12/N+1 | Une explication semble trouvée mais vous approfondissez votre analyse à l'aide d'un tableau de flux afin d'apporter des éclaircissements supplémentaires. Plus globalement, l'ensemble des travaux menés doit permettre d'élaborer un diagnostic global de l'entreprise. |

# IV. Les documents de synthèse au 31/12/N

**Bilan du système de base – Pack Inbox**

| ACTIF | N | | | N-1 | N-2 |
|---|---|---|---|---|---|
| | **Brut** | ***Am. & Dép.*** | **Net** | **Net** | **Net** |
| **ACTIF IMMOBILISÉ** | | | | | |
| **Immobilisations incorporelles** | | | | | |
| Capital souscrit – non appelé | | | | | |
| Frais d'établissement | 32 500 | *28 500* | 4 000 | 4 600 | 5 100 |
| Frais de recherche et développement | | | | | |
| Concessions, brevets et droits similaires | 226 500 | *164 700* | 61 800 | 68 700 | 79 800 |
| Fonds commercial | | | | | |
| Autres immobilisations incorporelles | | | | | |
| Av. et acomptes sur immo. incorporelles | | | | | |
| **Immobilisations corporelles** | | | | | |
| Terrains | | | | | |
| Constructions | 1 008 700 | *565 400* | 443 300 | 576 500 | 654 900 |
| Install. techn., matériel et outillage industriels | 2 775 800 | *1 560 400* | 1 215 400 | 1 406 500 | 1 578 600 |
| Autres immobilisations corporelles | 647 600 | *256 800* | 390 800 | 146 800 | 154 300 |
| Immobilisations en cours | | | | | |
| **Immobilisations financières** | | | | | |
| Participations | | | | | |
| Créances rattachées à des participations | | | | | |
| Autres titres immobilisés | | | | | |
| Prêts | 33 500 | *0* | 33 500 | 37 800 | 24 800 |
| Autres immobilisations financières | | | | | |
| **Total I** | **4 724 600** | ***2 575 800*** | **2 148 800** | **2 240 900** | **2 497 500** |
| **ACTIF CIRCULANT** | | | | | |
| **Stocks et en-cours** | | | | | |
| Mat. premières, approvisionnements | 554 000 | *24 500* | 529 500 | 542 100 | 582 800 |
| En-cours de production (biens et services) | | | | | |
| Produits intermédiaires et finis | 567 800 | *42 100* | 525 700 | 593 200 | 558 500 |
| Marchandises | | | | | |
| Av. et acomptes versés sur commandes | 71 600 | | 71 600 | 96 000 | 54 600 |
| **Créances d'exploitation** | | | | | |
| Clients et comptes rattachés | 632 500 | *0* | 632 500 | 593 600 | 588 900 |
| Autres créances (1) | 7 200 | | 7 200 | 4 900 | 4 500 |
| Capital souscrit – appelé, non versé | | | | | |
| Valeurs mobilières de placement | 66 800 | *18 700* | 48 100 | 58 700 | 46 400 |
| Disponibilités | 50 700 | | 50 700 | 84 600 | 23 600 |
| Charges constatées d'avance (2) | 38 000 | | 38 000 | 37 500 | 38 900 |
| **Total II** | **1 988 600** | ***85 300*** | **1 903 300** | **2 010 600** | **1 898 200** |
| Charges à répartir sur plusieurs exercices | | | | | |
| Prime de remboursement des obligations | | | | | |
| Écart de conversion actif | | | 0 | | |
| **TOTAL GÉNÉRAL** | **6 713 200** | ***2 661 100*** | **4 052 100** | **4 251 500** | **4 395 700** |
| *(1) Hors exploitation* | | | | | |
| *(2) Exploitation* | | | | | |
| ***Amortissements et dépréciations années antérieures :*** | | | | | |
| ***Amortissements*** | | ***2 575 800*** | | ***2 382 400*** | ***1 954 100*** |
| Incorporel | | *193 200* | | *145 000* | *105 500* |
| Corporel | | *2 382 600* | | *2 237 400* | *1 848 600* |
| Financier | | *0* | | *0* | *0* |
| ***Dépréciations d'exploitation*** | | ***85 300*** | | ***60 400*** | ***70 100*** |
| *Dépréciation stocks MP* | | | | *25 400* | *29 500* |
| *Dépréciation stocks PF* | | | | *35 000* | *40 600* |
| ***Dépréciation des VMP*** | | | | ***15 600*** | ***18 900*** |
| | | | ***Total*** | ***2 458 400*** | ***2 043 100*** |

| PASSIF | N | N-1 | N-2 |
|---|---|---|---|
| **CAPITAUX PROPRES** | | | |
| Capital social ou individuel | 1 500 000 | 1 500 000 | 1 500 000 |
| Primes d'émission, de fusion, d'apport... | | | |
| **Réserves** | | | |
| Réserve légale | 150 000 | 150 000 | 150 000 |
| Réserves statutaires ou contractuelles | | | |
| Réserves réglementées | | | |
| Autres réserves | 575 000 | 352 100 | 106 700 |
| Report à nouveau | 100 | 200 | 400 |
| Résultat de l'exercice | 224 000 | 458 300 | 583 300 |
| Subvention d'investissement | | | |
| Provisions réglementées | | | |
| **Total I** | **2 449 100** | **2 460 600** | **2 340 400** |
| **Provisions** | | | |
| Provisions pour risques | 10 600 | 9 100 | 10 800 |
| Provisions pour charges | | | |
| **Total II** | **10 600** | **9 100** | **10 800** |
| **DETTES** | | | |
| **Dettes financières** | | | |
| Emprunts obligataires convertibles | | | |
| Autres emprunts obligataires | | | |
| Emprunts auprès des établissements de crédit (1) | 1 365 500 | 1 596 500 | 1 787 100 |
| Emprunts et dettes financières | | | |
| Avances et acomptes reçus sur commande en cours | | | |
| **Dettes d'exploitation** | | | |
| Dettes fournisseurs et comptes rattachés | 142 000 | 125 700 | 146 200 |
| Dettes fiscales et sociales (2) | 44 300 | 32 700 | 63 100 |
| Dettes diverses | | | |
| Dettes sur immobilisations et comptes rattachés | 14 800 | 10 800 | 11 400 |
| Autres dettes (3) | 1 300 | 200 | 300 |
| Produits constatés d'avance (4) | 24 500 | 15 900 | 36 400 |
| **Total III** | **1 592 400** | **1 781 800** | **2 044 500** |
| Écart de conversion passif | | | |
| **TOTAL GÉNÉRAL** | **4 052 100** | **4 251 500** | **4 395 700** |
| *(1) Dont concours bancaires courants* | *99 000* | *149 500* | *83 900* |
| *(2) Dont dettes d'IS* | *4 000* | *3 700* | *4 000* |
| *(3) Hors exploitation* | | | |
| *(4) Exploitation* | | | |
| *Effets escomptés non échus* | *12 000* | *14 500* | *13 200* |

| Compte de résultat – Pack Inbox | N | N-1 | N-2 |
|---|---|---|---|
| **Produits d'exploitation** | | | |
| Ventes de marchandises | | | |
| Production vendue [biens et services] | 6 554 100 | 6 478 800 | 6 341 300 |
| **Montant net du CA** | **6 554 100** | **6 478 800** | **6 341 300** |
| Production stockée | – 25 000 | – 29 900 | – 30 100 |
| Production immobilisée | | | |
| Subventions d'exploitation | 2 900 | 2 200 | 2 500 |
| Reprises sur dépréciations, provisions | 18 100 | 12 200 | 12 000 |
| Transfert de charges | 0 | 0 | 0 |
| Autres produits | 5 300 | 4 800 | 4 200 |
| **Total des produits d'exploitation** | **6 555 400** | **6 468 100** | **6 329 900** |
| **Charges d'exploitation** | | | |
| Achats de marchandises | | | |
| Variations de stocks | | | |
| Achats de matières premières et autres approvisionnements | 2 141 200 | 2 041 500 | 1 912 500 |
| Variations de stocks | 21 600 | 22 500 | – 14 600 |
| Autres achats et charges externes | 2 514 500 | 2 341 900 | 2 299 000 |
| Impôts, taxes et versements assimilés | 9 900 | 9 800 | 9 800 |
| Salaires et traitements | 857 700 | 823 600 | 803 000 |
| Charges sociales | 442 600 | 429 600 | 409 000 |
| Dotations aux amortissements et aux dépréciations | | | |
| Sur immobilisations : dotations aux amortissements | 302 200 | 300 100 | 301 200 |
| Sur immobilisations : dotations aux dépréciations | | | |
| Sur actif circulant : dotation aux dépréciations | | 4 200 | 3 200 |
| Dotations aux provisions | | | |
| Autres charges | 7 100 | 9 100 | 4 000 |
| **Total des charges d'exploitation** | **6 296 800** | **5 982 300** | **5 727 100** |
| RÉSULTAT D'EXPLOITATION | 258 600 | 485 800 | 602 800 |
| **Produits financiers** | | | |
| De participation | 95 600 | 101 100 | 83 000 |
| D'autres valeurs mobilières et créances de l'actif immobilisé | | | |
| Autres intérêts et produits assimilés | | | |
| Reprises sur dépréciations, provisions et transferts de charges | | | |
| Différences positives de change | | | |
| Produits nets sur cessions de valeurs mobilières de placement | | | |
| **Total des produits financiers** | **95 600** | **101 100** | **83 000** |
| **Charges financières** | | | |
| Dotations aux amortissements, dépréciations et provisions | | | |
| Intérêts et charges assimilées | 52 400 | 54 200 | 42 600 |
| Différences négatives de change | | | |
| Charges nettes sur cessions de valeurs mobilières de placement | | | |
| **Total des charges financières** | **52 400** | **54 200** | **42 600** |
| RÉSULTAT FINANCIER | 43 200 | 46 900 | 40 400 |
| **Produits exceptionnels** | | | |
| Sur opérations de gestion | | | |
| Sur opérations en capital | 121 100 | 224 500 | 157 300 |
| Reprises sur dépréciations, provisions et transferts de charges | | | |
| **Total des produits exceptionnels** | **121 100** | **224 500** | **157 300** |
| **Charges exceptionnelles** | | | |
| Sur opérations de gestion | | | |
| Sur opérations en capital | 123 800 | 212 500 | 111 100 |
| Dotations aux amortissements, dépréciations et provisions | | | |
| **Total des charges exceptionnelles** | **123 800** | **212 500** | **111 100** |
| RÉSULTAT EXCEPTIONNEL | – 2 700 | 12 000 | 46 200 |
| Participation des salariés aux résultats de l'entreprise | | | |
| Impôts sur les bénéfices | 75 100 | 86 400 | 106 100 |
| **Total des produits** | **6 772 100** | **6 793 700** | **6 570 200** |
| **Total des charges** | **6 548 100** | **6 335 400** | **5 986 900** |
| **Bénéfice ou perte** | **224 000** | **458 300** | **583 300** |

Chapitre 1

# L'analyse de l'activité de l'organisation

| Activité | Composante d'activité | Compétence | P7 |
|---|---|---|---|
| 6.1. Analyse de la performance de l'organisation | 6.1.1. Analyse et interprétation du compte de résultat (ratios et SIG) | Calculer et analyser les soldes intermédiaires de gestion et les ratios adaptés à la mesure de l'activité et conduire une analyse de la rentabilité et de la profitabilité de l'organisation. | Une utilisation du tableur adaptée aux besoins de l'utilisateur (export du PGI, retraitement SIG et CAF, graphiques) |

## Situation professionnelle

La SA Pack Inbox est spécialisée dans la fabrication de cartons d'emballage destinés aux professionnels. Elle propose une large gamme de produits résistants adaptés aux besoins spécifiques des entreprises en matière de transport.

L'entreprise est dirigée par M. Altoviti, son fondateur. Il est accompagné d'associés, Mme Emma et M. Barel. Mme Fauvet est responsable administrative au sein de la société.

La SA Pack Inbox est bien implantée sur son marché, ses ventes sont relativement constantes. Pour assurer son positionnement, elle a su se doter d'un équipement performant et d'un personnel qualifié. Elle compte actuellement 38 salariés. Son expérience et la qualité de ses produits sont reconnues par ses clients.

Pour le dernier exercice comptable de l'entreprise, Mme Fauvet a présenté un chiffre d'affaires de 6 554 100 €. Néanmoins, depuis deux ans, même si le chiffre d'affaires est constant, le résultat s'érode et la direction est inquiète.

Mme Fauvet s'interroge sur les raisons de cette baisse et craint qu'elle ne se confirme durant les mois à venir.

M. Altoviti et ses associés pensent que leur entreprise est plutôt bien positionnée sur son marché, mais savent qu'elle doit composer avec de sérieux concurrents.

Les dirigeants veulent identifier les causes de la baisse du résultat et vérifier leur positionnement par rapport à la concurrence. Ils souhaitent savoir si les entreprises concurrentes connaissent des difficultés similaires.

Ils demandent donc à Mme Fauvet de réaliser une première analyse financière afin d'élaborer un diagnostic et de réfléchir aux actions à mener pour retrouver un résultat plus satisfaisant.

## Mission

**Vous travaillez dans le service de Mme Fauvet. Vous l'assistez dans sa démarche d'analyse de l'activité pour expliquer l'évolution actuelle du résultat de l'entreprise.**

## Travail à faire

### I Observer l'évolution du résultat sur plusieurs exercices

Dans un premier temps, Mme Fauvet souhaite apprécier la baisse du résultat de l'entreprise. Elle vous demande de procéder à l'analyse des comptes de résultat afin d'avoir un premier aperçu de l'évolution récente de l'activité.

**1.** Selon vous, pourquoi Mme Fauvet utilise-t-elle une présentation en liste du compte de résultat ? ▶ Fiche ressource 1

**2.** Sur tableur ou sur feuille, calculez l'évolution sur 3 ans du résultat net comptable et des résultats partiels. Commentez. ▶ Annexe 1

### II Calculer les soldes intermédiaires de gestion (SIG)

Mme Fauvet vous communique un tableau des SIG de l'entreprise pour les deux exercices précédents. Elle vous demande de procéder à son analyse.

▶ Fiche ressource 2 ▶ Fiche ressource 3 ▶ Fiche ressource 4 ▶ Annexe 1 ▶ Annexe 2

**3.** Selon vous, pourquoi Mme Fauvet a-t-elle besoin de calculer les SIG ?

**4.** Répondez aux questions suivantes en observant le tableau des SIG.

a) Combien de soldes sont calculés à partir de l'activité courante ? Quels sont ces soldes ?

b) Quelles informations supplémentaires les soldes calculés à partir des opérations courantes apportent-ils par rapport au compte de résultat en liste ?

c) Comment l'impact financier, mis en évidence dans le compte de résultat avec le résultat financier, apparaît-il dans le calcul des SIG ?

d) Comment peut-on vérifier la justesse du calcul des SIG suivants : résultat d'exploitation, résultat courant avant impôts, résultat net comptable ?

P7 **5.** Complétez, à l'aide d'un tableur, le tableau des SIG de l'entreprise pour l'exercice N (annexe 2) en calculant le montant des SIG et le pourcentage que représente chaque SIG par rapport au chiffre d'affaires.

**6.** Expliquez ce qu'apporte ce dernier calcul de ratios des SIG par rapport au chiffre d'affaires.

**7.** Analysez les SIG et identifiez les principaux postes qui peuvent expliquer les variations sur les trois exercices comptables.

**8.** Mme Fauvet a opté pour une présentation personnalisée des SIG. Pourquoi, selon vous, n'a-t-elle pas utilisé le modèle de calcul classique préconisé par le PCG ?

### III Comparer les résultats avec ceux de la concurrence

Mme Fauvet pense que la conjoncture économique explique en partie l'évolution des résultats de l'entreprise. Aussi a-t-elle rassemblé des informations financières concernant la concurrence afin de connaître le positionnement de l'entreprise.

P7 **9.** Proposez, sur tableur, un tableau qui permette de synthétiser les indicateurs de l'entreprise afin de les comparer à ceux de la concurrence. ▶ Annexe 3

**10.** Comparez les indicateurs de l'entreprise à ceux de la concurrence.

a) L'entreprise dégage une valeur ajoutée proportionnellement plus faible que celles de ses concurrents. Expliquez.

b) Sur quels autres indicateurs l'entreprise apparaît-elle moins performante ?

## IV Intégrer les retraitements dans le calcul des SIG

Contrairement à l'entreprise Pack Inbox, ses deux concurrents (les Établissements Dubourgeois et la SA Bellatix) ne font pas appel au personnel intérimaire et n'ont pas recours au crédit-bail. Mme Fauvet sait que ces éléments peuvent avoir une influence sur les comparaisons des résultats entre entreprises. Elle souhaite que vous retravailliez les SIG afin d'obtenir des indicateurs plus pertinents.

**11.** Comment les charges de personnel intérimaire et de crédit-bail ont-elles été intégrées dans le calcul de la valeur ajoutée lors des précédents calculs ?

**12.** Expliquez l'intérêt du retraitement de ces charges.

**13.** Calculez les SIG de Pack Inbox après retraitement des charges de personnel intérimaire et de crédit-bail.

**14.** Présentez l'impact du retraitement des charges sur la valeur ajoutée, l'EBE et le résultat d'exploitation.

**15.** Quels soldes ne sont pas affectés par le retraitement ? Justifiez.

**16.** Comparez les SIG retraités à ceux de la concurrence. Commentez.

▶ Fiche ressource 5
▶ Annexe 2
▶ Annexe 4

## V Préciser le diagnostic par le calcul de ratios

La concurrence est forte sur le secteur d'activité et Mme Fauvet sait que les marges de progression des entreprises sont assez faibles. Elle pense qu'il faut réfléchir à des solutions pour se distinguer de la concurrence. Elle envisage donc de nouvelles orientations et pense notamment pouvoir s'appuyer sur un personnel qualifié pour se développer. Elle désire disposer d'éléments complémentaires pour préciser ses projets. Elle a calculé différents ratios pour mesurer l'évolution de l'activité, la profitabilité et la rentabilité de l'entreprise ainsi que celles de ses concurrents.

**17.** Mme Fauvet souhaite observer la croissance du chiffre d'affaires des entreprises du secteur. Complétez, sur tableur, le tableau d'analyse de l'activité qu'elle a élaboré.

**18.** La lecture des ratios obtenus confirme-t-elle la faible progression de l'activité des entreprises sur ce secteur ?

**19.** Mme Fauvet a comparé la productivité du personnel de Pack Inbox à celle de la concurrence. Justifiez le choix de l'outil qu'elle a utilisé. Complétez le tableau puis commentez les résultats obtenus.

**20.** Observez la répartition de la valeur ajoutée au sein de l'entreprise Pack Inbox.

a) Quels acteurs la valeur ajoutée va-t-elle rémunérer ?

b) Complétez le tableau de répartition de la valeur ajoutée. Commentez.

c) Après rémunération des différents acteurs, comment la valeur ajoutée peut-elle être utilisée ?

**21.** Compte tenu des informations collectées, Mme Fauvet peut-elle, selon vous, envisager son projet de développement ?

▶ Fiche ressource 6
▶ Annexe 2
▶ Annexe 5

## Données de la situation

**Annexe 1** Comptes de résultat en liste de l'entreprise Pack Inbox (en euros)

| Comptes de résultat – Pack Inbox | N | N-1 | N-2 |
|---|---|---|---|
| **Produits d'exploitation** | | | |
| Ventes de marchandises | | | |
| Production vendue [biens et services] | 6 554 100 | 6 478 800 | 6 341 300 |
| **Montant net du CA** | **6 554 100** | **6 478 800** | **6 341 300** |
| Production stockée | – 25 000 | – 29 900 | – 30 100 |
| Production immobilisée | | | |
| Subventions d'exploitation | 2 900 | 2 200 | 2 500 |
| Reprises sur dépréciations, provisions | 18 100 | 12 200 | 12 000 |
| Transfert de charges | 0 | 0 | 0 |
| Autres produits | 5 300 | 4 800 | 4 200 |
| **Total des produits d'exploitation** | **6 555 400** | **6 468 100** | **6 329 900** |
| **Charges d'exploitation** | | | |
| Achats de marchandises | | | |
| Variation des stocks | | | |
| Achats de matières premières et autres approvisionnements | 2 141 200 | 2 041 500 | 1 912 500 |
| Variation des stocks | 21 600 | 22 500 | – 14 600 |
| Autres achats et charges externes | 2 514 500 | 2 341 900 | 2 299 000 |
| Impôts, taxes et versements assimilés | 9 900 | 9 800 | 9 800 |
| Salaires et traitements | 857 700 | 823 600 | 803 000 |
| Charges sociales | 442 600 | 429 600 | 409 000 |
| Dotations aux amortissements et aux dépréciations | | | |
| • Sur immobilisations : dotations aux amortissements | 302 200 | 300 100 | 301 200 |
| • Sur immobilisations : dotations aux dépréciations | | | |
| • Sur actif circulant : dotations aux dépréciations | | 4 200 | 3 200 |
| Dotations aux provisions | | | |
| Autres charges | 7 100 | 9 100 | 4 000 |
| **Total des charges d'exploitation** | **6 296 800** | **5 982 300** | **5 727 100** |
| **Résultat d'exploitation** | **258 600** | **485 800** | **602 800** |
| **Produits financiers** | | | |
| • De participation | 95 600 | 101 100 | 83 000 |
| • D'autres valeurs mobilières et créances de l'actif immobilisé | | | |
| Autres intérêts et produits assimilés | | | |
| Reprises sur dépréciations, provisions et transferts de charges | | | |
| Différences positives de change | | | |
| Produits nets sur cessions de valeurs mobilières de placement | | | |
| **Total des produits financiers** | **95 600** | **101 100** | **83 000** |
| **Charges financières** | | | |
| Dotations aux amortissements, dépréciations et provisions | | | |
| Intérêts et charges assimilées | 52 400 | 54 200 | 42 600 |
| Différences négatives de change | | | |
| Charges nettes sur cessions de valeurs mobilières de placement | | | |
| **Total des charges financières** | **52 400** | **54 200** | **42 600** |
| **Résultat financier** | **43 200** | **46 900** | **40 400** |
| **Produits exceptionnels** | | | |
| • Sur opérations de gestion | | | |
| • Sur opérations en capital | 121 100 | 224 500 | 157 300 |
| Reprises sur dépréciations, provisions et transferts de charges | | | |
| **Total des produits exceptionnels** | **121 100** | **224 500** | **157 300** |
| **Charges exceptionnelles** | | | |
| • Sur opérations de gestion | | | |
| • Sur opérations en capital | 123 800 | 212 500 | 111 100 |
| Dotations aux amortissements, dépréciations et provisions | | | |
| **Total des charges exceptionnelles** | **123 800** | **212 500** | **111 100** |
| **Résultat exceptionnel** | **– 2 700** | **12 000** | **46 200** |
| Participation des salariés aux résultats de l'entreprise | | | |
| Impôts sur les bénéfices | 75 100 | 86 400 | 1 06 100 |
| **Total des produits** | **6 772 100** | **6 793 700** | **6 570 200** |
| **Total des charges** | **6 548 100** | **6 335 400** | **5 986 900** |
| **Bénéfice ou perte** | **224 000** | **458 300** | **583 300** |

## Annexe 2 Tableau des SIG de l'entreprise Pack Inbox

| SIG Pack Inbox (en liste) | N | | N-1 | | N-2 | |
|---|---|---|---|---|---|---|
| | Montant | % CA | Montant | % CA | Montant | % CA |
| Ventes de marchandises | | | | | | |
| Achats de marchandises | | | | | | |
| Variations de stocks de marchandises | | | | | | |
| **MARGE COMMERCIALE** | | | **0** | | **0** | |
| Production vendue | | | **6 478 800** | | **6 341 300** | |
| Production stockée | | | – 29 900 | | – 30 100 | |
| Production immobilisée | | | | | | |
| **PRODUCTION DE L'EXERCICE** | | | **6 448 900** | | **6 311 200** | |
| Production de l'exercice | | | 6 448 900 | | 6 311 200 | |
| Marge commerciale | | | 0 | | 0 | |
| Consommation en provenance de tiers | | | 4 405 900 | | 4 196 900 | |
| **VALEUR AJOUTÉE** | | | **2 043 000** | **31,5 %** | **2 114 300** | **33,3 %** |
| | | | | | | |
| Valeur ajoutée | | | 2 043 000 | | 2 114 300 | |
| Subventions d'exploitation | | | 2 200 | | 2 500 | |
| Impôts, taxes et versements assimilés | | | 9 800 | | 9 800 | |
| Charges de personnel | | | 1 253 200 | 19,3 % | 1212 000 | 19,1 % |
| **EXCÉDENT BRUT D'EXPLOITATION** | | | **782 200** | **12,1 %** | **895 000** | **14,1 %** |
| Excédent brut d'exploitation | | | 782 200 | | 895 000 | |
| Reprises sur dépréciations, provisions et transferts de charges | | | 12 200 | | 12 000 | |
| Autres produits | | | 4 800 | | 4 200 | |
| Dotation aux amortissements, dépréciations et provisions | | | 304 300 | 4,7 % | 304 400 | 4,8 % |
| Autres charges | | | 9 100 | | 4 000 | |
| **RÉSULTAT D'EXPLOITATION** | | | **485 800** | **7,5 %** | **602 800** | **9,5 %** |
| Résultat d'exploitation | | | 485 800 | | 602 800 | |
| Quotes-parts de résultat sur opérations faites en commun | | | | | | |
| Produits financiers | | | 101 100 | | 83 000 | |
| Charges financières | | | 54 200 | | 42 600 | |
| **RÉSULTAT COURANT AVANT IMPÔTS** | | | **532 700** | **8,2 %** | **643 200** | **10,1 %** |
| Produits exceptionnels | | | 224 500 | | 157 300 | |
| Charges exceptionnelles | | | 212 500 | | 111 100 | |
| **RÉSULTAT EXCEPTIONNEL** | | | **12 000** | | **46 200** | |
| Résultat courant avant impôts | | | 532 700 | | 643 200 | |
| Résultat exceptionnel | | | 12 000 | | 46 200 | |
| Participation des salariés aux résultats de l'entreprise | | | 0 | | 0 | |
| Impôts sur les bénéfices | | | 86 400 | | 106 100 | |
| **RÉSULTAT NET COMPTABLE** | | | **458 300** | **7,1 %** | **583 300** | **9,2 %** |
| Produits des cessions d'éléments d'actif | | | 224 500 | | 157 300 | |
| Valeur nette comptable des éléments d'actif cédés | | | 212 500 | | 111 100 | |
| **PLUS-VALUE ou MOINS-VALUE** | | | **12 000** | | **46 200** | |

## Annexe 3 Données de la concurrence

En consultant le site Internet www.bilansgratuits.fr, Mme Fauvet a obtenu des informations financières concernant les deux principaux concurrents.

Ces données lui permettent de positionner l'entreprise sur le marché. Elle a retenu deux entreprises exerçant la même activité mais de taille différente : les Établissements Dubourgeois à Romans et la SA Bellatix à Grenoble.

Contrairement à l'entreprise Pack Inbox, ces deux entreprises n'ont pas recours au crédit-bail et ne font pas appel au personnel intérimaire.

Les établissements Dubourgeois fabriquent leur propre pâte à papier. La SA Pack Inbox et la SA Bellatix ont fait le choix d'acheter les bobines de papier pour la production du carton.

**Principaux indicateurs de ces deux concurrents (en euros)**

| | Établissements Dubourgeois | | | | | |
|---|---|---|---|---|---|---|
| | N | | N-1 | | N-2 | |
| | Montant | % CA | Montant | % CA | Montant | % CA |
| **Structure** | | | | | | |
| Effectif | 70 | | 70 | | 69 | |
| **Activité** | | | | | | |
| Chiffres d'affaires | 10 959 875 | | 10 624 362 | | 10 584 236 | |
| **Performance** | | | | | | |
| Valeur ajoutée | 4 145 679 | 37,8 % | 4 064 100 | 38,3 % | 4 020 122 | 38,0 % |
| Excédent brut d'exploitation | 1 198 541 | 10,9 % | 1 200 474 | 11,3 % | 1 151 589 | 10,9 % |
| Résultat d'exploitation | 825 892 | 7,5 % | 702 147 | 6,6 % | 755 846 | 7,1 % |
| Résultat courant avant impôts | 800 145 | 7,3 % | 754 879 | 7,1 % | 692 142 | 6,5 % |
| Résultat net | 781 425 | 7,1 % | 678 751 | 6,4 % | 608 725 | 5,8 % |

| | SA Bellatix | | | | | |
|---|---|---|---|---|---|---|
| | N | | N-1 | | N-2 | |
| | Montant | % CA | Montant | % CA | Montant | % CA |
| Production vendue | 4 897 652 | | 4 785 126 | | 4 800 125 | |
| Consommation de l'exercice en provenance de tiers | 3 365 021 | | 3 278 200 | | 3 279 220 | |
| Valeur ajoutée | 1 530 598 | 31,3 % | 1 505 621 | 31,5 % | 1 520 356 | 31,7 % |
| EBE | 533 665 | 10,9 % | 510 359 | 10,7 % | 514 268 | 10,7 % |
| Résultat d'"exploitation | 239 875 | 4,9 % | 210 578 | 4,4 % | 202 658 | 4,2 % |
| Résultat courant avant impôts | 206 789 | 4,2 % | 165 983 | 3,5 % | 178 974 | 3,7 % |
| Résultat net comptable | 156 720 | 3,2 % | 145 230 | 3,0 % | 135 989 | 2,8 % |
| Nombre de salariés | 27 | | 26 | | 26 | |

## Annexe 4 Charges à retraiter dans le calcul des SIG

L'entreprise Pack Inbox a recours au crédit-bail pour une partie de ses équipements depuis deux ans. Elle fait appel ponctuellement à du personnel intérimaire lorsqu'elle connaît des variations rapides de son activité.
Les comptes 612 et 621 présentent les données suivantes en fin d'exercice (en euros).

| N° de compte | Libellé | N | N-1 | N-2 |
|---|---|---|---|---|
| 612 | Redevances de crédit-bail | 30 000 | 30 000 | 0 |
| 621 | Personnel intérimaire | 155 500 | 154 500 | 156 200 |

**Retraitement des redevances de crédit-bail**
Les contrats de crédit-bail portent sur du matériel informatique utilisé pendant cinq ans.
Mme Fauvet a établi un plan d'amortissement pour les différents biens loués en vue d'un retraitement des redevances de crédit-bail.

| Plan d'amortissement matériel en euros (extrait) | | | | |
|---|---|---|---|---|
| **Exercice** | **Base amortissable** | **Annuité d'amortissement** | **Amortissements cumulés** | **Valeur nette comptable** |
| N-1 | 120 000 | 24 000 | 24 000 | 96 000 |
| N | 120 000 | 24 000 | 48 000 | 72 000 |

Après avoir établi son plan d'amortissement, Mme Fauvet a calculé la part des redevances de crédit-bail qui devraient être affectées :
– au coût du capital technique (dotations aux amortissements) ;
– au financement des immobilisations (charges d'intérêt).

| Libellés | Comptes | N (en euros) | N-1 (en euros) |
|---|---|---|---|
| Redevances de crédit-bail | 612 | 30 000 | 30 000 |
| *Dotations aux amortissements* | *681* | *24 000* | *24 000* |
| *Charges d'intérêt* | *661* | *6 000* | *6 000* |

## Annexe 5 Ratios de l'entreprise Pack Inbox et de la concurrence

Mme Fauvet vous transmet les ratios de la SA Pack Inbox calculés pour les deux exercices précédents. Elle dispose également des données de la concurrence.

### 1. Évolution de l'activité

| Chiffre d'affaires | N | N-1 | N-2 | Évolution N-1/N | Évolution N-2/N |
|---|---|---|---|---|---|
| Pack Inbox | 6 554 100 | 6 478 800 | 6 341 300 | | |
| Établissements Dubourgeois | 10 959 875 | 10 624 362 | 10 584 236 | 3,16 % | 3,55 % |
| SA Bellatix | 4 897 652 | 4 785 126 | 4 800 125 | 2,35 % | 2,03 % |

### 2. Productivité du personnel de la SA Pack Inbox

| | Établissements Dubourgeois N | SA Bellatix N | Pack Inbox | | |
|---|---|---|---|---|---|
| | | | N-2 | N-1 | N |
| Valeur ajoutée | 4 145 679 | 1 530 598 | 2 114 300 | 2 043 000 | |
| Effectif | 70 | 27 | 37 | 37 | |
| Taux de rentabilité apparente de la main-d'œuvre | 59 224 | 56 689 | 57 143 | 55 216 | |

### 3. Répartition de la valeur ajoutée de la SA Pack Inbox pour l'année N

| Indicateurs | Éléments de calcul | | | Résultats |
|---|---|---|---|---|
| | Charges | | Valeur ajoutée | |
| Part du facteur travail dans la VA | Salaires et traitements | 857 700 | | |
| | Charges sociales | 442 600 | | |
| | Participation des salariés | 0 | | |
| Part de l'impôt dans la VA | Impôts, taxes | 9 900 | | |
| | Impôt sur les bénéfices | 75 100 | | |
| Part des intérêts dans la VA | Intérêts et charges assimilées | | | |

Fiche ressource 1

# La lecture du compte de résultat

## I Le compte de résultat de base

L'analyse de l'activité et des performances de l'entreprise est réalisée à partir du compte de résultat. La présentation du compte de résultat de base permet de mettre en évidence le bénéfice ou la perte réalisés en cours d'exercice. Le résultat est obtenu par la différence entre les produits (comptes de la classe 7) et les charges (comptes de la classe 6).
La présentation du compte de résultat de base permet de distinguer les opérations liées à l'activité courante, celles de nature financière et celles à caractère exceptionnel.

**Compte de résultat – Système de base**

| Charges | Montants | Produits | Montants | |
|---|---|---|---|---|
| Charges d'exploitation | | Produits d'exploitation | | Opérations courantes |
| Achats | | Ventes | | |
| Autres achats et charges externes | | Production immobilisée | | |
| Impôts, taxes et versements assimilés | | Production stockée | | |
| Salaires et traitements | | Subventions d'exploitation | | |
| Dotations aux amort. et aux prov. | | Reprises sur prov. et amort. | | |
| Charges financières | | Produits financiers | | Opérations financières |
| Dotations aux amort. et aux prov. | | De participation | | |
| Intérêts et charges assimilées | | Autres intérêts et produits assimilés | | |
| Charges exceptionnelles | | Produits exceptionnels | | Opérations exceptionnelles |
| Sur opérations de gestion | | Sur opérations de gestion | | |
| Dotations aux amort. et aux prov. | | Sur opérations en capital | | |
| **Participation des salariés aux résultats** | | | | |
| **Impôts sur les bénéfices** | | | | |
| **Total des charges** | | **Total des produits** | | |
| Solde créditeur = **bénéfice** | | Solde débiteur = **perte** | | |
| **TOTAL GÉNÉRAL** | | **TOTAL GÉNÉRAL** | | |

## II Le compte de résultat en liste

En plus du résultat net de l'exercice (bénéfice ou perte), la présentation du compte de résultat en liste fournit des résultats partiels : le résultat d'exploitation, le résultat financier, le résultat courant avant impôts et le résultat exceptionnel.

| Compte de résultat en liste | Montants | Interprétation des résultats intermédiaires |
|---|---|---|
| **Produits d'exploitation (A)** | | |
| Ventes de marchandises | | |
| Production vendue | | |
| Production stockée | | |
| Production immobilisée | | |
| Subventions d'exploitation | | |
| **Charges d'exploitation (B)** | | |
| Achats de marchandises | | |
| Autres charges externes | | |
| Impôts, taxes et versements assimilés | | |
| Salaires et traitements | | |
| Dotations aux amort. et aux prov. | | |
| RÉSULTAT D'EXPLOITATION (A – B) | | Le résultat d'exploitation mesure les performances industrielles et commerciales indépendamment de toute politique financière ou fiscale de l'entreprise. |
| Produits financiers (C) | | |
| Charges financières (D) | | |
| RÉSULTAT FINANCIER (C – D) | | Le résultat financier est la différence entre les produits et les charges financiers. Additionné au résultat d'exploitation, il permet d'obtenir le résultat courant avant impôts. |
| **RÉSULTAT COURANT AVANT IMPÔTS = Résultat d'exploitation + Produits financiers – Charges financières** | | Le RCAI tient compte du mode de financement de l'entreprise (intérêts des emprunts). Il permet l'analyse du résultat sans fausser le jugement avec les éléments de l'exceptionnel. |
| Produits exceptionnels (E) | | |
| Charges exceptionnelles (F) | | |
| RÉSULTAT EXCEPTIONNEL (E – F) | | Le résultat exceptionnel regroupe les opérations qui ont un caractère inhabituel. Il doit être isolé car il n'intervient pas dans la prévision des résultats des exercices ultérieurs. |
| Participation des salariés aux résultats | | |
| Impôts sur les bénéfices | | |
| **RÉSULTAT (BÉNÉFICE OU PERTE)** | | Le résultat net est le cumul des trois résultats (d'exploitation, financier, exceptionnel). Il représente ce qui reste dans l'entreprise après la prise en compte de tous les produits et charges. C'est à partir du bénéfice que sont calculés les dividendes versés aux apporteurs de capitaux. |

# Fiche ressource 2

## La lecture des SIG

La présentation du compte de résultat en liste permet d'obtenir rapidement quelques soldes intermédiaires de gestion (SIG).
D'une manière générale, les SIG sont des indicateurs qui permettent de comprendre la formation du résultat net, chaque solde représentant une étape dans la formation de ce résultat.

Ventes de marchandises
– Coût d'achat des marchandises vendues
= Marge commerciale (MC)

Production vendue
+ Production stockée
+ Production immobilisée
= Production de l'exercice (PE)

La **marge commerciale** et la **production** de l'exercice sont calculées **indépendamment** des autres soldes.

Marge commerciale + Production de l'exercice
– Consommations de l'exercice en provenance de tiers
= Valeur ajoutée (VA)

Les soldes sont calculés en cascade (en reprenant les soldes précédents) pour la valeur ajoutée, l'excédent brut d'exploitation, le résultat d'exploitation.

Valeur ajoutée
+ Subventions d'exploitation
– Impôts, taxes et versements assimilés
– Charges de personnel
= Excédent brut d'exploitation (EBE)

**Opérations courantes**

Quatre résulats partiels sont mis en évidence avant le RE (MC, PE, VA, EBE).

Excédent brut d'exploitation
+ Reprises sur charges et transferts de charges
+ Autres produits
– Dotations aux amortissements et aux provisions
– Autres charges
= Résultat d'exploitation (RE)

**Le RE n'est pas la somme des soldes précédents (MC, PE, VA, EBE)** ; son calcul reprend progressivement ces soldes mais on ajoute également des produits et on retire des charges.

Résultat d'exploitation
+ Quotes-parts de résultat sur opérations faites en commun
+ Produits financiers
– Charges financières
= Résultat courant avant impôts (RCAI)

**Opérations financières**
Le **résultat financier** n'apparaît pas dans les SIG mais on peut observer son **impact sur le résultat d'exploitation.**

Produits exceptionnels
– Charges exceptionnelles
= Résultat exceptionnel (R exc.)

**Opérations exceptionnelles**
Le résultat exceptionnel est calculé indépendamment des autres soldes.

Résultat courant avant impôts
Résultat exceptionnel
– Participation des salariés
– Impôts sur les bénéfices
= Résultat net comptable (RNC)

Derniers calculs en cascade jusqu'au résultat net.

Produits des cessions d'éléments d'actif (PCEA)
– Valeur comptable des éléments d'actif cédés (VNCEA)
= Plus ou moins-values sur cessions d'éléments d'actif

Les plus ou moins-values sont calculées indépendamment des SIG.

Fiche ressource 3

# Le calcul et l'interprétation des SIG

## I L'intérêt de calculer l'ensemble des SIG

Les soldes « marge commerciale », « production », « valeur ajoutée » et « EBE » n'apparaissent pas dans un compte de résultat en liste. Or, ce sont des indicateurs fondamentaux puisqu'ils expliquent la formation du résultat d'exploitation. Ainsi, les SIG permettent non seulement de comprendre la formation du résultat comptable mais aussi d'analyser en détail l'activité courante de l'entreprise, d'observer la richesse créée et sa répartition entre les différents partenaires de l'entreprise (salariés, banques, apporteurs de capitaux, organismes sociaux, État, entreprise elle-même).
Par ailleurs, les SIG sont utilisés pour le calcul de ratios et permettront d'affiner l'analyse de la rentabilité et de la profitabilité de l'entreprise. Ils font l'objet d'un suivi dans le temps et dans l'espace (comparaison avec les concurrents d'un même secteur d'activité) afin d'observer l'évolution de la performance de l'entreprise.

## II La lecture des SIG

Les SIG sont calculés en cascade par différence entre les produits et les charges. Les trois premiers permettent d'analyser l'activité, les six suivants correspondent à l'analyse du résultat.

| Calcul des SIG | Éléments de lecture des SIG |
|---|---|
| **Marge commerciale (MC)**<br>= Ventes de marchandises (707 – 7097)<br>– Coût d'achat des marchandises vendues (607 – 6097 + 6037) | Seules les entreprises dont l'activité est commerciale calculent ce solde (entreprises qui achètent des biens et des services et les revendent en l'état sans transformation). La marge commerciale correspond à la ressource dégagée par l'activité commerciale de l'entreprise.<br><br>Rappel : le coût d'achat des marchandises vendues est le coût des marchandises vendues au cours de l'exercice. Il est obtenu en additionnant les achats de marchandises et la variation du stock de marchandises. |
| **Production de l'exercice (PE)**<br>= Production vendue (70 sauf 707 et 7097)<br>+ Production stockée (71)<br>+ Production immobilisée (72) | La production de l'exercice concerne les entreprises industrielles (entreprises exerçant une activité de transformation ou de prestations de services).<br>Dans les entreprises dont l'activité est industrielle et commerciale, la marge commerciale permettra d'apprécier l'efficacité commerciale de l'entreprise, la production de l'exercice et l'efficacité industrielle. |
| **Valeur ajoutée (VA)**<br>= Marge commerciale<br>+ Production de l'exercice<br>– Consommations de l'exercice en provenance de tiers (60 – 609 + 61 + 62 sauf 607, 6097 et 6037) | La valeur ajoutée représente le supplément de richesse apporté aux biens et aux services grâce à l'activité de l'entreprise.<br>Elle renseigne sur le degré d'intégration de l'entreprise : plus la contribution de l'entreprise à la production est importante (fort degré d'intégration), plus la valeur ajoutée est élevée. Ainsi, une entreprise qui parvient à assurer elle-même de nombreux stades dans le processus de production aura une valeur ajoutée élevée.<br>La valeur ajoutée constitue la rémunération qui sera consacrée aux facteurs de production puisqu'elle sera répartie entre ceux qui ont participé à sa création : le personnel, les apporteurs de capitaux, l'État et l'entreprise elle-même.<br><br>Rappel : les consommations de l'exercice en provenance de tiers sont les matières premières consommées au cours de l'exercice et les achats non stockés de matières et fournitures, de sous-traitance, de services extérieurs. |

| Calcul des SIG | Éléments de lecture des SIG |
|---|---|
| **Excédent brut d'exploitation (EBE)**<br>= Valeur ajoutée<br>+ Subventions d'exploitation (74)<br>– Impôts et taxes (63)<br>– Charges de personnel (64)<br><br>*On parle d'insuffisance brute d'exploitation (IBE) lorsque le solde est négatif.* | L'EBE correspond à un surplus monétaire potentiel dégagé par l'entreprise : en effet, le calcul de l'EBE n'intègre aucun produit ou aucune charge calculés (ex. : amortissements). Les produits et les charges qui entrent dans son calcul correspondent tous à des flux financiers.<br>L'EBE est un indicateur de performance industrielle et commerciale privilégié pour évaluer et comparer la performance de l'exploitation des entreprises car il est indépendant de la politique d'investissement (les amortissements ne sont pas pris en compte), de financement (les charges financières ne sont pas prises en compte) et de distribution de dividende des entreprises.<br>Puisque les charges d'impôt et de personnel sont déduites, c'est un indicateur qui représente la part de la valeur ajoutée qui reste aux apporteurs de capitaux et à l'entreprise. |
| **Résultat d'exploitation (RE)**<br>= EBE<br>+ Reprises sur charges et transferts de charges d'exploitation (781 + 791)<br>+ Autres produits de gestion (75 sauf 755)<br>– Dotations aux amortissements et dépréciations sur charges d'exploitation (681)<br>– Autres charges de gestion (65 sauf 655) | Le résultat d'exploitation est calculé à partir de l'EBE auquel on a soustrait les amortissements. Il tient donc compte de la politique d'investissement de l'entreprise. C'est un calcul comptable qui ne correspond pas à un flux financier (les amortissements sont des charges calculées qui réduisent le résultat comptable mais pas la trésorerie).<br>Il représente le profit ou la perte générés par l'activité courante de l'entreprise. C'est un indicateur privilégié pour apprécier la rentabilité industrielle et commerciale de l'entreprise. |
| **Résultat courant avant impôts (RCAI)**<br>= Résultat d'exploitation<br>± Quotes-parts de résultat sur op. faites en commun (755 et 655)<br>+ Produits financiers (76)<br>– Charges financières (66) | Visible dans le compte de résultat en liste, le RCAI est calculé à partir du résultat d'exploitation. Cet indicateur tient compte de la politique financière de l'entreprise. Il peut être comparé au résultat d'exploitation pour observer l'impact de la politique financière de l'entreprise sur la formation du résultat. |
| **Résultat exceptionnel (R exc.)**<br>= Produits exceptionnels (77)<br>– Charges exceptionnelles (67) | Le résultat exceptionnel n'est pas calculé à partir d'un autre solde. Cet indicateur regroupe des éléments qui ne sont pas liés à l'activité courante de l'entreprise.<br>Il peut apporter des informations sur la politique d'investissement de l'entreprise étant donné qu'il intègre les cessions d'immobilisations. |
| **Résultat net comptable (RNC)**<br>= Résultat courant avant impôts<br>± Résultat exceptionnel<br>– Participation des salariés<br>– Impôts sur les bénéfices | Le RNC de l'exercice est le profit dégagé après versement de la participation aux salariés et paiement de l'impôt sur les bénéfices. Le résultat peut aussi être une perte.<br>S'il est bénéficiaire, une partie du résultat est versée aux apporteurs de capitaux. Le résultat net permet donc d'apprécier la rentabilité pour les actionnaires. Le résultat peut également être conservé au sein de l'entreprise pour constituer l'autofinancement et assurer ainsi sa croissance. |
| **Plus ou moins-values**<br>= Produits des cessions d'éléments d'actif<br>– Valeurs comptables des éléments d'actif cédés | Calculées indépendamment des autres soldes, les plus ou moins-values sur cessions d'éléments d'actif permettent d'observer les opérations de désinvestissement réalisées par l'entreprise.<br>Elles peuvent être le signe de difficultés pour l'entreprise lorsqu'elles sont importantes. |

# Fiche ressource 4

## Le tableau des SIG selon le PCG

Le PCG propose un tableau permettant de calculer les SIG par différence entre les produits (colonne 1) et les charges (colonne 2).

Attention, dans ce tableau, les produits sont à gauche et les charges à droite afin de préparer la lecture : Produits – Charges = SIG

Le calcul est détaillé pour l'année N seulement. Pour N-1, seul le solde est rappelé.

À partir de la VA, les calculs sont faits en cascade en reprenant les soldes précédents.

Pour préparer le calcul, des sous-totaux sont prévus en produits et en charges.

Dans le calcul en cascade, un solde positif est reporté dans la colonne « Produits » pour le calcul du solde suivant ; un solde négatif est reporté dans la colonne « Charges ».

**Article 532-7 Tableau des soldes intermédiaires de gestion**

| Produits (Colonne 1) | | Charges (Colonne 2) | | Soldes intermédiaires (Colonne 1 – Colonne 2) | N | N-1 |
|---|---|---|---|---|---|---|
| Ventes de marchandises (707 – 7097) | .......... | Coût d'achat des marchandises vendues (607 – 6097 ± 6037) | .......... | Marge commerciale | .......... | .......... |
| Production vendue (70 sauf 707) | .......... | ou Déstockage de production (71) | | | | |
| Production stockée (71) | .......... | | | | | |
| Production immobilisée (72 + 73) | .......... | | | | | |
| Total | .......... | Total | .......... | Production de l'exercice | .......... | |
| • Production de l'exercice | .......... | Consommation de l'exercice en provenance de tiers (601 à 606 – 6091 à 6096 ± 6031 et 6032 + 61 + 62) | .......... | | | |
| • Marge commerciale | .......... | | | | | |
| Total | .......... | Total | .......... | Valeur ajoutée | .......... | |
| • Valeur ajoutée | .......... | Impôts, taxes et versements assimilés (63) | .......... | | | |
| Subventions d'exploitation (74) | .......... | Charges de personnel (64) | .......... | | | |
| Total | .......... | Total | .......... | Excédent brut (ou insuffisance brute) d'exploitation | .......... | .......... |
| • Excédent brut d'exploitation | .......... | Ou • ou Insuffisance brute d'exploitation* | .......... | | | |
| Reprises sur charges et transferts de charges (781 + 755) | .......... | Dotations aux amortissements et aux provisions (681) | .......... | | | |
| Autres produits (75 sauf 755) | .......... | Autres charges (65 sauf 655) | .......... | | | |
| Total | .......... | Total | .......... | Résultat d'exploitation (bénéfice ou perte) | .......... | .......... |
| • Résultat d'exploitation | .......... | Ou • ou Résultat d'exploitation* | .......... | | | |
| Quotes-parts de résultat positifs sur opérations faites en commun (755) | .......... | Quotes-parts de résultat négatifs sur opérations faites en commun (655) | .......... | | | |
| Produits financiers (76 + 786 + 796) | .......... | Charges financières (66 + 686) | .......... | | | |
| Total | .......... | Total | .......... | Résultat courant avant impôts (bénéfice ou perte) | .......... | .......... |
| Produits exceptionnels (77 + 787 + 797) | .......... | Charges exceptionnelles (67 + 687) | Ou .......... | Résultat exceptionnel (bénéfice ou perte) | .......... | .......... |
| • Résultat courant avant impôts | .......... | • ou Résultat courant avant impôts* | .......... | | | |
| • Résultat exceptionnel | .......... | • ou Résultat exceptionnel* | .......... | | | |
| | | Participation des salariés (691) | .......... Ou | | | |
| | | Impôts sur les bénéfices (696) | .......... | | | |
| Total | .......... | Total | .......... | Résultat de l'exercice (bénéfice ou perte) | .......... | .......... |
| Produit des cessions d'éléments d'actifs (775) | .......... | Valeurs comptables des éléments d'actif cédés (675) | .......... | Plus-values et moins-values sur cessions | .......... | .......... |

* Si négatif

Le résultat sur cessions est bien distinct du reste du tableau. Il sera traité spécifiquement en fiscalité (voir *P3*).

# Fiche ressource 5

## Les retraitements des SIG

Le classement des charges pour le calcul des différents soldes peut être modifié pour mieux correspondre à la réalité économique de l'entreprise mais aussi pour rendre plus pertinentes les comparaisons interentreprises.

### I Les retraitements des charges de personnel, le personnel intérimaire

Certaines entreprises ont recours massivement au personnel intérimaire, une charge externe (compte 621), plutôt qu'embaucher leur propre personnel (compte 64). Bien que ces deux charges forment le coût du travail, elles ne sont pas enregistrées à l'identique en comptabilité et ne sont pas intégrées de la même manière dans le calcul des SIG, ce qui fausse les comparaisons entre entreprises. Pour l'analyse économique, les charges de personnel intérimaire vont être retraitées ; il s'agit de déplacer ces charges des consommations en provenance de tiers vers les charges de personnel. Tous les éléments correspondant au coût du travail sont ainsi regroupés, ce qui permet les comparaisons interentreprises.

### II Les retraitements du crédit-bail

De la même manière, plutôt qu'investir dans leur propre outil de production (comptes de la classe 2), certaines entreprises ont recours au crédit-bail (compte 612), une charge externe. D'un point de vue comptable et pour le calcul des SIG, ces deux éléments ne sont pas pris en compte de la même manière ; or, ils entrent tous les deux dans la formation du coût du capital. Pour l'analyse économique, les redevances de crédit-bail (compte 612) vont être retraitées pour considérer les biens loués comme des biens appartenant à l'entreprise. La charge de crédit-bail est déplacée des consommations en provenance de tiers vers les dotations aux amortissements et les charges financières.
Pour retraiter les charges de crédit-bail, les redevances vont être décomposées en deux montants. Le premier montant correspond à la dotation aux amortissements (compte 681) qui aurait été calculée si le bien avait été acheté. Le second montant correspond aux charges d'intérêt (compte 661) que l'entreprise aurait payées si elle avait financé l'acquisition en empruntant ; il est obtenu par différence entre le montant de la redevance et celui de la dotation aux amortissements.

| SIG | Avant retraitement | Après retraitement | SIG retraités |
|---|---|---|---|
| Marge com. + Production de l'ex. | 50 000 € | 50 000 € | Marge com. + Production de l'ex. |
| – Consommations de l'exercice | 35 000 € | 35 000 € | – Conso. de l'ex. en prov. de tiers |
| en provenance de tiers (dont | | –3 000 € | – Personnel intérimaire |
| personnel intérimaire et crédit-bail | | –2 000 € | – Crédit-bail |
| = Valeur ajoutée | 15 000 € | 20 000 € | = Valeur ajoutée |
| + Subventions d'exploitation | 200 € | 200 € | + Subventions d'exploitation |
| – Impôts, taxes | 1 000 € | 1 000 € | – Impôts, taxes |
| – Charges de personnel | 10 000 € | 10 000 € | – Charges de personnel |
| | | 3 000 € | + Personnel intérimaire |
| = Excédent brut d'exploitation | 4 200 € | 6 200 € | = Excédent brut d'exploitation |
| + Reprises et transferts | 100 € | 100 € | + Reprises et transferts |
| + Autres produits | 50 € | 50 € | + Autres produits |
| – Dotations | 2 000 € | 2 000 € | – Dotations |
| | | 1500 € | + Amortissement du crédit-bail |
| – Autres charges | 70 € | 70 € | – Autres charges |
| = Résultat d'exploitation | 2 280 € | 2 780 € | = Résultat d'exploitation |
| + Quotes-parts de résultat | 0 € | 0 € | + Quotes-parts de résultat |
| + Produits financiers | 300 € | 300 € | + Produits financiers |
| – Charges financières | 500 € | 500 € | – Charges financières |
| | | 500 € | + Intérêts du crédit-bail |
| = Résultat courant avant impôts | 2 080 € | 2 080 € | = Résultat courant avant impôts |

Fiche ressource 6

# Les ratios

L'analyse de performance de l'entreprise passe par le calcul de ratios. L'évolution de ces ratios s'apprécie dans le temps et/ou par rapport aux entreprises du même secteur d'activité.

## I Les ratios de mesure de l'évolution de l'activité

Différents ratios calculés à l'aide des SIG permettent d'apprécier l'évolution de l'activité. Ils sont souvent exprimés en pourcentage.

| Indicateur | Calcul | Interprétation |
|---|---|---|
| Taux de croissance du chiffre d'affaires | $\frac{CA_N - CA_{N-1}}{CA_{N-1}}$ | Il mesure l'évolution du chiffre d'affaires sur deux exercices. |
| Taux de croissance de la valeur ajoutée | $\frac{VA_N - VA_{N-1}}{VA_{N-1}}$ | Il mesure l'évolution de la richesse créée par l'entreprise. La variation de ce ratio peut être liée à la croissance ou à la régression de l'activité, à la maîtrise des consommations externes, au recours éventuel à la sous-traitance, à l'importance des moyens en personnel et en matériel mis en œuvre. |
| Taux de croissance de l'excédent brut d'exploitation | $\frac{EBE_N - EBE_{N-1}}{EBE_{N-1}}$ | Il mesure la capacité de l'entreprise à maîtriser ses charges de personnel et à rentabiliser son activité. Un taux élevé implique une forte capacité de l'entreprise à développer ses activités. |

## II Les ratios de mesure de la rentabilité et de la profitabilité

La rentabilité représente la capacité de l'entreprise à générer un résultat. De nombreux ratios peuvent être calculés ; l'entreprise retient les plus pertinents pour répondre à ses besoins d'information.

### 1. La mesure de la rentabilité et de la profitabilité par comparaison avec la valeur ajoutée

Le calcul de ces ratios permet de mieux comprendre comment la VA est répartie.

| Indicateur | Calcul | Interprétation |
|---|---|---|
| Part de l'impôt dans la VA | $\frac{\text{Impôts}}{\text{VA}}$ | Ce ratio mesure la part de la richesse créée qui revient à l'État (impôts). |
| Part du facteur travail dans la VA | $\frac{\text{Charges de personnel}}{\text{VA}}$ | La masse salariale est le seul facteur sur lequel l'entreprise peut agir dans la répartition de la VA en envisageant une évolution de la masse salariale. |
| Part des intérêts dans la VA | $\frac{\text{Charges d'intérêt}}{\text{VA}}$ | Ce ratio mesure la part de la VA consacrée au paiement des intérêts. Cette part est la conséquence de la politique de financement : plus une entreprise est endettée, plus la part consacrée au paiement des intérêts est importante |
| Part de l'autofinancement | $\frac{\text{Autofinancement}}{\text{VA}}$ | Ce ratio est la conséquence des trois autres indicateurs. Il s'agit de ce qui reste dans l'entreprise après le paiement des impôts, des salaires, des intérêts et la rémunération des associés. |

## 2. La mesure de la rentabilité et de la profitabilité par comparaison avec le CA

Ces ratios sont utiles pour comparer les résultats par rapport aux objectifs fixés (souvent par rapport au CA).

| Indicateur | Calcul | Interprétation |
|---|---|---|
| Taux de marge commerciale | $\frac{\text{Marge commerciale}}{\text{CA}}$ | Il mesure la part de l'activité commerciale dans la réalisation du chiffre d'affaires. |
| Taux d'intégration | $\frac{\text{VA}}{\text{CA}}$ Ou $\frac{\text{VA}}{\text{Production}}$ | Il informe sur le degré d'intégration de l'activité. Plus le ratio sera proche de 1 ou de 100 %, plus l'entreprise participe seule à une part importante de la production. |
| Taux de marge brute d'exploitation | $\frac{\text{EBE}}{\text{CA}}$ | Il mesure la capacité de l'entreprise à générer un résultat pour un niveau de chiffre d'affaires sans tenir compte de la politique d'investissement et de financement. |
| Taux de marge nette d'exploitation | $\frac{\text{Résultat d'exploitation}}{\text{CA}}$ | Il mesure la profitabilité indépendamment du mode de financement de l'activité. |
| Taux de profitabilité financière | $\frac{\text{RCAI}}{\text{CA}}$ | Il mesure la capacité de l'entreprise à générer un résultat tout en tenant compte des opérations financières. Ce ratio n'est pas affecté par les éléments exceptionnels. |
| Taux de marge nette ou taux de profitabilité | $\frac{\text{Résultat net}}{\text{CA}}$ | Il mesure la capacité de l'entreprise à dégager du profit. |

## 3. La mesure de rendement du personnel

Il s'agit d'observer la productivité du facteur travail.

| | | |
|---|---|---|
| Productivité du personnel ou taux de rentabilité apparente de la main-d'œuvre | $\frac{\text{VA}}{\text{Effectif}}$ | Ce ratio mesure la part de richesse créée en moyenne par chaque salarié. Il permet, par comparaison, d'observer le niveau de compétitivité de l'entreprise. |

## 4. La mesure de rentabilité par rapport aux moyens engagés

- La **rentabilité économique** représente la capacité de l'entreprise à générer un résultat à partir des moyens mis en œuvre. Son calcul est essentiellement destiné aux investisseurs financiers.

$$\text{Rentabilité économique} = \frac{\text{Résultat d'exploitation}}{\text{Capitaux investis}}$$

Plus le ratio est élevé, plus l'activité d'exploitation est efficace pour rentabiliser les capitaux investis par l'entreprise.

- La **rentabilité financière** permet d'appréhender la rentabilité des capitaux investis. Son calcul intéresse avant tout les apporteurs de capitaux.

$$\text{Rentabilité financière} = \frac{\text{Résultat net comptable}}{\text{Capitaux propres}}$$

Si la rémunération des apporteurs de capitaux est insuffisante ou se dégrade, ils envisageront éventuellement de retirer les fonds apportés.

# Applications

## 1 Calculer et interpréter les SIG

La SARL Reymond est spécialisée dans la fabrication et la commercialisation de petit outillage industriel. L'entreprise s'est récemment modernisée mais son DAF, M. Pelletin, est inquiet : l'entreprise dégage des pertes depuis peu. Il s'interroge sur la dégradation du résultat de son entreprise et vous demande de l'aider à réaliser un diagnostic de l'activité.

1. **Présentez le tableau des SIG de la SARL Reymond.**
2. **Calculez les ratios significatifs de l'entreprise afin d'apprécier l'évolution de l'activité, de la profitabilité et de la rentabilité.**
3. **Indiquez, à partir des éléments de calcul obtenus, si la SARL Reymond est rentable.**

**Annexe** Comptes de résultat de l'entreprise Reymond

| Comptes de résultat – Reymond | N | N-1 | N-2 |
|---|---|---|---|
| Ventes de marchandises | 5 141 | 5 045 | 5 012 |
| Production vendue [biens et services] | 6 600 | 6 100 | 6 001 |
| **Montant net du CA** | **11 741** | **11 145** | **11 013** |
| Production stockée | 321 | 302 | 403 |
| Production immobilisée | 0 | 0 | 0 |
| Subventions d'exploitation | 45 | 41 | 60 |
| Reprises sur dépréciations, provisions et transferts de charges | 412 | 541 | 502 |
| Autres produits | 39 | 45 | 33 |
| **Total des produits d'exploitation** | **12 558** | **12 074** | **12 011** |
| Achats de marchandises | 3 014 | 2 995 | 3 103 |
| Variation de stocks | 45 | – 12 | 32 |
| Achats de matières premières et autres approvisionnements | 2 033 | 2 201 | 2 287 |
| Variation de stocks | 28 | 62 | 45 |
| Autres achats et charges externes | 1 997 | 1 845 | 1 896 |
| Impôts, taxes et versements assimilés | 80 | 75 | 78 |
| Salaires et traitements | 2 458 | 2 402 | 2 398 |
| Charges sociales | 1 155 | 1 100 | 1 065 |
| Dotation aux amortissements et aux dépréciations | 1 523 | 1 081 | 713 |
| Autres charges | 23 | 45 | 65 |
| **Total des charges d'exploitation** | **12 356** | **11 794** | **11 682** |
| **RÉSULTAT D'EXPLOITATION** | **202** | **280** | **329** |
| Produits de participation | 78 | 98 | 130 |
| **Total des produits financiers** | **78** | **98** | **130** |
| Intérêts et charges assimilées | 320 | 252 | 141 |
| **Total des charges financières** | **320** | **252** | **141** |
| **RÉSULTAT FINANCIER** | **– 242** | **– 154** | **– 11** |
| Sur opérations en capital (compte 775) | 180 | 196 | 162 |
| **Total des produits exceptionnels** | **180** | **196** | **162** |
| Sur opérations en capital (compte 675) | 159 | 178 | 110 |
| **Total des charges exceptionnelles** | **159** | **178** | **110** |
| **RÉSULTAT EXCEPTIONNEL** | **21** | **18** | **52** |
| Impôts sur les bénéfices | 35 | 39 | 45 |
| **Total des produits** | **12 816** | **12 368** | **12 303** |
| **Total des charges** | **12 870** | **12 263** | **11 978** |
| **BÉNÉFICE OU PERTE** | **– 54** | **105** | **325** |

# 2 Procéder aux retraitements de la valeur ajoutée

La SARL Marisol est spécialisée dans la production et la commercialisation de maillots de bain. Cette entreprise, dont l'activité est saisonnière, a recours de plus en plus fréquemment à l'intérim. Par ailleurs, elle a décidé de renouveler une partie de son outil de production et a opté pour la location pour le matériel qui doit être fréquemment remplacé.
La responsable administrative, Mme Livia, a calculé les SIG des derniers exercices comptables. La valeur ajoutée a été calculée sans retraitements. Il apparaît nécessaire à Mme Livia de revenir sur le calcul de la VA pour tenir compte de l'évolution des facteurs de production.

1. **Indiquez comment Mme Livia a pris en compte les charges d'intérim et de crédit-bail dans son calcul de la valeur ajoutée.**
2. **Expliquez ce qu'apporte le retraitement des charges de personnel intérimaire et de crédit-bail.**
3. **Recalculez les SIG impactés par les retraitements des charges de personnel et du crédit-bail.**
4. **Commentez les résultats obtenus.**

## Annexe 1

| SIG SARL Marisol | Montants |
|---|---|
| Ventes de marchandises | 246 580 |
| Coût d'achat des marchandises vendues | 133 412 |
| **Marge commerciale** | **113 168** |
| Production vendue | 252 862 |
| Production stockée | 1 025 |
| **Production de l'exercice** | **253 887** |
| Marge commerciale | 113 168 |
| Production de l'exercice | 253 887 |
| Consommations en provenance de tiers | 180 210 |
| **Valeur ajoutée** | **186 845** |
| Valeur ajoutée | 186 845 |
| Impôts et taxes | 14 000 |
| Charges de personnel | 127 000 |
| **Excédent brut d'exploitation** | **45 845** |
| Reprises sur dépréciations, provisions et transferts de charges | 2 612 |
| Autres produits | 645 |
| Dotations aux amortissements, dépréciations et provisions | 33 890 |
| Autres charges | 122 |
| **Résultat d'exploitation** | **15 090** |
| Produits financiers | 345 |
| Charges financières | 3 640 |
| **Résultat courant avant impôts** | **11 795** |

## Annexe 2

L'entreprise a signé deux contrats de crédit-bail.
**Montant des annuités : 12 800 €**
Si l'entreprise avait acheté et financé par emprunt les biens loués, elle aurait payé des charges financières sur les emprunts et établi des plans d'amortissement pour les immobilisations.
**Dotations aux amortissements : 10 000 €**
**Charges d'intérêt : 2 800 €**

## Annexe 3

Pour faire face aux variations de son activité, l'entreprise a fait appel à du personnel extérieur à l'entreprise.
Les charges de personnel intérimaire s'élèvent pour l'exercice à 43 100 €.

Chapitre 2

# L'analyse de la performance financière

| **Activité** | **Composante d'activité** | **Compétence** | **P7** |
|---|---|---|---|
| **6.1.** Analyse de la performance de l'organisation | **6.1.2.** Analyse de la performance financière de l'organisation (CAF) | Calculer et analyser la CAF, effectuer un diagnostic financier. | – Une utilisation du tableur adaptée aux besoins de l'utilisateur (ratios, graphiques) ;<br>– Une utilisation des outils numériques de communication. |

## Situation professionnelle

M. Altoviti a pu observer une baisse du résultat de l'entreprise Pack Inbox depuis quelques années (voir chapitre 1). Avec ses associés, Mme Emma et M. Barel, ils ont essayé de trouver des explications à la moindre performance économique de l'entreprise mise en évidence à l'occasion de la dernière clôture des comptes.

La direction de l'entreprise réagit immédiatement : les associés imaginent et étudient une évolution de l'activité de l'entreprise vers de nouvelles productions.

Malgré l'importance et la qualité des équipements actuels de Pack Inbox, le développement d'une nouvelle gamme de produits impliquerait forcément un investissement dans de nouveaux matériels.

La direction souhaite donc pousser plus loin le diagnostic de son activité de fabrication d'emballages. Elle espère que sa performance financière ne sera pas trop impactée par le ralentissement récent de son activité.

## Mission

**Vous assistez Mme Fauvet, la responsable administrative, dans la réalisation du diagnostic financier de Pack Inbox.**

## Travail à faire

### I Calculer la capacité d'autofinancement

L'entreprise envisage de nouveaux investissements et doit donc trouver les financements nécessaires. Mme Fauvet pense pouvoir s'appuyer sur des ressources internes. Elle dispose de la CAF des deux exercices précédents et vous communique les fichiers correspondants afin que vous puissiez réaliser le calcul pour l'exercice en cours.

**1.** Expliquez ce que représente la CAF pour l'entreprise. ▶| Fiche ressource 1

**2.** Quel est l'intérêt de son calcul ?

**3.** Sur tableur ou sur feuille, calculez la CAF de l'exercice N en utilisant la méthode soustractive. ▶| Fiche ressource 2 ▶| Annexes 1 et 2

**4.** Vérifiez votre calcul à l'aide de la méthode additive.

**5.** Interprétez le résultat obtenu en une phrase.

**6.** Expliquez pourquoi le montant de la CAF est différent du résultat net comptable.

**7.** La CAF correspond-elle à la trésorerie disponible ? Justifiez.

### II Apprécier l'évolution de la capacité d'autofinancement

Mme Fauvet dispose désormais de la CAF des trois derniers exercices. Elle peut ainsi observer son évolution.

**8.** Calculez l'évolution de la CAF entre les exercices N-2 et N. Commentez. ▶| Fiche ressource 3 ▶| Annexes 1 à 3

P7 **9.** Appréciez le niveau de CAF générée par l'activité.

a) Calculez, sur feuille ou sur tableur, le ratio de capacité de financement puis, pour comparaison, le taux de profitabilité sur les trois exercices.

b) Justifiez les écarts puis commentez les évolutions de ces ratios.

P7 **10.** Déterminez la capacité de remboursement de l'entreprise.

a) Calculez, sur feuille ou sur tableur, le ratio de capacité de remboursement pour pour les trois exercices.

b) Expliquez en une phrase le montant obtenu pour l'exercice N.

c) Appréciez l'évolution du ratio dans le temps.

### III Déterminer l'autofinancement

Mme Fauvet souhaite affiner les informations dont elle dispose. Elle vous demande de déterminer l'autofinancement pour les trois derniers exercices.

**11.** Indiquez ce qu'apporte le calcul de l'autofinancement par rapport à celui de la CAF. ▶| Fiche ressource 4 ▶| Annexe 3

**12.** L'autofinancement n'est pas complètement lisible dans le bilan comptable. Expliquez.

P7 **13.** Calculez pour l'exercice N, sur tableur ou sur feuille, l'autofinancement puis la part de la valeur ajoutée qui revient à l'autofinancement.

**14.** Commentez l'évolution des résultats sur les trois exercices.

## IV Finaliser le diagnostic financier

Mme Fauvet dispose maintenant d'éléments pour apprécier la capacité de l'entreprise à réaliser son projet.

**15.** **Indiquez si la baisse du résultat de Pack Inbox a des conséquences sur la capacité de l'entreprise à dégager des ressources de financement internes.**

P7 **16.** **En tenant compte des éléments calculés précédemment, rédigez une note synthétique, à l'attention de Mme Fauvet, qui reprendra vos conclusions sur la capacité de l'entreprise à financer son projet. Cette note sera adressée par voie électronique à Mme Fauvet.**

## Données de la situation

### Annexe 1 CAF de la SA Pack Inbox sur trois exercices – Méthode soustractive

| CAF Pack Inbox | N | N-1 | N-2 | % évol. |
|---|---|---|---|---|
| **Excédent brut d'exploitation** | | **782 200** | **895 000** | |
| Autres produits d'exploitation | | 4 800 | 4 200 | |
| Autres charges d'exploitation | | 9 100 | 4 000 | |
| Produits financiers (hors produits calculés) | | 101 100 | 83 000 | |
| Charges financières (hors charges calculées) | | 54 200 | 42 600 | |
| Produits exceptionnels (hors produits calculés et PCEA) | | 0 | 0 | |
| Charges exceptionnelles (hors charges calculées et VNCEAC) | | 0 | 0 | |
| Transferts de charges d'exploitation | | 0 | 0 | |
| Participation des salariés aux résultats de l'entreprise | | 0 | 0 | |
| Impôts sur les bénéfices | | 86 400 | 106 100 | |
| **Capacité d'autofinancement** | | **738 400** | **829 500** | |

### Annexe 2 CAF de la SA Pack Inbox sur trois exercices – Méthode additive

| CAF Pack Inbox | N | N-1 | N-2 | % évol. |
|---|---|---|---|---|
| **Résultat net comptable** | | **458 300** | **583 300** | |
| Charges calculées d'exploitation | | 304 300 | 304 400 | |
| Charges calculées financières | | 0 | 0 | |
| Charges calculées exceptionnelles | | 0 | 0 | |
| Produits calculés d'exploitation | | 12 200 | 12 000 | |
| Produits calculés financiers | | 0 | 0 | |
| Produits calculés exceptionnels | | 0 | 0 | |
| VNCEAC | | 212 500 | 111 100 | |
| PCEA | | 224 500 | 157 300 | |
| Quotes-parts des subventions (777) | | 0 | 0 | |
| **Capacité d'autofinancement** | | **738 400** | **829 500** | |

## Annexe 3 Éléments du diagnostic financier de la SA Pack Inbox

Pour vous aider dans la réalisation du diagnostic financier, Mme Fauvet a réuni diverses informations.

**1. Extrait du bilan de l'entreprise Pack Inbox**

| PASSIF | Exercice N | Exercice N-1 | Exercice N-2 |
|---|---|---|---|
| **Dettes** | | | |
| **Dettes financières** | | | |
| Emprunts obligataires convertibles | | | |
| Autres emprunts obligataires | | | |
| Emprunts auprès des établissements de crédit (1) | 1 365 500 | 1 596 500 | 1 787 100 |
| **Total général** | **4 052 100** | **4 251 600** | **4 395 700** |
| *(1) Dont concours bancaires courants :* | *99 000* | *149 500* | *83 900* |

**2. Dividendes versés aux associés de l'entreprise Pack Inbox**

Les dividendes versés aux associés lors des trois derniers exercices sont les suivants :

- N-2 : 337 900 € ;
- N-1 : 235 300 € ;
- N : 100 000 €.

**3. Taux de capacité d'autofinancement de l'entreprise Pack Inbox**

| | N | N-1 | N-2 |
|---|---|---|---|
| CAF | | 738 400 | 829 500 |
| Chiffre d'affaires | | 6 478 800 | 6 341 300 |
| Taux de capacité d'autofinancement | | 11 % | 13 % |

**4. Autofinancement de l'entreprise Pack Inbox**

| | N | N-1 | N-2 |
|---|---|---|---|
| CAF | | 738 400 | 829 500 |
| Dividendes | | 235 300 | 337 900 |
| Autofinancement | | 503 100 | 491 600 |

**5. Part de la valeur ajoutée consacrée à l'autofinancement**

| | N | N-1 | N-2 |
|---|---|---|---|
| Valeur ajoutée | 1 851 800 | 2 043 000 | 2 114 300 |
| Autofinancement | | 503 100 | 491 600 |
| Part de la VA consacrée à l'autofinancement | | 25 % | 23 % |

Fiche ressource 1

# La capacité d'autofinancement (CAF)

La capacité d'autofinancement correspond au surplus monétaire dégagé par l'activité de l'entreprise. Elle se calcule à partir du compte de résultat.

## I Définition de la CAF

Le PCG présente la CAF comme « le **flux résiduel de trésorerie effective ou potentielle** sécrété par les **opérations de gestion** de l'entreprise ».

### 1. Un calcul sur les opérations de gestion

Les opérations de gestion conduisent à un enrichissement (produits) ou à un appauvrissement (charges) de l'entreprise. Il s'agit, par exemple, des ventes de produits finis, des achats de matières premières ou encore des intérêts payés sur les emprunts. Ce sont des opérations inscrites au compte de résultat.
Sont donc exclues du calcul de la CAF les opérations qui affectent le patrimoine car elles n'ont pas d'incidence immédiate sur le calcul du résultat. Il s'agit, par exemple, de l'octroi et du remboursement des emprunts ou des acquisitions d'immobilisations.

### 2. Le calcul d'un flux de trésorerie

Seuls les produits et les charges qui génèrent un règlement monétaire, c'est-à-dire une entrée ou une sortie de trésorerie, sont pris en compte dans le calcul. Il s'agit des produits encaissables et des charges décaissables.
Sont donc exclus les éléments non monétaires, c'est-à-dire les charges et les produits calculés.

| **Charges** (classe 6) | | **Produits** (classe 7) | |
|---|---|---|---|
| **Décaissables** | **Non décaissables** | **Encaissables** | **Non encaissables** |
| **Suivies d'un décaissement**<br>Ex. : achats de marchandises, intérêts payés sur les emprunts | **Non suivies d'un encaissement**<br>**Charges calculées**<br>Ex. : dotations sur dépréciations d'éléments d'actif | **Suivis d'un encaissement**<br>Ex. : ventes de marchandises, dividendes perçus | **Non suivis d'un encaissement**<br>**Produits calculés**<br>Ex. : reprises sur dépréciations d'éléments d'actif |
| Intégrées dans le calcul de la CAF | Exclues du calcul de la CAF | Intégrés dans le calcul de la CAF | Exclus du calcul de la CAF |

### 3. Un flux de trésorerie effectif ou potentiel

Les charges et les produits qui s'accompagnent d'un paiement immédiat (ou au comptant) correspondent à la « trésorerie effective ». Les charges dont le paiement est différé et les produits qui feront l'objet d'un règlement à crédit correspondent à la « trésorerie potentielle ».
Les éléments pris en compte dans le calcul de la CAF ne tiennent pas compte de cette distinction. Que les paiements soient immédiats ou différés, ils correspondent bien à des charges décaissables ou à des produits encaissables.

### 4. Le calcul d'un flux résiduel

« Résiduel » signifie « ce qui reste ». La CAF est la différence entre des produits encaissables et des charges décaissables.

**CAF = Produits encaissables – Charges décaissables**

## II Interprétation de la CAF

### 1. Distinction entre CAF et trésorerie disponible

La CAF est différente de la trésorerie disponible, visible dans les comptes de trésorerie. En effet, elle correspond à la trésorerie générée par l'activité sur tout un exercice comptable alors que les soldes de trésorerie représentent les sommes disponibles à une date donnée.

### 2. Distinction entre CAF et résultat net comptable

La CAF se distingue également du résultat net comptable car son calcul n'intègre que des éléments encaissés et décaissés alors que le résultat net comptable comprend également des produits et charges calculés.

### 3. Mesure des ressources internes

Une entreprise dispose de différentes ressources pour se développer, pour assurer sa pérennité.

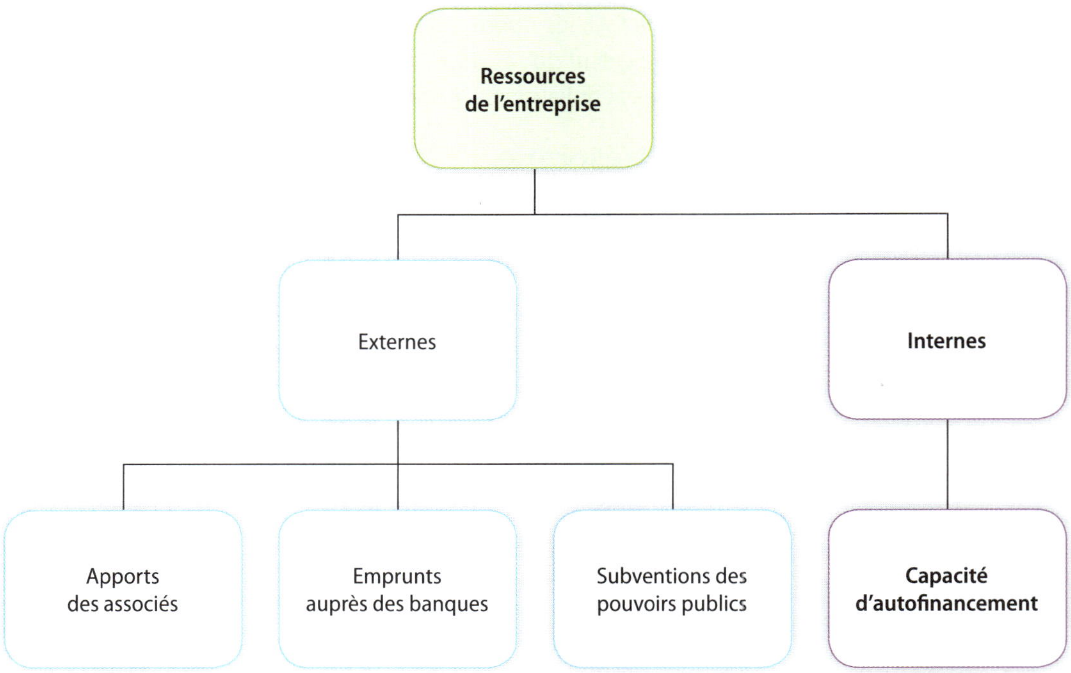


La CAF correspond aux ressources de financement internes que l'entreprise dégage de son activité au cours de l'exercice comptable. Elle vient compléter les ressources externes apportées par les partenaires de l'entreprise.
Ces ressources internes sont utilisées par l'entreprise pour couvrir ses besoins financiers.
Ainsi, l'entreprise peut, par exemple, utiliser la CAF pour :
– rémunérer ses associés (distribution de dividendes) ;
– financer ses investissements ;
– rembourser ses emprunts.
Le calcul de la CAF permet d'apprécier dans quelle mesure l'entreprise peut faire face seule à ses besoins financiers, donc d'estimer son degré d'indépendance aux financements extérieurs, notamment à l'endettement.

# Fiche ressource 2

# Les méthodes de calcul de la capacité d'autofinancement

## I La méthode soustractive

La méthode soustractive est préconisée pour le calcul de la CAF. Elle retient les éléments encaissés ou décaissés. La CAF est calculée à partir de l'excédent brut d'exploitation (EBE) qui n'intègre que des produits encaissables et des charges décaissables (voir chapitre 1). Le calcul exclut les produits de cessions d'éléments d'actif et la valeur nette comptable des éléments d'actif cédés.

| | Comptes à intégrer dans le calcul | Comptes à négliger dans le calcul |
|---|---|---|
| **Excédent brut d'exploitation** | | |
| + Autres produits d'exploitation | 75 | 755 |
| – Autres charges d'exploitation | 65 | 655 |
| ± Quotes-parts de résultat sur opérations faites en commun | 755 – 655 | |
| + Produits financiers (hors produits calculés) | 76 et 796 | 786 |
| – Charges financières (hors charges calculées) | 66 | 686 |
| + Produits exceptionnels (hors produits calculés et produits des cessions d'éléments d'actif immobilisé) | 77 et 797 | 775 et 777<br>787 |
| – Charges exceptionnelles (hors charges calculées et valeur nette comptable des éléments d'actif cédés) | 67 | 675<br>687 |
| + Transferts de charges d'exploitation | 791 | |
| – Participation des salariés aux résultats de l'entreprise | 691 | |
| – Impôts sur les bénéfices | 695 | |
| **= Capacité d'autofinancement** | | |

## II La méthode additive

Le calcul de la CAF selon la méthode additive est réalisé à partir du résultat net comptable. Le résultat comprend tous les produits et toutes les charges. La différence entre la CAF et le résultat net comptable correspond aux éléments calculés et aux plus ou moins-values sur les cessions d'éléments d'actif. Les charges calculées sont donc ajoutées, les produits calculés sont donc soustraits.

| | Comptes |
|---|---|
| **Résultat net comptable** | |
| + Charges calculées d'exploitation | 681 |
| + Charges calculées financières | 686 |
| + Charges calculées exceptionnelles | 687 |
| – Produits calculés d'exploitation | 781 |
| – Produits calculés financiers | 786 |
| – Produits calculés exceptionnels | 787 |
| + Valeur nette comptable des éléments d'actif cédés | 675 |
| – Produits des cessions d'éléments d'actif immobilisé | 775 |
| – Quotes-parts des subventions | 777 |
| **= Capacité d'autofinancement** | |

## Exemple de calcul de la CAF

| COMPTE DE RÉSULTAT | Montants |
|---|---|
| **Produits d'exploitation** | |
| Ventes de marchandises | 12 487 |
| Production vendue [biens et services] | 45 412 |
| **Montant net du CA** | **57 899** |
| Production stockée | 1 068 |
| Production immobilisée | 214 |
| Subventions d'exploitation | 66 |
| Reprises sur dépréciations et provisions | 548 |
| Transferts de charges | 0 |
| Autres produits | 659 |
| **Total Produits d'exploitation** | **60 454** |
| **Charges d'exploitation** | |
| Achats de marchandises | 7 892 |
| Variation de stocks | 36 |
| Achats de matières premières et autres approvisionnements | 15 789 |
| Variation de stocks | 154 |
| Autres achats et charges externes | 3 268 |
| Impôts, taxes et versements assimilés | 541 |
| Salaires et traitements | 12 487 |
| Charges sociales | 5 963 |
| Dotations aux amortissements et aux dépréciations | |
| Sur immobilisations : dotations aux amortissements | 1 458 |
| Sur immobilisations : dotations aux dépréciations | 36 |
| Sur actif circulant : dotations aux dépréciations | 75 |
| Dotations aux provisions | 0 |
| Autres charges | 451 |
| **Total Charges d'exploitation** | **48 150** |
| **RÉSULTAT D'EXPLOITATION** | **12 304** |
| **Quotes-parts de résultat sur opérations faites en commun** | **0** |
| **Produits financiers** | |
| De participation | 65 |
| D'autres valeurs mobilières et créances de l'actif immobilisé | 79 |
| Autres intérêts et produits assimilés | 124 |
| Reprises sur dépréciations, provisions et transferts de charges | 25 |
| Différences positives de change | 0 |
| Produits nets sur cessions de valeurs mobilières de placement | 0 |
| **Total Produits financiers** | **293** |
| **Charges financières** | |
| Dotations aux amortissements, dépréciations et provisions | 32 |
| Intérêts et charges assimilées | 778 |
| Différences négatives de change | 0 |
| Charges nettes sur cessions de valeurs mobilières de placement | 0 |
| **Total Charges financières** | **810** |
| **RÉSULTAT FINANCIER** | **– 517** |
| **Produits exceptionnels** | |
| Sur opérations de gestion | 218 |
| Sur opérations en capital | 336 |
| Reprises sur dépréciations, provisions et transferts de charges | 75 |
| **Total Produits exceptionnels** | **629** |
| **Charges exceptionnelles** | |
| Sur opérations de gestion | 178 |
| Sur opérations en capital | 315 |
| Dotations aux amortissements, dépréciations et provisions | 65 |
| **Total Charges exceptionnelles** | **558** |
| **RÉSULTAT EXCEPTIONNEL** | **71** |
| Participation des salariés aux résultats de l'entreprise | 1 566 |
| Impôts sur les bénéfices | 2 444 |
| **Total des produits** | **61 376** |
| **Total des charges** | **53 528** |
| **BÉNÉFICE OU PERTE** | **7 848** |

**Méthode soustractive**

Éléments de calcul de l'EBE
\+ Produits encaissables
– Charges décaissables
= CAF

**Méthode soustractive**

13 117
\+ 1 145
– 5 417
= **8 845**

**Méthode additive**

Résultat net
\+ Charges calculées
– Produits calculés
= CAF

**Méthode additive**

7 848
\+ 1 981
– 984
= 8 845

# Fiche ressource 3

# Les ratios de la CAF

## I Le taux de capacité d'autofinancement

Ce ratio détermine la CAF générée par le chiffre d'affaires.

$$\textbf{Taux de capacité d'autofinancement} = \frac{\textbf{CAF}}{\textbf{Chiffre d'affaires}}$$

Il fixe la part des ressources internes créée par l'activité de l'entreprise et qui lui permet d'assurer son financement.

Il peut être associé au taux de profitabilité (voir chapitre 1), qui lui permet d'apprécier le bénéfice généré par l'activité.

Exemple

Éléments issus du système d'information comptable de l'entreprise Artamis :
– Chiffre d'affaires : 625 000 €
– Résultat net comptable : 75 000 €
– Capacité d'autofinancement : 93 500 €

| Ratios | Formules | Montants |
|---|---|---|
| Taux de profitabilité | Résultat net comptable / Chiffre d'affaires | 12 % |
| Taux de capacité d'autofinancement | CAF / Chiffre d'affaires | 15 % |

Interprétation des ratios :
– Taux de profitabilité : un ratio de 12 % signifie que, pour un chiffre d'affaires de 100 €, l'entreprise Artamis dégage un résultat net comptable de 12 €.
– Taux de capacité d'autofinancement : un ratio de 14 % signifie que, pour 100 € de chiffre d'affaires réalisé par l'entreprise Artamis, l'activité de l'entreprise a généré 14 € de ressources internes pour assurer son financement.

Les ressources financières générées par l'activité de l'entreprise Artamis sont supérieures au niveau de bénéfice obtenu. Cet écart est justifié par le poids des charges calculées qui diminuent le bénéfice comptable, donc l'impôt et donc le bénéfice distribuable, mais ne diminuent pas la trésorerie puisqu'elles ne correspondent pas à des décaissements.

## II La capacité de remboursement

Ce ratio permet de déterminer dans quelle mesure la trésorerie potentielle générée par l'activité permet de rembourser les dettes financières de l'entreprise.

$$\textbf{Capacité de remboursement} = \frac{\textbf{Dettes financières + Concours bancaires courants}}{\textbf{CAF}}$$

Il ne doit pas être supérieur à 2 ou 3. On considère par sécurité que les dettes financières doivent pouvoir être remboursées sur deux à trois exercices comptables.

# Fiche ressource 4

# L'autofinancement

## I Définition de l'autofinancement

Une fois soustraits les dividendes versés aux associés, on obtient l'autofinancement.

**Autofinancement = CAF – Dividendes**

L'autofinancement correspond donc aux ressources financières dégagées par un an d'activité et conservées dans l'entreprise.
Alors que la CAF correspond à ce que l'***on pourrait garder*** en entreprise (« capacité »), l'autofinancement correspond à ce que l'***on a effectivement gardé*** après avoir versé des dividendes aux associés.

## II Traduction de l'autofinancement dans les documents de synthèse

L'autofinancement est une notion financière plus que comptable. C'est pourquoi cette ressource n'est lisible que partiellement dans le bilan comptable. Elle est en revanche parfaitement lisible dans le bilan fonctionnel (qui sera étudié au chapitre 4).

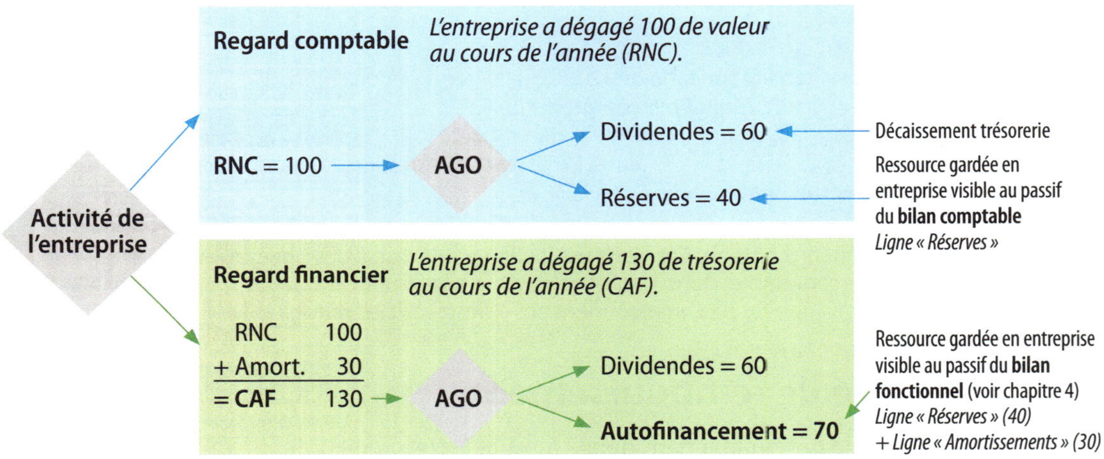


## III L'intérêt du calcul de l'autofinancement

L'autofinancement, comme les apports et les emprunts, participe effectivement au financement de l'entreprise. Ce financement permet d'éviter le recours aux emprunts et donc de supporter des charges d'intérêt et ainsi d'améliorer l'autonomie financière de l'entreprise.

## IV La part de la valeur ajoutée consacrée à l'autofinancement

Il s'agit de déterminer la part de la valeur ajoutée dégagée par l'activité de l'entreprise et qui contribue à la couverture de ses besoins de financement.

$$\textbf{Part de la VA consacrée à l'autofinancement} = \frac{\textbf{Autofinancement}}{\textbf{VA}}$$

L'autofinancement est retenu dans ce calcul plutôt que la CAF pour tenir compte de la politique de distribution de dividendes menée par l'entreprise.
Si ce ratio évolue positivement dans le temps, l'entreprise est alors plus indépendante financièrement.

# Applications

## 1 Vérifier le calcul de la CAF

Mme Lesage est comptable au sein de l'entreprise Dorlido, fabricant de jouets. Elle prépare la prochaine assemblée générale. Elle a procédé au calcul de la CAF par les deux méthodes mais n'obtient pas les mêmes résultats.

1. **Pointez les différents montants retenus dans chaque méthode et repérez les erreurs.**
2. **Recalculez la capacité d'autofinancement par les deux méthodes.**

**Annexe 1** Compte de résultat de l'entreprise Dorlido

| Charges (hors taxes) | Montants |
|---|---|
| **Charges d'exploitation** | |
| Achats de marchandises | 0 |
| Variation de stocks de marchandises | 0 |
| Achats stockés d'approvisionnements | 60 466 |
| Variation des stocks autres approvisionnements | – 145 |
| Autres achats et charges externes | 45 784 |
| Impôts, taxes et versements assimilés | 973 |
| Charges de personnel | 69 679 |
| Dotations aux amortissements et aux provisions | 12 862 |
| Autres charges | 1 166 |
| **Total I** | **190 785** |
| **Quotes-parts de résultat sur op. faites en commun (II)** | **0** |
| **Charges financières** | |
| Dotations aux amort., dépréciations et provisions | 314 |
| Intérêts et charges assimilées | 1 421 |
| Différences négatives de change | 0 |
| Charges nettes sur cessions de VMP | 0 |
| **Total III** | **1 735** |
| **Charges exceptionnelles** | |
| Sur opérations de gestion | 478 |
| Sur opérations en capital (VNCEAC) | 1 248 |
| Dotations aux amortissements et aux provisions | 0 |
| **Total IV** | **1 726** |
| **Participation des salariés aux résultats** | **0** |
| **Impôts sur les bénéfices** | **9 875** |
| **Total des charges** | **204 121** |
| **Solde créditeur = bénéfice** | **31 407** |
| **TOTAL GÉNÉRAL** | **235 528** |

| Produits (hors taxes) | Montants |
|---|---|
| **Produits d'exploitation** | |
| Ventes de marchandises | 681 |
| Production vendue [biens et services] | 230 991 |
| Production stockée | – 14 |
| Production immobilisée | 0 |
| Subventions d'exploitation | 787 |
| Reprises d'exploitation | 451 |
| Transferts de charges | 0 |
| Autres produits | 361 |
| **Total I** | **233 257** |
| **Quotes-parts de résultat sur op. faites en commun (II)** | **0** |
| **Produits financiers** | |
| De participation | 647 |
| D'autres valeurs mobilières et créances de l'actif immob. | 0 |
| Autres intérêts et produits assimilés | 248 |
| Reprises financières et transferts de charges | 25 |
| Différences positives de change | 0 |
| Produits nets sur cessions de VMP | 0 |
| **Total III** | **920** |
| **Produits exceptionnels** | |
| Sur opérations de gestion | 36 |
| Sur opérations en capital | 1 315 |
| Reprises exceptionnelles et transferts de charges | 0 |
| **Total IV** | **1 351** |
| **Total des produits** | **235 528** |
| **Solde débiteur = perte** | |
| **TOTAL GÉNÉRAL** | **235 528** |

**Annexe 2** Calcul de la CAF

| Méthode soustractive | Montants |
|---|---|
| **Excédent brut d'exploitation** | **55 688** |
| Autres produits d'exploitation | 361 |
| Autres charges d'exploitation | 1 166 |
| Produits financiers | 895 |
| Charges financières | 1 421 |
| Produits exceptionnels | 1 351 |
| Charges exceptionnelles | 478 |
| Transferts de charges d'exploitation | 0 |
| Participation des salariés aux résultats de l'entreprise | 0 |
| Impôts sur les bénéfices | 9 875 |
| **Capacité d'autofinancement** | **45 355** |

| Méthode additive | Montants |
|---|---|
| **Résultat net comptable** | **31 407** |
| Charges calculées d'exploitation | 12 862 |
| Charges calculées financières | 314 |
| Charges calculées exceptionnelles | 0 |
| Produits calculés d'exploitation | 451 |
| Produits calculés financiers | 0 |
| Produits calculés exceptionnels | 0 |
| VNCEAC | 1 248 |
| PCEA | 1 315 |
| Quotes-parts des subventions | 0 |
| **Capacité d'autofinancement** | **44 065** |

## 2 Apprécier la performance financière

La SARL Reymond est spécialisée dans la fabrication et la commercialisation de petit outillage industriel. M. Pelletin, son DAF, a observé une baisse du résultat sur les trois derniers exercices et a travaillé sur les raisons de cette dégradation.
Sur les deux derniers exercices, l'entreprise dégage une perte, ce qui inquiète M. Pelletin. Ce dernier vous demande de vérifier si l'entreprise dispose toujours d'une capacité d'autofinancement.

1. **Calculez la CAF de l'entreprise Reymond sur les trois exercices par la méthode soustractive.**
2. **Vérifiez le calcul de la CAF à partir du résultat net comptable.**
3. **Interprétez les résultats obtenus.**

**Annexe** Comptes de résultat de l'entreprise Reymond

| COMPTE DE RÉSULTAT – REYMOND | N | N-1 | N-2 |
|---|---|---|---|
| Ventes de marchandises | 5 141 | 5 045 | 5 012 |
| Production vendue [biens et services] | 6 600 | 6 100 | 6 001 |
| **Montant net du CA** | **11 741** | **11 145** | **11 013** |
| Production stockée | 321 | 302 | 403 |
| Production immobilisée | 0 | 0 | 0 |
| Subventions d'exploitation | 45 | 41 | 60 |
| Reprises sur dépréciations, provisions, transferts de charges | 412 | 541 | 502 |
| Autres produits | 39 | 45 | 33 |
| **Total des produits d'exploitation** | **12 558** | **12 074** | **12 011** |
| Achats de marchandises | 3 014 | 2 995 | 3 103 |
| Variation de stocks | 45 | – 12 | 32 |
| Achats de matières premières et autres approvisionnements | 2 033 | 2 201 | 2 287 |
| Variation de stocks | 28 | 62 | 45 |
| Autres achats et charges externes | 1 997 | 1 845 | 1 896 |
| Impôts, taxes et versements assimilés | 80 | 75 | 78 |
| Salaires et traitements | 2 458 | 2 402 | 2 398 |
| Charges sociales | 1 155 | 1 100 | 1 065 |
| Dotations aux amortissements et aux dépréciations | 1 523 | 1 081 | 713 |
| Autres charges | 23 | 45 | 65 |
| **Total des charges d'exploitation** | **12 356** | **11 794** | **11 682** |
| **Résultat d'exploitation** | **202** | **280** | **329** |
| Produits de participation | 78 | 98 | 130 |
| **Total des produits financiers** | **78** | **98** | **130** |
| Intérêts et charges assimilées | 320 | 252 | 141 |
| **Total des charges financières** | **320** | **252** | **141** |
| **Résultat financier** | **– 242** | **– 154** | **– 11** |
| Sur opérations en capital (compte 775) | 180 | 196 | 162 |
| **Total des produits exceptionnels** | **180** | **196** | **162** |
| Sur opérations en capital (compte 675) | 159 | 178 | 110 |
| **Total des charges exceptionnelles** | **159** | **178** | **110** |
| **Résultat exceptionnel** | **21** | **18** | **52** |
| Impôts sur les bénéfices | 35 | 39 | 45 |
| **Total des produits** | **12 816** | **12 368** | **12 303** |
| **Total des charges** | **12 870** | **12 263** | **11 978** |
| **Bénéfice ou perte** | **– 54** | **105** | **325** |

# 3 Analyser la profitabilité

La SA Robin fabrique et vend des ustensiles de cuisine. Depuis deux ans, elle a décidé d'élargir son activité à l'électroménager et produit désormais des robots multicuiseurs. Cette nouvelle orientation a nécessité et demande encore des frais de recherche et de formation importants. Les associés qui ont participé au financement de la nouvelle activité souhaitent vérifier si la nouvelle orientation stratégique réussit à l'entreprise. Ils vous demandent de faire un bilan sur la profitabilité de l'entreprise.

1. **Présentez les SIG pour l'exercice N.**
2. **Calculez la CAF dégagée par l'activité durant l'année N.**
3. **Déterminez l'autofinancement sur les trois exercices et expliquez en quoi la politique de distribution des dividendes influence le financement des activités.**
4. **Rédigez une note chiffrée sur l'évolution de la situation de l'entreprise.**

## Annexe 1 Compte de résultat de l'entreprise Robin

| Charges (hors taxes) | Ex. N | Produits (hors taxes) | Ex. N |
|---|---|---|---|
| **Charges d'exploitation** | | **Produits d'exploitation** | |
| Achats de marchandises | 0 | Ventes de marchandises | 0 |
| Variation de stocks | 0 | Production vendue de biens et services | 468 891 |
| Achats de matières premières et autres appro. | 127 350 | **Sous-total A – Montant net du CA** | **468 891** |
| Variation de stocks | 10 230 | *Dont à l'exportation :* | 0 |
| Autres achats et charges externes | 110 142 | Production stockée | 492 |
| Impôts, taxes et versements assimilés | 2 450 | Production immobilisée | 1 480 |
| Salaires et traitements | 57 800 | Subventions d'exploitation | 0 |
| Charges sociales | 33 754 | Reprises sur dépréciations, provisions, transferts de charges | 3 021 |
| Dotations aux amortissements et dépréciations | | Autres produits | 1 230 |
| Sur immobilisations : dotations aux amortissements | 60 202 | **Sous-total B** | **6 223** |
| Sur immobilisations : dotations aux dépréciations | 356 | | |
| Sur actif circulant : dotations aux dépréciations | 2 560 | | |
| Dotations aux provisions | 0 | | |
| Autres charges | 890 | | |
| **Total I** | **405 734** | **Total (A + B) I** | **475 114** |
| **Quotes-parts de résultat sur op. faites en commun (II)** | **0** | **Quotes-parts de résultat sur op. faites en commun (II)** | **0** |
| **Charges financières** | | **Produits financiers** | |
| Dotations aux amortissements, dépréciations et prov. | 0 | De participation | 78 |
| Intérêts et charges assimilées | 5 451 | D'autres valeurs mobilières et créances de l'actif immobilisé | 0 |
| Charges nettes sur cessions de VMP | 0 | Autres intérêts et produits assimilés | 841 |
| | | Reprises sur dépréciations, prov. et transferts de charges | 0 |
| | | Produits nets sur cessions de VMP | 0 |
| **Total III** | **5 451** | **Total III** | **919** |
| **Charges exceptionnelles** | | **Produits exceptionnels** | |
| Sur opérations de gestion | 840 | Sur opérations de gestion | 651 |
| Sur opérations en capital (VNCEAC) | 3 260 | Sur opérations en capital (PCEA) | 4 102 |
| Dotations aux amortissements, dépréciations. et prov. | 602 | Reprises sur dépréciations, prov. et transferts de charges | 1 500 |
| **Total IV** | **4 702** | **Total IV** | **6 253** |
| **Participation des salariés aux résultats de l'entreprise (V)** | **2 500** | | |
| **Impôts sur les bénéfices (VI)** | **6 500** | | |
| **Total charges (I + II + III + IV + V + VI)** | **424 887** | **Total des produits (I + II + III + IV)** | **482 286** |
| **Solde créditeur : bénéfice** | **57 399** | **Solde débiteur : perte** | **0** |
| **TOTAL GÉNÉRAL** | **482 286** | **TOTAL GÉNÉRAL** | **482 286** |

## Annexe 2 SIG de l'entreprise Robin

| SIG Robin (en liste) | N-2 | | N-1 | |
|---|---|---|---|---|
| | Montant | % / CA | Montant | % / CA |
| Production vendue | **355 410** | | **405 120** | |
| Production stockée | 312 | | – 120 | |
| Production immobilisée | 1 450 | | 1 200 | |
| **Production de l'exercice** | **357 172** | | **406 200** | |
| Consommation en provenance de tiers | 180 410 | | 212 600 | |
| **Valeur ajoutée** | **176 762** | **49,7 %** | **193 600** | **47,8 %** |
| Subventions d'exploitation | 0 | | 0 | |
| Impôts, taxes et versements assimilés | 1 800 | | 2 010 | |
| Charges de personnel | 70 200 | 17,3 % | 80 125 | 17,1 % |
| **Excédent brut d'exploitation** | **104 762** | **29,5 %** | **111 465** | **27,5 %** |
| Reprises sur dépréciations, provisions et transferts de charges | 890 | | 412 | |
| Autres produits | 1 405 | | 1 890 | |
| Dotations aux amortissements, dépréciations, provisions | 32 651 | | 55 814 | |
| Autres charges | 365 | | 784 | |
| **Résultat d'exploitation** | **74 041** | **20,8 %** | **57 169** | **14,1 %** |
| Quotes-parts de résultat sur opérations faites en commun | 0 | | 0 | |
| Produits financiers | 788 | | 589 | |
| Charges financières | 2 412 | | 4 251 | |
| **Résultat courant avant impôts** | **72 417** | **17,9 %** | **53 507** | **13,2 %** |
| Produits exceptionnels | 699 | | 180 | |
| Charges exceptionnelles | 1 250 | | 1 487 | |
| **Résultat exceptionnel** | **– 551** | | **– 1 307** | |
| Participation des salariés aux résultats de l'entreprise | 2 800 | | 2 000 | |
| Impôts sur les bénéfices | 8 000 | | 3 500 | |
| **Résultat net comptable** | **61 066** | **15,1 %** | **46 700** | **10,0 %** |

## Annexe 3 Indicateurs complémentaires

| | N-2 | N-1 | N |
|---|---|---|---|
| CAF | 95 210 | 105 100 | 115 756 |
| CAF / CA | 27 % | 26 % | 25 % |

| | N-2 | N-1 | N |
|---|---|---|---|
| Taux de marge brute d'exploitation EBE / CA | 29,5 % | 27,5 % | 27,5 % |
| Taux de profitabilité RNC / CA | 15,1 % | 10 % | 12,2 % |
| Capacité de remboursement (Dettes financières + CBC) / CAF | 1,1 | 1 | 1,1 |

Les dividendes sur les trois exercices se sont élevés à 40 000 € en N-2 et 55 000 € sur les deux exercices suivants.

Chapitre 3

# L'analyse de la rentabilité d'un investissement

**Activité**
**6.2.** Analyse de la rentabilité de l'investissement

**Composantes d'activité**
**6.2.1.** Interprétation et analyse des informations relatives à un projet d'investissement
**6.2.2.** Sélection de la solution

**Compétences**
– Identifier et rechercher auprès des interlocuteurs les informations (qualitatives et/ou quantitatives) utiles pour l'évaluation de la rentabilité économique d'un investissement.
– Évaluer la rentabilité économique d'un projet d'investissement.

**P7**
Une utilisation du tableur adaptée aux besoins de l'utilisateur (modélisation et simulation des solutions).

## Situation professionnelle

La SARL Pack Inbox est spécialisée dans la fabrication de cartons d'emballage.
Son fondateur, M. Altoviti, et ses associés, Mme Emma et M. Barel, ont choisi de se spécialiser dans une qualité de carton d'emballage résistant destiné aux transports de biens. Depuis sa création, l'entreprise n'a cessé de chercher à répondre aux évolutions du marché et aux besoins exigeants de la clientèle. Lors de la dernière assemblée générale ordinaire (AGO), Mme Fauvet, responsable administrative, a insisté sur les contraintes financières liées à l'activité de l'entreprise : des stocks importants pour répondre à un besoin de livraison sans délai des clients, des créances pesantes liées à des délais de règlement toujours plus longs accordés aux clients. Dans ces conditions, l'entreprise doit supporter un besoin en fonds de roulement de plus en plus lourd et des problèmes réguliers de trésorerie.
M. Altoviti propose alors aux associés de profiter du savoir-faire et des outils de production de l'entreprise pour lancer une nouvelle gamme de produits qui ne nécessiterait pas de stocks importants et à destination des particuliers qui paieraient comptant. À l'occasion d'une visite au salon ESPRITMEUBLE à Paris, son attention s'est portée sur le stand « Nouveautés du salon », qui présentait les multiples atouts des meubles en carton. Il a été séduit par le design, la robustesse et la praticité du mobilier fabriqué à base de pâte à papier. Il pense pouvoir séduire une clientèle jeune, estudiantine par exemple, en quête de mobilier moderne et malin pour petits logements…

## Mission

**Vous travaillez auprès de Mme Fauvet, qui vous charge de collecter des informations et d'étudier la rentabilité d'un tel projet.**

# Travail à faire

## I Collecter les informations

**P7 Il est conseillé de réaliser l'ensemble des calculs de ce chapitre sur un tableur.**

Vous avez obtenu des informations techniques auprès des responsables commercial et Production de l'entreprise, puis avez collecté des informations financières et fiscales. Mme Fauvet espérait obtenir une subvention dans la mesure où le processus de fabrication du mobilier intègre, pour partie au moins, du papier recyclé. Malheureusement, elle vous informe que ses recherches n'ont pas abouti.

**1. Distinguez, dans la liste des besoins dressée par les responsables, ceux qui sont qualifiés d'« investissement » et ceux qui ne le sont pas. Justifiez. Quel est l'intérêt de procéder à cette distinction ?**

▶ Fiche ressource 1
▶ Annexe 1

**2. Classez les investissements nécessaires au projet selon leur nature. L'ensemble du projet peut être classé comme un investissement de capacité. Justifiez.**

**3. Selon vous, comment Mme Fauvet s'est-elle renseignée sur une éventuelle subvention ?**

▶ Fiche ressource 2

Mme Fauvet supervisera votre étude de rentabilité, qui doit lui permettre de donner aux associés des éléments très précis pour prendre leur décision.

**4. Selon vous, quels sont les enjeux d'un tel projet pour l'entreprise Pack Inbox ?**

▶ Fiche ressource 3
▶ Annexe 2

## II Calculer les flux nets de trésorerie

Vous avez en charge le calcul de la CAF puis les flux nets de trésorerie pour les deux versions du projet.

**5. Calculez le coût de l'investissement.**

▶ Fiche ressource 4
▶ Annexe 3

**a) Calculez, pour chaque version du projet, le total des dépenses principales et accessoires d'investissement à prendre en compte avant le démarrage du projet.**

**b) Calculez les amortissements prévisionnels pour les cinq années.**

**c) En quoi consiste le besoin en fonds de roulement à prévoir en année 1 ? Pourquoi faut-il prévoir une variation les années suivantes ?**

▶ Annexe 4

**6. Préparez le calcul de la CAF d'exploitation.**

▶ Fiche ressource 4
▶ Annexes 5 et 6

**a) Vous ne tenez pas compte des éléments financiers ou exceptionnels. Pourquoi ?**

**b) Pourquoi Mme Fauvet vous propose-t-elle de prendre en compte un impôt négatif en cas de perte d'exploitation ?**

**c) À l'aide d'un tableur, calculez la CAF pour chaque version du projet et pour les cinq années d'exploitation.**

**7. Présentez l'ensemble des flux nets de trésorerie dans un tableau.**

▶ Fiche ressource 4

**a) Vous tenez compte d'une éventuelle valeur résiduelle et d'une récupération du besoin en fonds de roulement. Justifiez par rapport au contexte.**

b) Calculez les flux nets de trésorerie annuels.

c) Insérez une colonne « Total » dans votre tableau. Comparez les valeurs nettes des deux versions du projet. Commentez.

## III Départager les projets à l'aide de critères de rentabilité

Mme Fauvet vous demande de départager les deux versions du projet.

8. Calculez les VAN des deux versions du projet. ▶| Fiche ressource 5

a) Pourquoi la prise en compte de la VAN est-elle plus précise que la prise en compte de la valeur nette ?

b) À quoi correspond le taux d'actualisation ?

c) À l'aide du tableur, calculez et comparez la VAN des deux versions du projet au taux d'actualisation de 4 %, qui est celui préconisé par Mme Fauvet. Quel projet vous semble le plus intéressant ? Justifiez.

d) Réalisez des simulations sur votre tableur : calculez les VAN au taux d'actualisation de 7 %, par exemple. Dans ce cas, quel est le projet le plus rentable ? Que pouvez-vous en conclure sur le choix du taux d'actualisation ?

9. Calculez le taux interne de rentabilité (TIR). ▶| Fiche ressource 6

a) Quelle relation y a-t-il entre le TIR et le taux d'actualisation ?

b) À l'aide du tableur, calculez le TIR avec la fonction « TRI » pour les deux versions du projet.

c) Comparez vos résultats. Commentez.

d) Calculez le TIR à l'aide de l'outil « Valeur cible ». Quel est l'intérêt de cet outil ? ▶| Fiche ressource 7

10. Calculez le taux de profitabilité (TP). ▶| Fiche ressource 8

a) Pourquoi le taux de profitabilité est-il un indicateur pertinent pour départager les deux versions du projet ?

b) Calculez les TP des deux versions du projet au taux d'actualisation préconisé par Mme Fauvet. Les projets sont-ils acceptables ? Quelle version vous paraît la plus intéressante ?

c) Comparez vos conclusions avec celles issues du calcul de la VAN. Expliquez.

Compte tenu des résultats variés obtenus, Mme Fauvet vous demande de compléter votre étude à l'aide du délai de récupération du capital investi. En effet, les meubles en carton, actuellement très en vogue, risquent de ne vivre que le temps d'une mode. Les associés auront certainement à cœur de tenir compte des risques de non-pérennisation de cette nouvelle activité…

11. Prenez en compte un critère de sécurité. ▶| Fiche ressource 9

a) À quoi correspond le délai de récupération (DR) du capital investi ? Pourquoi est-il intéressant dans le cadre de ce projet ?

b) Calculez le DR pour les deux versions du projet (vous pouvez vous aider du tableur).

c) La différence est-elle significative, selon vous ? Ce critère sera-t-il déterminant ici ? ▶| Annexe 7

12. Quelle version du projet pensez-vous la plus intéressante ?

## Données de la situation

### Annexe 1 Les dépenses nécessaires au projet

Le projet de M. Altoviti a été soumis aux responsables commercial et Production de l'entreprise. Il ressort de leurs études deux équipements possibles :

- l'**équipement A** permettrait de proposer des produits de grande robustesse. Ceux-ci seraient fabriqués à partir de carton double épaisseur et enduits d'un vernis ;
- **l'équipement B** permettrait de proposer des produits de qualité encore supérieure. Ceux-ci seraient fabriqués dans un carton triple épaisseur et le vernis appliqué en une couche plus épaisse.

| | Description | Équipement A | Équipement B |
|---|---|---|---|
| **Machine pour cartonnage renforcé** | Machine à cannelage jusqu'à 3 épaisseurs afin d'assurer la solidité des meubles fabriqués. | Réf. Cann78 | Réf. Cann95 |
| **Matériel pour les finitions** | Matériel pour injecter un vernis afin d'imperméabiliser, de teinter et d'ignifuger les meubles. | Réf. YU765RE | Réf. OP098 |
| **Logiciel : application smartphone** | La création d'une application pour smartphone permettra aux clients de prendre des photos et/ou des vidéos des pièces à meubler, de calculer les métrages, de réaliser des croquis en temps réel, de visualiser les futurs équipements… et de passer commande. | Prévoir un budget pour le développement de ce logiciel. | |

### Annexe 2 Le point de vue des responsables par rapport à ce projet

| | |
|---|---|
| **M. Altoviti** | « L'entreprise souffre d'une concurrence de plus en plus forte sur les produits d'emballage. Par ailleurs, Pack Inbox dispose d'un savoir-faire spécifique dans la fabrication de cartons à forte densité et de grande robustesse. Il s'agit de mettre en place une stratégie de diversification. » |
| **Le responsable Production** | « En période de baisse d'activité, les outils de production sont parfois sous-utilisés. Cette nouvelle activité pourrait améliorer le taux d'occupation de certaines machines. » |
| **Mme Fauvet** | « La nouvelle activité devrait permettre d'augmenter le CA de l'entreprise sans augmenter les stocks ni les créances. Le paiement comptant des clients devrait permettre de réduire légèrement le BFR global du nouvel ensemble. Par contre, les investissements coûteux nécessiteront un financement. L'activité est nouvelle, les prévisions de CA assez incertaines. Comme tout projet, cette activité est risquée, le projet pourrait ne pas être rentable et causer des pertes à l'entreprise. » |

### Annexe 3 Le coût d'acquisition des immobilisations et leur amortissement

| | Équipement A | Équipement B |
|---|---|---|
| Machine à cannelage 2 ou 3 épaisseurs | 350 000 € | 600 000 € |
| Matériel pour les finitions | 175 000 € | 210 000 € |
| Recherche et développement pour application smartphone | 85 000 € | 85 000 € |

Par simplification, dans le cadre de calculs prévisionnels, l'ensemble des investissements est amorti économiquement sur **cinq ans en fonction du rythme prévisionnel des commandes** (on ne réalise qu'un tableau d'amortissement pour le total des trois éléments).

Au bout des cinq ans, on tiendra compte d'une **valeur résiduelle de 50 000 € pour l'équipement A et de 65 000 € pour l'équipement B.**

## Annexe 4 Le besoin en fonds de roulement lié au projet

| | Projet V1 | Projet V2 |
|---|---|---|
| Attention, il faudra tenir compte d'un **besoin en fonds de roulement** qui augmentera chaque année proportionnellement à l'activité. Prévoir en année 1 : | 45 000 € | 40 000 € |

## Annexe 5 Les résultats de l'étude commerciale

| | Équipement A | Équipement B |
|---|---|---|
| Prix moyen d'une commande | 485 € | 955 € |
| Nombre prévisionnel de commandes année 1 | 600 | 370 |

Dans les deux situations, le responsable commercial prévoit une augmentation régulière de l'activité sur cinq ans : + 25 % en année 2, + 20 % en années 3 et 4, + 5 % en année 5.

## Annexe 6 Les éléments chiffrés apportés par Mme Fauvet

Les **charges variables** imputables au projet seront de 25 % du CA quel que soit l'équipement retenu.

Dans les deux cas :

– la **location d'un showroom**, deux mois par an (en septembre et en juin), coûtera 17 500 € chaque année. Ce « commerce éphémère » permettra de présenter des meubles design et adaptés à une clientèle moderne ;

– les **autres charges fixes** seront de 135 000 € par an (en plus de la location du showroom).

Par simplification, il faut tenir compte d'un **impôt sur les sociétés** d'un tiers du résultat d'exploitation. Si ce résultat est négatif, il faut calculer tout de même l'impôt, qui sera alors négatif. Ceci permet de prendre en compte, de manière simplifiée, les différentes mesures fiscales de report des pertes comptables sur les futurs bénéfices (voir *Processus* 3).

## Annexe 7 Le calcul du délai de récupération du capital investi

Dans un premier temps, repérer l'année où les flux nets actualisés cumulés deviennent positifs.
Dans un second temps, calculer une date approximative.

| | Projet Équipement A | Projet Équipement B |
|---|---|---|
| **Étape 1 :** calculer le nombre de jours nécessaire pour atteindre un flux net de trésorerie cumulé égal à 0. | | |
| **Étape 2 :** convertir le nombre de jours en une date. | | |
| **Étape 3 :** afficher le résultat. | | |

# Fiche ressource 1

# L'investissement

## I La notion d'investissement

Investir consiste à dépenser de l'argent aujourd'hui afin de prolonger les performances de l'entreprise ou dans l'espoir de gagner encore davantage demain.

Il s'agit d'un acte courant dans la vie des entreprises, qui ont généralement besoin de faire évoluer leur potentiel productif.

L'investissement est souvent coûteux. Il peut consister en l'achat de machines performantes, en l'ouverture d'un point de vente… Les biens dans lesquels l'entreprise investit sont qualifiés d'« immobilisations », c'est-à-dire que ce sont des biens durables dont l'entreprise tirera profit durant plusieurs années.

## II La typologie des investissements

Les investissements peuvent être classés selon différents critères.

### 1. Classement des investissements par natures

| Types | Présentation | Exemples | Classes comptables concernées |
|---|---|---|---|
| **Investissements incorporels** | Ils correspondent à l'acquisition de biens immatériels, sans substance physique. | Fonds commercial, ogiciels, droit au bail, brevets, licences, recherche et développement… | 20 « Immobilisations incorporelles » |
| **Investissements corporels** | Ils correspondent à l'acquisition de biens tangibles. | Terrains, locaux, machines, véhicules… dont l'entreprise est propriétaire. | 21 « Immobilisations corporelles » |
| **Investissements financiers** | Ils correspondent à l'acquisition de titres financiers destinés à rester durablement dans l'entreprise. | Titres de participation (actions, obligations) qui permettent d'exercer une influence ou de contrôler la société émettrice.<br>Titres immobilisés destinés exclusivement à l'activité de portefeuille. | 26 « Participations et créances rattachées à des participations »<br><br>27 « Autres immobilisations financières » |

### 2. Classement des investissements selon l'objectif poursuivi

| Types | Présentation | Exemples | Remarques |
|---|---|---|---|
| **Investissements de remplacement** (ou de renouvellement) | Ils correspondent à l'acquisition de nouveaux biens pour remplacer des biens équivalents totalement amortis. L'objectif est de **maintenir** la capacité productive de l'entreprise. | Remplacer un photocopieur par un autre, présentant les mêmes caractéristiques. | Remplacer un bien à l'identique est rarement possible. Même dans un objectif de simple remplacement, quelques gains de productivité peuvent être possibles. |
| **Investissements de capacité** (ou d'expansion) | Ils correspondent à l'acquisition de nouveaux biens afin d'**augmenter** la capacité productive de l'entreprise. | Acheter un photocopieur supplémentaire. | L'objectif est de produire « plus ». |
| **Investissements de productivité** (ou d'innovation) | Ils correspondent à l'acquisition d'un matériel plus perfectionné afin de réaliser des gains de productivité. | Remplacer un photocopieur par un photocopieur multifonctions (imprimante, scanner, GED…). | L'objectif est de produire « mieux ».<br>Ces investissements nécessitent souvent une redéfinition des postes de travail. |

Fiche ressource 2

# Les besoins informationnels liés aux choix d'investissement

La décision d'investir s'appuie sur une étude préalable de la rentabilité du projet.
Pour réaliser cette étude, une collecte d'information doit permettre de réunir tous les éléments nécessaires. Certains sont connus et facilement accessibles, d'autres nécessitent des calculs prévisionnels.

| Type de documentation | Informations collectées | Sources d'information |
|---|---|---|
| **Documentation technique** | Liste des matériels, caractéristiques techniques, durée de vie, valeur résiduelle éventuelle, coût d'installation, de l'entretien, des assurances… | Recommandations internes (responsables des projets concernés) ou externes (fournisseurs des biens) |
| **Documentation comptable** | – Derniers documents de synthèse de l'entreprise<br>– Méthode d'amortissement des biens à acquérir<br>– Coût d'acquisition de l'investissement<br>– Délais de règlement<br>– Activité prévisionnelle liée à l'investissement<br>– Impact du projet sur le besoin en fonds de roulement… | – Base de données comptable de l'entreprise (PGI)<br>– Calculs prévisionnels à réaliser soi-même ou à l'aide de son expert-comptable |
| **Documentation fiscale** | Particularités fiscales en lien avec le projet d'investissement : subventions, amortissement fiscal, déductions d'impôt<br><br>Aides fiscales dans le cas d'une création ou d'une reprise d'entreprise | – Se renseigner auprès d'un expert-comptable<br>– Se renseigner auprès des services publics, réaliser une veille sur l'actualité fiscale : http://www.service-public.fr/professionnels-entreprises/actualites/007835.html<br><br>Se renseigner auprès de l'APCE (Agence pour la création d'entreprises) : https://www.apce.com/pid1624/principales-aides-fiscales.html?espace=1&tp=1 |
| **Documentation financière** | – Différents moyens de financement possibles<br>– Aides financières proposées par les pouvoirs publics | Se renseigner auprès des services publics : http://vosdroits.service-public.fr/professionnels-entreprises/F23922.xhtml<br>Ou de l'APCE : https://www.apce.com/pid1622/principales-aides-financieres.html?espace=1&tp=1 |

# Fiche ressource 3

# Les enjeux de l'investissement

Investir consiste à engager des capitaux afin d'atteindre des objectifs de performance future. Cette recherche de performance peut porter sur le domaine de la production, du social, des finances… Dans tous les cas, ces choix d'investissement font partie de la stratégie globale de l'entreprise : objectif d'amélioration de la performance commerciale ou de réduction des coûts ou d'adaptation aux exigences environnementales…
Toute décision d'investissement comporte des enjeux. Un enjeu correspond à ce que l'entreprise peut gagner ou perdre en réalisant le projet.

## I Un objectif : la création de valeur

On espère généralement d'un investissement qu'il dégage un **surplus de valeur**. Ce surplus correspond à des gains « nets », c'est-à-dire une fois déduit le coût de l'investissement lui-même (gains futurs – coût de l'investissement).
Calculer la **rentabilité économique** d'un investissement consiste à évaluer ce surplus espéré. Cette mesure est réalisée indépendamment du mode de financement. On considère en effet, dans ce type de calcul, que l'investissement est financé sur fonds propres (autofinancement).

Le calcul est souvent réalisé en « **avenir certain** », c'est-à-dire que l'on suppose que les flux de trésorerie prévus vont se réaliser. On ne tient pas compte du risque.

## II La prise en compte des risques associés

Investir nécessite d'accepter de prendre des risques. Généralement, les investissements de remplacement ou de capacité sont peu risqués. Par contre, les investissements de productivité (innovation, diversification…) le sont davantage.
Il peut s'agir :
– de risques économiques : augmentation des coûts (matières premières, salaires…), changement de la demande des consommateurs, arrivée d'un concurrent… ;
– de risques organisationnels : nouvelles normes de qualité (ISO), nouveaux moyens de communication, modification de la législation du travail…, qui peuvent imposer un changement d'organisation ;
– de risques technologiques : mauvaise maîtrise d'une nouvelle technologie…
Ainsi, les prévisions de rentabilité du projet d'investissement seront à prendre avec prudence car les performances techniques ou commerciales du projet peuvent avoir été surestimées. Le projet peut alors s'avérer moins rentable que prévu, voire déficitaire.
*NB :* dans cet ouvrage, nous réaliserons les calculs en avenir certain.

Le chiffrage de la rentabilité prévisionnelle d'un investissement peut être réalisé en tenant compte de ces risques. On dit que les calculs sont faits en « **avenir incertain** ».
Dans ce cas, le gestionnaire complétera ses calculs de probabilités, d'espérance mathématique et d'écart type.

## III La prise de décision

La décision d'investir est prise par les responsables après avoir évalué les enjeux. Ils s'appuient pour cela sur des indicateurs chiffrés tels que le chiffre d'affaires prévisionnel dégagé par le projet, les gains attendus, le niveau de rentabilité espéré, les risques inhérents au projet…
Si les prévisions de chiffre d'affaires (demande des clients) ont été le déterminant le plus important dans la décision pendant de nombreuses années, aujourd'hui, la profitabilité des entreprises et les contraintes financières influencent fortement le niveau d'investissement.

# Fiche ressource 4

# Les flux nets de trésorerie générés par un projet d'investissement

On attend d'un projet d'investissement soit qu'il rapporte des rentrées d'argent, soit qu'il permette de réaliser des économies. Ces gains ou économies sont comparés au coût de l'investissement pour calculer les flux nets de trésorerie générés par le projet.

| **Flux nets de trésorerie = Recettes générées par le projet – Coût de l'investissement** |
|---|
| *(Rentrées d'argent ou économies réalisées)* – *(Ou dépenses imputables au projet ou capital investi)* |

## I Étape 1 : le calcul du coût de l'investissement

Il correspond aux dépenses que doit supporter l'entreprise pour mettre en place son projet.

### 1. La dépense d'investissement principale

Elle correspond au coût HT d'achat du terrain, des bâtiments, du matériel…

### 2. Les frais accessoires

Assez variés, ils peuvent correspondre au coût du notaire dans le cas d'un achat immobilier, aux frais de transport et d'installation du matériel…
Il peut s'agir aussi de dépenses réalisées avant le démarrage du projet : frais d'étude, formation du personnel, acquisition de brevets en lien avec l'investissement…

### 3. Les réductions éventuelles de coûts

Le coût de l'investissement peut parfois être réduit : la cession éventuelle de matériels revendus, car devenus inutiles, ou l'obtention de subventions peuvent contribuer à la réduction du coût du projet.

### 4. Le besoin en fonds de roulement

Le besoin en fonds de roulement (BFR) correspond à un besoin de trésorerie rendu nécessaire par l'activité.

Concrètement, l'entreprise dépense avant d'encaisser : elle achète les biens, marchandises, matières premières afin d'alimenter les stocks et permettre de produire. Ce n'est qu'une fois le produit vendu qu'elle encaisse le règlement du client.

Pour ne pas se trouver en situation de découvert bancaire durant la période qui sépare les achats (dépenses) des ventes (encaissements), il lui faut donc un peu d'avance de trésorerie, appelée « besoin en fonds de roulement ».
Ainsi, un projet d'investissement impose généralement de prévoir un BFR nécessaire pour démarrer la nouvelle activité. Ce BFR est important dans le cas d'investissements de capacité (expansion).
Au fur et à mesure que l'activité de l'entreprise progresse, ce BFR augmente puisque les achats et les ventes augmentent. Il faudra donc prévoir, pour les années qui suivent l'investissement, un BFR supplémentaire. On parlera de « variation du BFR ».
Attention au vocabulaire :

| | |
|---|---|
| L'investissement permet une nouvelle activité (ventes, achats…) pour laquelle il faut prévoir un BFR. | Cette nouvelle activité s'insère dans l'activité existante de l'entreprise qui nécessitait déjà un BFR.<br>On peut dire que le BFR nécessaire au nouveau projet correspond à une variation du BFR de l'entreprise par rapport à l'année précédente. |

## II Étape 2 : le calcul des recettes générées par l'investissement

Elles correspondent aux rentrées d'argent ou économies générées par le projet chaque année.

### 1. La capacité d'autofinancement (CAF)

Il s'agit d'une CAF d'exploitation. On parle aussi de cash-flow d'exploitation ou d'excédent brut d'exploitation (EBE) net d'impôt.

#### a) Le calcul de la CAF varie selon le type d'investissement

**Investissement de capacité :** la CAF correspond à la différence entre les recettes (chiffre d'affaires) et les dépenses (charges décaissables) entraînées par la nouvelle activité.
**Investissement de productivité :** la CAF correspond aux économies réalisées grâce à l'investissement. Il s'agit d'économies de dépense. Les recettes restent inchangées.

#### b) Les particularités du calcul de la CAF

La CAF est calculée avec **les seuls éléments d'exploitation.**
On ne tient pas compte d'événements exceptionnels : puisqu'ils sont exceptionnels, ils ne sont pas prévisibles. On considère qu'il n'y a ni charge ni produit exceptionnels.
On ne tient pas compte des charges financières, même si le projet nécessitait le recours à l'emprunt, par exemple. La rentabilité du projet est mesurée pour elle-même et ne doit pas être affectée des choix de financement réalisés par l'entreprise. On dit qu'il y a séparation entre la décision d'investissement et la décision de financement.

La CAF ne correspond pas à un solde comptable : elle correspond à des flux financiers (recettes ou dépenses).

La CAF tient compte d'un impôt théorique calculé sur l'exploitation.

La CAF est calculée chaque année pendant la durée d'exploitation du projet.

#### c) La démarche de calcul de la CAF

Il faut construire un compte de résultat prévisionnel pluriannuel.

| | |
|---|---|
| **Chiffre d'affaires HT** | Il s'agit de produits d'exploitation. |
| – Charges d'exploitation | Ce sont des charges décaissables. |
| = EBE | Excédent brut d'exploitation |
| – Amortissements | Charges non décaissables, déduites pour calculer l'impôt |
| = Résultat d'exploitation avant impôts | |
| – Impôt[1] | Généralement, 1/3 du RE avant impôts |
| = Résultat d'exploitation net | |
| + Amortissements | Ils sont réintégrés car on calcule un flux financier et non un résultat comptable. |
| = **CAF d'exploitation** | Appelé aussi cash-flow d'exploitation ou EBE net d'IS |

1. Lorsque le résultat d'exploitation est négatif, on distingue deux cas de figure pour calculer l'impôt :
– le projet concerne une nouvelle société ou une société existante qui réalise des pertes : l'impôt est nul et la perte est reportée sur les exercices ultérieurs ;
– le projet concerne une société existante qui, par ailleurs, réalise des bénéfices : le projet entraîne une diminution des bénéfices globaux et donc de l'impôt. On calcule donc un impôt négatif qui augmentera le résultat d'exploitation net.

### 2. La valeur résiduelle

Il s'agit de la valeur probable de revente (nette d'impôt) de l'investissement à la fin de la durée d'exploitation du projet. Elle correspond souvent à la valeur nette comptable (VNC) de l'investissement.

### 3. La récupération du BFR

Elle correspond à la cession des stocks, à la récupération des créances et au paiement des dettes fournisseurs. Elle se traduit par la récupération du BFR calculé depuis l'origine.

## III Étape 3 : la mise en forme du tableau des flux nets de trésorerie

Ce tableau présente l'ensemble des flux d'encaissement ou de décaissement dégagés par le projet pendant toute la durée d'exploitation. Il synthétise donc l'ensemble des calculs effectués précédemment.

Il se compose de trois parties :

– les décaissements ou emplois, qui correspondent au coût de l'investissement ;

– les encaissements ou ressources, qui correspondent aux recettes générées par l'investissement ;

– les flux nets de trésorerie.

1er jour d'exploitation de l'activité Ou 01/01 année 1 (→ 0)

Fin de l'année 1 (→ 1)

Fin de chaque année suivante. Le nombre d'années est variable selon le projet. (→ 2, 3, 4, 5)

Ici, le projet est sur 5 ans.

| | 0 | 1 | 2 | 3 | 4 | 5 |
|---|---|---|---|---|---|---|
| **Emplois** | | | | | | |
| Investissements | | | | | | |
| Variation BFR | | | | | | |
| **Total Emplois** | – | | | | | |
| **Ressources** | | | | | | |
| CAF d'exploitation | | | | | | |
| Valeur résiduelle | | | | | | |
| Récupération du BFR | | | | | | |
| **Total Ressources** | | | | | | |
| **Flux nets de trésorerie** | | | | | | |

Coût de l'investissement (Emplois)

Recettes générées par l'investissement (Ressources)

Total Ressources – Total Emplois (Flux nets de trésorerie)

Possibilité de calculer un total sur 5 ans = **valeur nette**

Remarques :

– Dans cet exemple, le tableau est présenté de manière chronologique : les emplois (dépenses pour l'investissement) avant les ressources (recettes dégagées les années suivantes).

– On peut trouver une présentation qui facilite la préparation des calculs des flux nets de trésorerie (FNT) : ressources puis emplois…

– Ici, le BFR nécessaire à l'exploitation du projet est considéré comme un investissement, donc un emploi.

Dans ce tableau, les décaissements sont affectés d'un signe « moins ». La première année, les FNT sont donc négatifs. Les années suivantes, ils deviennent positifs. La somme arithmétique de ces flux sur cinq ans correspond à la valeur nette, c'est-à-dire le surplus global, sans tenir compte de la date à laquelle ces flux ont été encaissés.

# Fiche ressource 5

## Un critère de rentabilité : la valeur actuelle nette

Une fois les caractéristiques des projets chiffrés, l'entreprise doit prendre la décision d'investir ou non. S'il y a plusieurs projets en compétition, il faudra établir un classement.
Plusieurs critères permettent d'aider à la prise de décision, la valeur actuelle nette (VAN) est l'un des plus courants.

## I Principe général de la VAN

La VAN est un indicateur de mesure de la rentabilité d'un investissement qui tient compte de l'ensemble des flux nets de trésorerie qui seront dégagés par le projet et de la date à laquelle ces flux sont prévus.
La date a toute son importance car l'argent n'a pas la même valeur d'une année sur l'autre. Ainsi, comparer le coût d'un investissement réalisé en année 0 à des gains futurs obtenus en année 1 ou en année 5 n'est pas assez précis. C'est un peu comme si on comparait des sommes exprimées dans des monnaies différentes.
Le principe consiste donc à actualiser les flux futurs de trésorerie, c'est-à-dire à les convertir en monnaie à valeur d'aujourd'hui (date 0), pour les comparer au coût de l'investissement réalisé aujourd'hui. Le projet est rentable si la VAN est supérieure à 0.

## II L'actualisation

### 1. Pourquoi actualiser ?

Même si les taux d'inflation sont relativement bas, l'argent perd de la valeur d'une année sur l'autre. D'une manière générale, il faut davantage d'argent plus tard pour acheter le même bien qu'aujourd'hui.

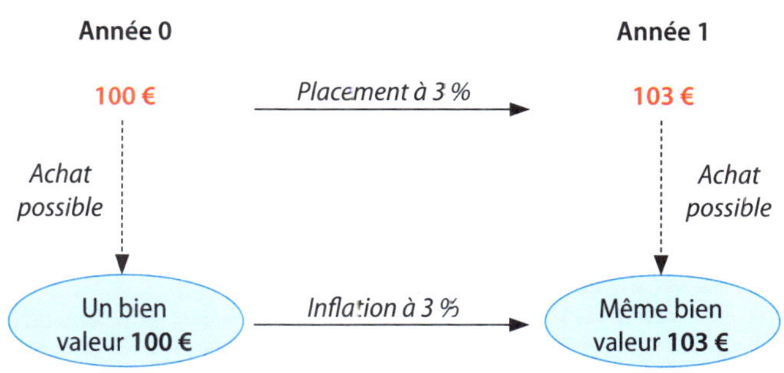


Dans l'exemple ci-contre, il faudra 103 € dans un an pour acquérir le même bien valant 100 € aujourd'hui. Il est donc équivalent de détenir une valeur de 100 € aujourd'hui et une valeur de 103 € dans un an. Ainsi, 103 € dans 1 an (valeur future) correspondent à 100 € aujourd'hui (valeur actuelle).

### 2. Comment actualiser ?

Pour calculer la valeur actuelle d'une somme future, on effectue un calcul d'actualisation : il faut connaître la valeur future et un **taux de placement moyen (taux d'actualisation)**.

| Formule de calcul | Exemple |
|---|---|
| Valeur actuelle (V0) d'une valeur détenue dans *n* années (V*n*), actualisée au taux *tx* : $\mathbf{V0} = \frac{\mathbf{V}n}{(1 + tx)^n}$ | L'entreprise Alpha prévoit une CAF de 45 678 € dans 4 ans. Taux d'actualisation retenu : 4,5 % <br> Valeur actuelle $= \frac{45\,678}{(1{,}045)^4} = 38\,304$ <br> 45 678 € dans 4 ans sont donc équivalents à 38 304 € aujourd'hui. |

***Remarque :*** $\frac{\mathbf{V}n}{(1 + tx)^n} = \mathbf{V}n\,(1 + tx)^{-n}$

# III La mise en œuvre du calcul de la VAN

## 1. Le calcul de la VAN

Dans un premier temps, il s'agit d'actualiser tous les flux nets de trésorerie afin qu'ils soient exprimés dans une monnaie ayant la même valeur.

| | 01/01 Année 1 | 31/12 Année 1 | 31/12 Année 2 | 31/12 Année 3 | [...] | 31/12 Année N |
|---|---|---|---|---|---|---|
| Coût de l'investissement → | V0 | V1 | V2 | V3 | | V*n* |
| Gains futurs actualisés en 0 | $\frac{V1}{(1 + tx)}$ ← V1 | | | | | |
| | $\frac{V2}{(1 + tx)^2}$ ← V2 | | | | | |
| | $\frac{V3}{(1 + tx)^3}$ ← V3 | | | | | |
| | $\frac{Vn}{(1 + tx)^n}$ ← V*n* | | | | | |

Dans un second temps, il convient de calculer la VAN, qui est la somme de tous les flux nets de trésorerie actualisés à la date 0, y compris le décaissement initial de l'investissement.

## 2. L'interprétation de la VAN

Pour qu'un projet soit acceptable, la VAN doit être positive.
Un projet est d'autant plus intéressant que la VAN est élevée.

## 3. Le choix du taux d'actualisation

Pour sélectionner un projet, la VAN doit être positive. Or, cela va dépendre du taux d'actualisation. C'est donc ce taux qui détermine l'acceptation ou le rejet du projet. Le choix du taux d'actualisation est donc primordial.
Pour fixer le taux d'actualisation, on peut tenir compte du taux d'emprunt accordé par la banque pour financer les investissements ou du taux de placement sur les marchés financiers. On peut le majorer d'un ou de deux points pour tenir compte du risque inhérent au projet.
D'une manière générale, le taux d'actualisation doit correspondre au taux de rendement minimal attendu par les responsables.
Plus il sera bas, plus le projet semblera rentable, et inversement.

**Exemple (suite)**

Calcul des flux nets de trésorerie puis de la VAN d'un projet d'investissement :

Hypothèse 1 : taux d'actualisation de 3 %

| Taux d'actualisation | 3,00 % | | | | | | |
|---|---|---|---|---|---|---|---|
| | 0 | 1 | 2 | 3 | 4 | 5 | Total |
| **Emplois** | | | | | | | |
| Investissements | 100,00 | | | | | | |
| Variation BFR | 15,00 | | 8,00 | 5,00 | 3,00 | | |
| Total Emplois | 115,00 | 0,00 | 8,00 | 5,00 | 3,00 | 0,00 | 131,00 |
| **Ressources** | | | | | | | |
| CAF d'exploitation | | – 12,00 | 18,00 | 32,00 | 38,00 | 45,00 | |
| Valeur résiduelle | | | | | | 5,00 | |
| Récupération du BFR | | | | | | 34,00 | |
| Total Ressources | 0,00 | – 12,00 | 18,00 | 32,00 | 38,00 | 84,00 | 160,00 |
| Flux nets de trésorerie | – 115,00 | – 12,00 | 10,00 | 27,00 | 35,00 | 84,00 | 29,00 |
| Flux nets actualisés en 0 | – 115,00 | – 11,65 | 9,43 | 24,71 | 31,10 | 72,46 | 11,04 |

La valeur nette du projet est de 29, sans actualisation.

Avec une actualisation au taux de 3 %, VAN = 11,04. Le projet est rentable.

Hypothèse 2 : taux d'actualisation de 6 %

| Taux d'actualisation | 6,00 % | | | | | | |
|---|---|---|---|---|---|---|---|
| | 0 | 1 | 2 | 3 | 4 | 5 | Total |
| **Emplois** | | | | | | | |
| Investissements | 100,00 | | | | | | |
| Variation BFR | 15,00 | | 8,00 | 5,00 | 3,00 | | |
| Total Emplois | 115,00 | 0,00 | 8,00 | 5,00 | 3,00 | 0,00 | 131,00 |
| **Ressources** | | | | | | | |
| CAF d'exploitation | | – 12,00 | 18,00 | 32,00 | 38,00 | 45,00 | |
| Valeur résiduelle | | | | | | 5,00 | |
| Récupération du BFR | | | | | | 34,00 | |
| Total Ressources | 0,00 | – 12,00 | 18,00 | 32,00 | 38,00 | 84,00 | 160,00 |
| Flux nets de trésorerie | – 115,00 | – 12,00 | 10,00 | 27,00 | 35,00 | 84,00 | 29,00 |
| Flux nets actualisés en 0 | – 115,00 | – 11,32 | 8,90 | 22,67 | 27,72 | 62,77 | – 4,26 |

Avec une actualisation au taux de 6 %, VAN = – 4,26. Le projet est à rejeter.

# Fiche ressource 6

# Un critère de rentabilité : le taux interne de rentabilité

## I Principe général

Le taux interne de rentabilité (TIR) est le taux pour lequel la VAN est égale à 0. Dans ce cas, les gains dégagés par le projet couvrent juste le coût des investissements. L'entreprise ne perd rien et ne gagne rien, la rentabilité du projet est nulle.

## II Interprétation du TIR

Il s'agit de comparer le TIR et le taux d'actualisation : lorsque le taux d'actualisation est supérieur au TIR, la VAN est négative, le projet est à rejeter. Lorsque le taux d'actualisation est inférieur au TIR, la VAN est positive, le projet peut être accepté.

Par conséquent, plus le TIR est élevé, plus le projet a de chance d'être rentable.

Exemple (suite de l'exemple de la fiche ressource 5)

Calcul du TIR pour le projet d'investissement de l'entreprise Alpha.

Sur un graphique, le TIR est le point d'intersection de la VAN avec l'axe des abscisses.

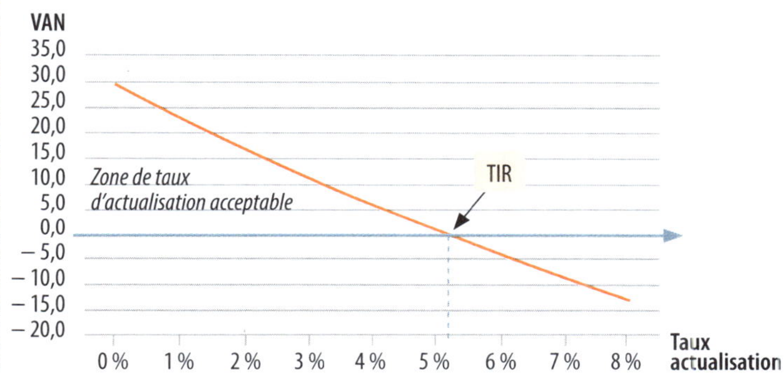


Pour ce projet, TIR = 5,12 %. À ce taux, VAN = 0.

Le projet ne sera acceptable que si le taux d'actualisation est inférieur à 5,12 %.

## III Le calcul du TIR

### 1. Par essais successifs

Il n'y a pas de formule mathématique qui permette de calculer le TIR. Il faut réaliser des essais successifs : calculer plusieurs VAN jusqu'à obtenir une VAN égale à 0.

### 2. À l'aide d'un tableur : la fonction « TRI »

La fonction « TRI » (taux de rentabilité interne) du tableur permet de calculer le TIR automatiquement.

La syntaxe est la suivante : **=TRI(valeurs)**

Les « valeurs » correspondent à l'ensemble des flux nets de trésorerie (non actualisés), classés dans l'ordre chronologique.

Exemple (suite)

B2 — fx =TRI(B14:G14)

| | A | B | C | D | E | F | G |
|---|---|---|---|---|---|---|---|
| 1 | | | | | | | |
| 2 | TIR | 5,12% | | | | | |
| 3 | | | | | | | |
| 4 | | 0 | 1 | 2 | 3 | 4 | 5 |
| 5 | EMPLOIS | | | | | | |
| 6 | Investissement | 100,00 | | | | | |
| 7 | Variation BFdR | 15,00 | | 8,00 | 5,00 | 3,00 | |
| 8 | *Total emplois* | 115,00 | 0,00 | 8,00 | 5,00 | 3,00 | 0,00 |
| 9 | RESSOURCES | | | | | | |
| 10 | CAF d'exploitation | | -12,00 | 18,00 | 32,00 | 38,00 | 45,00 |
| 11 | Valeur résiduelle | | | | | | 5,00 |
| 12 | Récupération du BFdR | | | | | | 34,00 |
| 13 | *Total ressources* | 0,00 | -12,00 | 18,00 | 32,00 | 38,00 | 84,00 |
| 14 | **FLUX NETS DE TRESORERIE** | **-115,00** | -12,00 | 10,00 | 27,00 | 35,00 | 84,00 |

Le résultat du calcul apparaît dans la cellule.

Avec un TIR de 5,12 %, VAN = 0.

La plage de valeurs B14 à G14 correspond aux flux nets de trésorerie des 5 années du projet.

Attention, on tient compte des flux négatifs de l'année 0.

# Fiche ressource 7

## Réaliser des simulations à l'aide du tableur

Il est intéressant de réaliser des simulations sur le tableau des flux nets de trésorerie à l'aide de l'outil « Valeur cible ».

Dans un premier temps, il s'agit de compléter le tableau des flux nets de trésorerie avec une ligne dédiée aux flux actualisés. Il faut prévoir par ailleurs une cellule qui contiendra le taux d'actualisation. Pour construire ce tableau, n'importe quel taux peut être choisi.

Exemple (suite de l'exemple de la fiche ressource 6)

Flux avant actualisation

Taux d'actualisation saisi en B1

^ signifie « exposant »
En G4 = nombre d'années (ici, 5 ans)

G15 : =G14/(1+$B$1)^G4

| | A | B | C | D | E | F | G | H |
|---|---|---|---|---|---|---|---|---|
| 1 | **Taux actualisation** | **3,00%** | | | | | | |
| 3 | | | | | | | | |
| 4 | | **0** | **1** | **2** | **3** | **4** | **5** | **Total** |
| 5 | **EMPLOIS** | | | | | | | |
| 6 | Investissement | 100,00 | | | | | | |
| 7 | Variation BFdR | 15,00 | | 8,00 | 5,00 | 3,00 | | |
| 8 | *Total emplois* | 115,00 | 0,00 | 8,00 | 5,00 | 3,00 | 0,00 | 131,00 |
| 9 | **RESSOURCES** | | | | | | | |
| 10 | CAF d'exploitation | | -12,00 | 18,00 | 32,00 | 38,00 | 45,00 | |
| 11 | Valeur résiduelle | | | | | | 5,00 | |
| 12 | Récupération du BFdR | | | | | | 34,00 | |
| 13 | *Total ressources* | 0,00 | -12,00 | 18,00 | 32,00 | 38,00 | 84,00 | 160,00 |
| 14 | **FLUX NETS DE TRESORERIE** | **-115,00** | -12,00 | 10,00 | 27,00 | 35,00 | 84,00 | **29,00** |
| 15 | **FLUX NETS ACTUALISES en 0** | **-115,00** | -11,65 | 9,43 | 24,71 | 31,10 | 72,46 | **11,04** |

Le taux d'actualisation saisi dans la cellule B1 (ici, 3 %) est utilisé pour actualiser les flux à année 0.

Exemple de formule d'actualisation du flux 5ᵉ année

VAN

Lorsque le tableau est prêt, il est possible de réaliser des simulations avec l'outil « Valeur cible ».
Sur Excel : Données ⟶ Analyse scénarios ⟶ Valeur cible

Valeur cible ? ×
Cellule à définir : $H$15
Valeur à atteindre : 0
Cellule à modifier : $B$1
OK Annuler

H15 correspond au total des flux actualisés donc à la VAN.

Pour la cellule H15, on souhaite atteindre 0 car on cherche le taux d'actualisation pour lequel la VAN = 0.

Exemple (suite)

B1 est la cellule (taux d'actualisation) qui va varier jusqu'à ce que le calcul aboutisse à une VAN = 0.

TIR

**Taux actualisation** **5,12%**

| | 0 | 1 | 2 | 3 | 4 | 5 | Total |
|---|---|---|---|---|---|---|---|
| **EMPLOIS** | | | | | | | |
| Investissement | 100,00 | | | | | | |
| Variation BFdR | 15,00 | | 8,00 | 5,00 | 3,00 | | |
| *Total emplois* | 115,00 | 0,00 | 8,00 | 5,00 | 3,00 | 0,00 | 131,00 |
| **RESSOURCES** | | | | | | | |
| CAF d'exploitation | | -12,00 | 18,00 | 32,00 | 38,00 | 45,00 | |
| Valeur résiduelle | | | | | | 5,00 | |
| Récupération du BFdR | | | | | | 34,00 | |
| *Total ressources* | 0,00 | -12,00 | 18,00 | 32,00 | 38,00 | 84,00 | 160,00 |
| **FLUX NETS DE TRESORERIE** | **-115,00** | -12,00 | 10,00 | 27,00 | 35,00 | 84,00 | **29,00** |
| **FLUX NETS ACTUALISES en 0** | **-115,00** | -11,42 | 9,05 | 23,25 | 28,67 | 65,45 | **0,00** |

VAN

État de la recherche ? ×
Recherche sur la cellule H15 a trouvé une solution.
Valeur cible : 0
Valeur actuelle : 0,00
Pas à pas
Pause
OK Annuler

Résultat des calculs : la VAN = 0 avec un taux de 5,12 %.

L'intérêt de l'outil « Valeur cible » par rapport à la fonction « TRI » est de réaliser des simulations. Il est possible de rechercher le taux qui permettra d'atteindre n'importe quel niveau de VAN…

# Fiche ressource 8

# Un critère de rentabilité : le taux de profitabilité

## I Principe

Le taux de profitabilité (ou indice de profitabilité) compare les flux nets de trésorerie actualisés générés par l'activité du projet (années 1 à 5) au coût de l'investissement (année 0) :

**Taux de profitabilité**

$$= \frac{\textbf{Flux nets de trésorerie actualisés (années 1 à 5)}}{\textbf{Coût de l'investissement (année 0)}}$$

Selon les éléments à disposition, on peut aussi calculer le taux de profitabilité à partir de la VAN :

**Taux de profitabilité**

$$= \frac{\textbf{VAN}}{\textbf{Coût de l'investissement (année 0)}} + 1$$

Le taux de profitabilité permet d'exprimer les gains attendus pour 1 € de capital investi. Il mesure donc un avantage « relatif ». Il permet de départager plusieurs projets d'investissement dont le coût d'investissement est différent.

## II Interprétation du taux de profitabilité

Si taux de profitabilité > 1, le projet est acceptable.
Si taux de profitabilité = 1, le projet est nul, VAN = 0.
Si taux de profitabilité < 1, le projet n'est pas rentable et doit être rejeté.

Exemple (suite)

**Calcul à partir des flux actualisés**

I15 =SOMME(C15:G15)/-B15

| | A | B | C | D | E | F | G | H | I |
|---|---|---|---|---|---|---|---|---|---|
| 1 | **Taux actualisation** | **3,00%** | | | | | | | |
| 3 | | | | | | | | | |
| 4 | | **0** | **1** | **2** | **3** | **4** | **5** | **Total** | **Taux profitabilité** |
| 5 | **EMPLOIS** | | | | | | | | |
| 6 | Investissement | 100,00 | | | | | | | |
| 7 | Variation BFdR | 15,00 | | 8,00 | 5,00 | 3,00 | | | |
| 8 | *Total emplois* | 115,00 | 0,00 | 8,00 | 5,00 | 3,00 | 0,00 | 131,00 | |
| 9 | **RESSOURCES** | | | | | | | | |
| 10 | CAF d'exploitation | | -12,00 | 18,00 | 32,00 | 38,00 | 45,00 | | |
| 11 | Valeur résiduelle | | | | | | 5,00 | | |
| 12 | Récupération du BFdR | | | | | | 34,00 | | |
| 13 | *Total ressources* | 0,00 | -12,00 | 18,00 | 32,00 | 38,00 | 84,00 | 160,00 | |
| 14 | **FLUX NETS DE TRESORERIE** | **-115,00** | -12,00 | 10,00 | 27,00 | 35,00 | 84,00 | **29,00** | |
| 15 | **FLUX NETS ACTUALISES en 0** | **-115,00** | -11,65 | 9,43 | 24,71 | 31,10 | 72,46 | 11,04 | **1,0960** |

Formule du taux de profibalité

**Calcul à partir de la VAN :** Taux de profitabilité $= \frac{11{,}04}{115} + 1 = \mathbf{1{,}096}$

Si on considère que le juste taux d'actualisation est de 3 %, on observe que pour 1 € investi, le projet dégage 1,096 €. L'opération est donc avantageuse. Le gain par euro invest est de 0,10 €.

## III Départager deux projets à l'aide du taux de profitabilité

Le taux de profitabilité permet de départager des projets dont les coûts d'investissement sont différents.

Exemple (suite)

| Projet 1 | 0 | 1 | 2 | 3 | 4 | 5 | Total | Taux profitabilité |
|---|---|---|---|---|---|---|---|---|
| *Total emplois* | 115,00 | 0,00 | 8,00 | 5,00 | 3,00 | 0,00 | 131,00 | |
| *Total ressources* | 0,00 | -12,00 | 18,00 | 32,00 | 38,00 | 84,00 | 160,00 | |
| **FLUX NETS DE TRESORERIE** | -115,00 | -12,00 | 10,00 | 27,00 | 35,00 | 84,00 | 29,00 | |
| **FLUX NETS ACTUALISES en 0** | -115,00 | -11,65 | 9,43 | 24,71 | 31,10 | 72,46 | 11,04 | 1,0960 |

| Projet 2 | 0 | 1 | 2 | 3 | 4 | 5 | Total | Taux profitabilité |
|---|---|---|---|---|---|---|---|---|
| *Total emplois* | 215,00 | 0,00 | 8,00 | 5,00 | 3,00 | 0,00 | 231,00 | |
| *Total ressources* | 0,00 | -24,00 | 36,00 | 65,00 | 80,00 | 119,00 | 276,00 | |
| **FLUX NETS DE TRESORERIE** | -215,00 | -24,00 | 28,00 | 60,00 | 77,00 | 119,00 | 45,00 | |
| **FLUX NETS ACTUALISES en 0** | -215,00 | -23,30 | 26,39 | 54,91 | 68,41 | 102,65 | 14,06 | 1,0654 |

Le projet 2 paraît plus intéressant selon la VAN (14,06 ≠ 11,04). Mais le TP incite à valider le projet 1 car, rapporté au capital investi, les gains sont plus importants (1,096 ≠ 1,065).

# Fiche ressource 9

## Un critère de sécurité : le délai de récupération du capital investi (DR)

### I Principe

Le délai de récupération du capital investi (ou pay-back) est un critère de décision complémentaire. Il correspond à la date à partir de laquelle l'entreprise récupère, grâce aux gains du projet, le coût de l'investissement initial. À partir de cette date, le projet ne dégage ni gain ni perte.
Pour calculer le délai de récupération du capital investi, il faut cumuler chaque année les flux nets actualisés jusqu'à ce que le montant cumulé atteigne le coût de l'investissement initial.

### II Interprétation du délai de récupération du capital investi

Il s'agit d'un critère de sécurité et non de rentabilité : plus un projet est récupéré rapidement, moins il est risqué.

### III Mise en œuvre du critère

Dans un premier temps, il s'agit de repérer l'année où les flux nets actualisés cumulés deviennent positifs.
Dans un second temps, il s'agit de calculer une date approximative.

Exemple (suite)

| **Taux actualisation** | **3,00%** | | | | | | |
|---|---|---|---|---|---|---|---|
| | **0** | **1** | **2** | **3** | **4** | **5** | **Total** |
| **EMPLOIS** | | | | | | | |
| Investissement | 100,00 | | | | | | |
| Variation BFdR | 15,00 | | 8,00 | 5,00 | 3,00 | | |
| *Total emplois* | 115,00 | 0,00 | 8,00 | 5,00 | 3,00 | 0,00 | 131,00 |
| **RESSOURCES** | | | | | | | |
| CAF d'exploitation | | -12,00 | 18,00 | 32,00 | 38,00 | 45,00 | |
| Valeur résiduelle | | | | | | 5,00 | |
| Récupération du BFdR | | | | | | 34,00 | |
| *Total ressources* | 0,00 | -12,00 | 18,00 | 32,00 | 38,00 | 84,00 | 160,00 |
| **FLUX NETS DE TRESORERIE** | **-115,00** | -12,00 | 10,00 | 27,00 | 35,00 | 84,00 | **29,00** |
| **FLUX NETS ACTUALISES en 0** | **-115,00** | -11,65 | 9,43 | 24,71 | 31,10 | 72,46 | **11,04** |
| **FLUX NETS ACTUALISES cumulés** | **-115,00** | -126,65 | -117,22 | -92,52 | -61,42 | **11,04** | |

Le capital investi est récupéré au cours de la 5e année car les flux cumulés deviennent positifs.

Recherche d'une date approximative :

| | |
|---|---|
| **Étape 1 :** calculer le nombre de jours nécessaire pour atteindre un flux net de trésorerie cumulé égal à 0. | En année 5, le projet a dégagé 72,46 de flux net actualisé.<br>Soit : 72,46 / 360 = 0,20 en moyenne par jour.<br>Or, à la fin de l'année 4, il manque 61,42 à combler pour atteindre un cumul de 0.<br>Donc nombre de jours nécessaire = 61,42 / 0,20 = 305,15 jours. |
| **Étape 2 :** convertir le nombre de jours en une date. | Convertir les jours en mois : 305,15 / 12 = **10,17 mois**.<br>Il faut donc plus de 10 mois pour atteindre le DR. Le DR sera donc atteint au cours du 11e mois : **novembre**.<br>Convertir les valeurs après la virgule en jour : 0,17 × 30 = 5,15 jours.<br>0,17 d'un mois correspond environ à 5 jours. |
| **Étape 3 :** afficher le résultat. | Le DR sera atteint vers le **5 novembre**. |

# Applications

## 1 Calculer les flux nets de trésorerie

La société Doueurs, installée près de Calvi (Corse), fabrique du miel depuis cinq générations. Cette PME familiale produit et distribue sur le marché local un miel corse certifié par l'appellation d'origine contrôlée (AOC) « Mele di Corsica ».
M. Allegrini souhaite développer son activité en commercialisant une partie de sa production en dehors de l'île. Pour cela, il souhaite installer une miellerie supplémentaire, au centre de l'île, afin de produire un miel aux saveurs plus universelles, dans un emballage moins traditionnel et d'aspect plus luxueux afin de répondre à la demande d'une clientèle internationale.
Vous participez à ce projet d'investissement. M. Allegrini vous demande d'estimer les flux de trésorerie que pourrait dégager cet investissement sur les cinq prochaines années.

1. **Calculez la CAF d'exploitation attendue pendant cinq ans.**
2. **Dans combien d'années le projet dégagera-t-il des résultats d'exploitation positifs ? Pourquoi, selon vous ?**
3. **Calculez les flux nets de trésorerie sur les cinq années du projet.**
4. **En quelle année les flux deviendront-ils positifs ? Pourquoi est-ce plus rapide que pour le résultat d'exploitation ?**
5. **Faut-il, selon vous, mettre en œuvre ce projet ? Justifiez en quelques lignes.**

### Annexe 1 Le coût de l'investissement

- Kits de ruches (ruche avec cadre, tenue, lève-cadre, enfumoir, brosse, produits sanitaires...) : 22 000 €
- Matériels pour stockage et conditionnement : 30 000 €
- Besoin en fonds de roulement 1re année : 5 500 €
- Aide de l'Union européenne : 10 000 €

### Annexe 2 Les prévisions d'activité

- Le projet doit permettre d'installer 220 ruches.
- On prévoit un rendement de 15 kg de miel par ruche la 1re année.
- Le miel sera conditionné dans des pots de 500 g vendus 11 € HT pièce.
- On peut espérer une augmentation de l'activité de 15 % la 2e année puis de 5 % par an les années suivantes.
- Les charges variables seront de 34 000 € la 1re année.
- Les charges fixes décaissables seront de 50 000 €.
- Les matériels et les ruches seront amortis en linéaire sur 5 ans.
- L'entreprise étant bénéficiaire par ailleurs, on tiendra compte d'un impôt négatif en cas de perte sur cette activité.

### Annexe 3 Les éléments de fin de période

Les investissements pourraient être cédés pour une valeur égale à 10 % de leur valeur d'origine. Le besoin en fonds de roulement sera récupéré.

## 2 Comparer deux projets d'investissement

La manufacture lainière Manulaine fabrique des couvertures en laine et cachemire depuis trois générations. L'équipement matériel actuel de l'entreprise permet de fabriquer le fil de laine puis de tisser les étoffes. Le responsable de l'entreprise souhaite investir dans un nouveau matériel qui permettrait de créer des étoles tricotées en laine. Le tricotage nécessite un procédé technologique différent du tissage. C'est pourquoi un investissement matériel est nécessaire.
Vous avez récupéré des informations auprès de plusieurs fournisseurs de matériel industriel et avez retenu deux projets possibles entre lesquels vous hésitez. Le coût de l'investissement est légèrement différent, la qualité du produit fini aussi et donc le prix de vente et l'activité espérés.

1. **Calculez la CAF de chaque projet puis les flux nets de trésorerie sur les cinq années. Calculez la valeur nette. Quel projet semble le plus intéressant ?**
2. **Calculez les flux nets actualisés, au taux de 4 %, puis la VAN. Le projet le plus intéressant est-il toujours le même ?**
3. **Calculez le taux de profitabilité pour chaque projet. Pourquoi ce critère est-il indispensable pour départager ces deux projets ? Le projet le plus intéressant est-il toujours le même ?**
4. **Calculez le délai de récupération des capitaux investis pour ces deux projets. Quelle est l'utilité de ce critère ? Le projet le plus intéressant est-il toujours le même ?**
5. **Conseillez votre responsable.**

### Annexe 1 Informations collectées pour le projet JKU-125

| Caractéristiques | Exploitation prévisible |
|---|---|
| • Achat : 27 550 € HT<br>• Frais de livraison : 850 €<br>• Frais d'installation : 1 250 €<br>• Date d'achat et d'installation : 01/01/N<br>• Durée d'utilisation : 5 ans<br>• Mode d'amortissement : linéaire sur 5 ans<br>• Valeur résiduelle : 5 000 €<br>• Variation du BFR : 4 000 € | • Vente de 500 étoles par an au prix unitaire de 75 €<br>• Progression des quantités vendues de 5 % par an<br>• Coût de revient complet d'une étole (hors frais d'amortissement du nouvel équipement) : 48 € |

### Annexe 2 Informations collectées pour le projet PLMRT-4568

| Caractéristiques | Exploitation prévisible |
|---|---|
| • Achat : 80 000 € HT<br>• Frais d'installation : 5 250 €<br>• Date d'achat et d'installation : 01/01/N<br>• Durée d'utilisation : 5 ans<br>• Mode d'amortissement : dégressif sur 5 ans<br>Pas de valeur résiduelle – coeff. = 1,75<br>• Variation du BFR : 4 000 € | • Vente de 1 200 étoles par an au prix unitaire de 80 €<br>• Progression des quantités vendues de 12 % par an<br>• Coût de revient complet d'une étole (hors frais d'amortissement du nouvel équipement) : 64 € |

Chapitre 4

# L'élaboration du bilan fonctionnel

| Activité | Composante d'activité | Compétences | P7 |
|---|---|---|---|
| **6.3.** Analyse de l'équilibre financier de l'organisation | **6.3.1.** Élaboration et analyse du bilan fonctionnel et des équilibres financiers | Établir, avec les retraitements, le bilan fonctionnel ; déterminer le fonds de roulement, le BFR (d'exploitation et hors exploitation) et la trésorerie nette. | Une utilisation du tableur adaptée aux besoins de l'utilisateur (import du PGI, retraitement bilan, graphiques). |

## Situation professionnelle

Mme Fauvet, responsable administrative de l'entreprise Pack Inbox, fait part des résultats de son étude à M. Altoviti : le projet d'une nouvelle activité de vente de meubles serait rentable. Parmi les différents équipements techniques proposés, elle préconiserait la solution A, qui apparaît comme la plus intéressante (voir chapitre 3).
Ainsi, en permettant à l'entreprise de se diversifier *via* une nouvelle gamme de produits modernes à destination d'une clientèle constituée principalement de particuliers, cette activité devrait favoriser le redressement du chiffre d'affaires de l'entreprise et l'amélioration de son résultat comptable actuellement en baisse (voir chapitres 1 et 2).
Mme Fauvet reste toutefois prudente car le projet étant ambitieux et coûteux, il conviendra d'étudier la possibilité de le financer. Mais avant cela, il s'agit de vérifier que la structure financière actuelle de l'entreprise Pack Inbox est suffisamment solide pour supporter de lourds investissements.
M. Altoviti invite Mme Fauvet à poursuivre ses investigations.

## Mission

**Mme Fauvet décide de réaliser une analyse fonctionnelle du bilan comptable des trois dernières années de l'entreprise Pack Inbox. Vous êtes chargé(e) de la seconder dans cette tâche.**

# Travail à faire

## I Justifier l'élaboration d'un bilan fonctionnel

Mme Fauvet souhaite analyser le financement de l'entreprise en distinguant le financement des immobilisations et celui du cycle d'exploitation.

1. À quoi correspond le cycle d'exploitation ?
2. À la lecture de la page d'accueil du site Internet de l'entreprise, pourquoi peut-on supposer que le cycle d'exploitation de Pack Inbox nécessite des financements importants ?
3. Est-il possible de réaliser l'analyse demandée par Mme Fauvet à partir d'un bilan comptable ? Pourquoi ?

▶| Fiche ressource 1
▶| Annexe 1

## II Élaborer le bilan fonctionnel

Vous aidez Mme Fauvet à effectuer les travaux préalables à la construction du bilan fonctionnel. Il s'agit de rechercher et d'analyser les informations concernant les retraitements.

4. Vous anticipez les reclassements du cycle de financement et d'investissement.
   a) Expliquez pourquoi les immobilisations sont retenues à leur valeur brute dans les emplois stables.
   b) Expliquez pourquoi les amortissements et provisions sont intégrés dans les ressources stables.
   c) Expliquez pourquoi il est nécessaire de distinguer les emprunts et dettes financières des concours bancaires courants.
5. L'entreprise Pack Inbox a acquis un camion par crédit-bail.
   a) Indiquez quels retraitements doivent être réalisés et pourquoi.
   b) Précisez les cycles qui seront impactés par ces retraitements.
6. Vous anticipez les reclassements du cycle d'exploitation : distinguez les notions d'« exploitation » et de « hors exploitation ».
7. L'entreprise présente en comptabilité des effets escomptés non échus.
   a) Indiquez quels retraitements doivent être réalisés et pourquoi.
   b) Précisez les cycles qui seront impactés par ces retraitements.
8. Quels sont les éléments à prendre en compte pour calculer la trésorerie ?

▶| Fiche ressource 2
▶| Fiche ressource 4
▶| Annexe 2
▶| Bilan Pack Inbox, p. 6.

Vous êtes à présent prêt(e) à élaborer le bilan fonctionnel de l'entreprise. Mme Fauvet supervisera votre travail.

P7 9. En tenant compte de vos réponses aux questions précédentes, complétez le bilan fonctionnel de l'année N. Ce travail peut être réalisé sur tableur.

▶| Annexe 3

## III Calculer les éléments d'équilibre financier

Le bilan fonctionnel précédemment établi vous procure toutes les informations permettant de calculer les éléments d'équilibre financier.

P7 10. Calculez le FRNG, le BFRE et le BFRHE pour l'année N. Déduisez-en la trésorerie nette en complétant l'annexe 4. Ce travail peut être réalisé sur tableur.

▶| Fiche ressource 5
▶| Annexe 4

P7 **11.** À l'aide d'un tableur, présentez ces évolutions sous forme de graphique.

**12.** Vérifiez votre résultat en calculant la trésorerie nette à partir du bilan fonctionnel.

**13.** Que pensez-vous de cette trésorerie ?

**14.** Mme Fauvet affirme qu'en l'état actuel de la trésorerie, il est risqué d'intégrer une nouvelle activité. Qu'en pensez-vous ?

## Données de la situation

### Annexe 1 Extrait du site Internet de Pack Inbox

**Des cartons d'emballage résistants !** Pack Inbox

ACCUEIL | QUI SOMMES NOUS ? | CONTACT

- Conteneur d'expédition
- Conteneur et caisse palette en carton
- Caisse en carton avec palette intégrée
- Caisse américaine
- Caisse palette double cannelure
- Carton lourd
- Carton à hauteur variable

Créée il y a une vingtaine d'années, notre entreprise dispose aujourd'hui de **2** sites de production répartis en France. **38** collaborateurs y travaillent.

Nous vendons à des professionnels des cartons d'emballage de qualité supérieure destinés au transport de biens.

L'entreprise dispose de plus de 10 000 m² d'entrepôt permettant le stockage des produits finis prêts à être livrés à nos clients le plus rapidement possible. Nos clients bénéficient de délais de règlement très avantageux.

Afin de s'assurer des matières premières de qualité, l'entreprise s'approvisionne auprès du fournisseur le plus réputé dans l'industrie papetière.

### Annexe 2 Extrait de l'annexe Pack Inbox pour l'exercice N

**Informations complémentaires**

- Les VMP sont des SICAV considérées comme de la trésorerie active.
- Les dettes d'IS s'élèvent à 4 000 €.
- Le montant des effets escomptés non échus est de 12 000 €.
- Les charges et produits constatés d'avance concernent l'exploitation.
- Les autres créances et autres dettes concernent le « hors exploitation ».
- Informations concernant le crédit-bail
  - Crédit-bail sur 5 ans depuis début N-1
  - VO : 120 000 €
  - Amortissement annuel : 24 000 €
  - Redevance annuelle : 30 000 €
  - Valeur de rachat symbolique

## Annexe 3 Bilan fonctionnel Pack Inbox (à compléter)

| ACTIF | N | N-1 | N-2 | PASSIF | N | N-1 | N-2 |
|---|---|---|---|---|---|---|---|
| **EMPLOIS STABLES** | | | | **RESSOURCES STABLES** | | | |
| Immobilisations brutes | | | | Capitaux propres | | 2 460 600 | 2 340 400 |
| Immobilisations incorporelles | | 218 300 | 190 400 | Amortissements et dépréciations | | 2 458 400 | 2 043 100 |
| Immobilisations corporelles | | 4 367 200 | 4 236 400 | Ret. Amortissement crédit-bail | | 24 000 | 0 |
| Immobilisations financières | | 37 800 | 24 800 | Provisions pour risques et charges | | 9 100 | 10 800 |
| Ret. crédit-bail | | 120 000 | 0 | Dettes financières | | 1 447 000 | 1 703 200 |
| Charges à répartir | | 0 | 0 | Ret. Valeur actuelle crédit-bail | | 96 000 | 0 |
| **Total I** | | **4 743 300** | **4 451 600** | **Total I** | | **6 495 100** | **6 097 500** |
| **ACTIF CIRCULANT** | | | | **PASSIF CIRCULANT** | | | |
| **D'exploitation** | | | | **D'exploitation** | | | |
| Stocks | | 1 195 700 | 1 211 400 | Avances et acomptes reçus | | | |
| Avances et acomptes versés | | 96 000 | 54 600 | Dettes fourn. et comptes rattachés | | 125 700 | 146 200 |
| Clients et comptes rattachés | | 593 600 | 588 900 | Dettes fiscales et sociales (sauf IS) | | 29 000 | 59 100 |
| Créances fiscales (sauf IS) | | | | Produits constatés d'avance | | 15 900 | 36 400 |
| Charges constatées d'avance | | 37 500 | 38 900 | | | | |
| Ret. effets escomptés non échus | | 14 500 | 13 200 | | | | |
| ***Total exploitation*** | | ***1 937 300*** | ***1 907 000*** | ***Total exploitation*** | | ***170 600*** | ***241 700*** |
| **Hors exploitation** | | | | **Hors exploitation** | | | |
| Autres créances | | 4 900 | 4 500 | Autres dettes | | 200 | 300 |
| Créances d'IS | | | | Dettes d'IS | | 3 700 | 4 000 |
| Créances sur immobilisation | | | | Dettes sur immobilisation | | 10 800 | 11 400 |
| ***Total hors exploitation*** | | ***4 900*** | ***4 500*** | ***Total hors exploitation*** | | ***14 700*** | ***15 700*** |
| **Total II** | | **1 942 200** | **1 911 500** | **Total II** | | **185 300** | **257 400** |
| **Trésorerie Active** | | | | **Trésorerie Passive** | | | |
| VMP (SICAV) | | 74 300 | 65 300 | Concours bancaires courants | | 149 500 | 83 900 |
| Disponibilités | | 84 600 | 23 600 | Ret. effets escomptés non échus | | 14 500 | 13 200 |
| | | | | | | | |
| **Total III** | | **158 900** | **88 900** | **Total III** | | **164 000** | **97 100** |
| **Total général** | | **6 844 400** | **6 452 000** | **Total général** | | **6 844 400** | **6 452 000** |

## Annexe 4 Équilibres financiers Pack Inbox (à compléter)

| | N | N-1 | N-2 |
|---|---|---|---|
| Ressources stables | | 6 495 100 | 6 097 500 |
| – Emplois stables | | 4 743 300 | 4 451 600 |
| **FRNG** | | **1 751 800** | **1 645 900** |
| Actif circulant d'exploitation | | 1 937 300 | 1 907 000 |
| Passif circulant d'exploitation | | 170 600 | 241 700 |
| **BFR d'exploitation** | | **1 766 700** | **1 665 300** |
| Actif circulant Hors exploit. | | 4 900 | 4 500 |
| Passif circulant Hors exploit. | | 14 700 | 15 700 |
| **BFR Hors exploitation** | | **– 9 800** | **– 11 200** |
| **BFR** | | **1 756 900** | **1 654 100** |
| **FRNG** | | **1 751 800** | **1 645 900** |
| **– BFR** | | **1 756 900** | **1 654 100** |
| **Trésorerie** | | **– 5 100** | **– 8 200** |

# Fiche ressource 1

# Le bilan fonctionnel : l'intérêt d'une approche économique

## I Le bilan comptable et le bilan fonctionnel : deux approches différentes

### 1. Le bilan comptable

L'actif du bilan comptable correspond à l'ensemble des biens possédés par l'entreprise. Le passif du bilan présente l'ensemble des ressources qui ont permis de financer cet actif. C'est pourquoi le total de l'actif est toujours égal au total du passif.
À l'actif comme au passif, des biens et des ressources financières sont parfois détenus pour une longue durée (ex. : machine, emprunt), parfois pour une durée courte, de moins d'un an (ex. : stock, dette fournisseur). Mais on ne fait pas de lien, dans le bilan comptable, entre l'actif (les emplois) et le passif (les ressources) selon leur durée de détention, ce qui limite les analyses.

### 2. La nécessaire construction d'un bilan fonctionnel

Depuis 1982, le bilan fonctionnel est le support officiel préconisé par le plan comptable général (PCG) pour analyser la situation financière d'une entreprise et ses possibilités de développement. Il permet d'étudier d'où vient l'argent et comment il est utilisé en distinguant les opérations à long terme d'investissement (ex. : achat d'immobilisations) et de financement (ex. : obtention d'un emprunt) ainsi que les opérations à court terme dites « d'exploitation » (ex. : achat de marchandises, obtention d'un délai de règlement). **Le bilan fonctionnel met donc en évidence trois cycles : cycle de financement, cycle d'investissement et cycle d'exploitation.**

Remarque : un cycle correspond à une suite d'opérations réalisées dans un ordre précis.

> Exemple
> L'ensemble des opérations liées à l'achat, au stockage et à la vente de marchandises correspond au cycle d'exploitation.

| | Bilan comptable | Bilan fonctionnel |
|---|---|---|
| **Objectif** | Évaluer le patrimoine de l'entreprise. | Analyser d'où provient le financement de l'entreprise et comment il est utilisé pour financer les investissements puis l'exploitation. Détecter les déséquilibres, proposer des solutions. |
| **Présentation** | Classique : en fonction des emplois (biens possédés) et des ressources qui ont permis l'acquisition des biens. | Économique : en fonction des trois grands cycles de la vie de l'entreprise : le cycle de financement, le cycle d'investissement et le cycle d'exploitation. |
| **Approche** | Patrimoniale | Par cycles économiques |

## II Passer du bilan comptable au bilan fonctionnel

Le bilan fonctionnel est construit à partir du bilan comptable avant répartition (le résultat de l'entreprise est compris dans les capitaux propres), auquel on apporte des corrections :

- des **reclassements** : certains postes du bilan comptable sont déplacés dans le cycle approprié du bilan fonctionnel ;
- des **retraitements** : ils consistent à « redresser » un compte, c'est-à-dire à le traiter différemment, pour fournir une lecture plus économique et faciliter l'analyse financière (ex. : le crédit-bail – voir fiche ressource 3). Les informations utiles pour les retraitements figurent dans l'annexe comptable.

# Fiche ressource 2

## Du bilan comptable au bilan fonctionnel : schéma récapitulatif

### Bilan comptable

| ACTIF | | | | PASSIF | |
|---|---|---|---|---|---|
| **ACTIF IMMOBILISÉ** | | | | **CAPITAUX PROPRES** | |
| | Brut | Amort. | Net | | |
| Immobilisations corporelles<br>Immobilisations incorporelles<br>Immobilisations financières | | | | Capital<br>Réserves<br>Report à nouveau<br>Résultat | |
| | | | | Provisions pour risques et charges | |
| **ACTIF CIRCULANT** | | | | **DETTES** | |
| Stocks<br>Créances clients et comptes rattachés<br>Autres créances<br>Avances et acomptes versés<br>VMP<br>Disponibilités<br>Charges constatées d'avance | | | | Emprunts et dettes auprès des établissements de crédit*<br>Avances et acomptes reçus<br>Dettes fournisseurs d'exploitation<br>Dettes fiscales et sociales<br>Dettes fournisseurs d'immobilisations<br>Autres dettes<br>Produits constatés d'avance | |
| **TOTAL** | | | | **TOTAL** | |

* Dont concours bancaires courants.

### Bilan fonctionnel

| ACTIF | PASSIF |
|---|---|
| **EMPLOIS STABLES ❷** | **RESSOURCES STABLES ❶** |
| Actif immobilisé | Capitaux propres |
| Immobilisations corporelles | Amortissements et provisions |
| Immobilisations incorporelles | Amortissements crédit-bail |
| Immobilisations financières | Provisions pour risques et charges |
| Crédit-bail | Emprunts et dettes financières |
| | Crédit-bail |
| **ACTIF CIRCULANT ❸** | **PASSIF CIRCULANT ❸** |
| **D'exploitation** | **D'exploitation** |
| Stocks | Dettes fournisseurs d'exploitation |
| Créances clients et comptes rattachés | Dettes fiscales et sociales |
| Avances et acomptes versés | Avances et acomptes reçus |
| Autres créances (d'exploitation) | Autres dettes (d'exploitation) |
| Charges constatées d'avance (d'exploitation) | Produits constatés d'avance (d'exploitation) |
| Effets escomptés non échus | |
| **Hors exploitation** | **Hors exploitation** |
| Autres créances (hors exploitation) | Dettes fournisseurs d'immobilisations |
| Charges constatées d'avance (hors exploitation) | Autres dettes (hors exploitation) |
| Valeurs mobilières de placement | Dettes d'IS |
| | Produits constatés d'avance (hors exploitation) |
| **TRÉSORERIE ACTIVE** | **TRÉSORERIE PASSIVE** |
| Disponibilités | Concours bancaires courants |
| | Effets escomptés non échus |

Annotations, côté actif :
- Valeur brute (Immobilisations corporelles, incorporelles, financières)
- Valeur d'origine du bien → Crédit-bail
- Valeur brute (Stocks, Créances clients et comptes rattachés, Avances et acomptes versés)
- L'annexe comptable permet de distinguer ce qui va en « exploitation » et ce qui va en « hors exploitation ».
- Voir la part des EENE qui doit être affectée en « actif circulant ».

Annotations, côté passif :
- Cumul total 2e colonne de l'actif → Amortissements et provisions
- Part cumulée de l'usure du bien → Amortissements crédit-bail
- Sans les concours bancaires courants → Emprunts et dettes financières
- Valeur actuelle nette du bien → Crédit-bail
- L'annexe comptable permet de distinguer ce qui va en « exploitation » et ce qui va en « hors exploitation ».
- Voir la part des EENE qui doit être affectée en « trésorerie passive ».

**Légende**

❶ Cycle de financement – ❷ Cycle d'investissement – ❸ Cycle d'exploitation

Retraitements   Reclassements

Fiche ressource 3

# Le retraitement des effets escomptés non échus et du crédit-bail

Les effets escomptés non échus et le crédit-bail font l'objet d'un retraitement particulier lors de la construction du bilan fonctionnel.

## I La prise en compte des effets escomptés non échus (EENE)

Les EENE sont des effets de commerce qui ont été escomptés mais dont l'échéance n'est pas encore atteinte (échue).

C'est une opération de financement de court terme. À partir du moment où la banque a versé l'avance des fonds à l'entreprise qui lui a remis ses effets, plus aucune trace des effets escomptés ne figure dans le bilan. Pourtant, l'entreprise reste engagée vis-à-vis de la banque. Cet engagement dit « hors bilan » mérite un retraitement pour faire apparaître le risque d'exigibilité.

### 1. La trésorerie obtenue grâce aux EENE n'est pas définitivement acquise

L'opération d'escompte d'effets de commerce réduit le poste « Créances clients » figurant dans l'actif circulant et donne à l'entreprise de la trésorerie supplémentaire.

Toutefois, si, à l'échéance, le client de l'entreprise ne paie pas, la banque pourra se retourner contre cette dernière, qui reste solidaire de son client. La banque reprendra les fonds prêtés et rendra la créance à l'entreprise. Il y a donc exactement le même risque de non-paiement qu'une créance client tant que l'échéance n'est pas survenue.

### 2. Le retraitement à apporter

En supposant que l'escompte n'existe pas, qu'aurait fait l'entreprise qui a besoin de ce financement ? Elle aurait laissé ses créances à leur place et demandé à sa banque un découvert bancaire (concours bancaires) du même montant.

C'est la raison pour laquelle le retraitement à opérer consiste à :

- Remettre le montant nominal des EENE dans les créances hors exploitation
- Inclure le montant nominal des EENE dans les concours bancaires en trésorerie passive

*Remarque :* le montant nominal est le montant des créances escomptées et non le montant net de frais bancaires qui a été viré sur le compte de l'entreprise suite à l'escompte de ces créances.

> Exemple
>
> Les effets escomptés non échus pour l'année N s'élèvent à 1000.

**Bilan fonctionnel au 31/12/N (extrait)**

| ACTIF | N | PASSIF | N |
|---|---|---|---|
| **Actif circulant d'exploitation** | + 1 000 | | |
| | | **Trésorerie passive** | + 1 000 |

## II La prise en compte du crédit-bail

Le crédit-bail est une location avec option d'achat.

### 1. La présentation des éléments d'actif ne reflète pas la réalité économique

Le retraitement du crédit-bail est lié à la volonté de rendre comparables les entreprises entre elles.

En effet, les immobilisations prises en crédit-bail ne figurent pas dans l'actif immobilisé du bilan (règles du plan comptable, règlement ANC 14-03). De ce fait, et sans ce retraitement, une entreprise qui abuse du crédit-bail ne pourra pas être comparée à une entreprise qui finance ses immobilisations par emprunts ou sur fonds propres, ceci même si les deux entreprises paraissent comparables en termes de taille, de structure ou de résultats économiques. Dans ce cas, les ratios qui font intervenir le montant de l'actif immobilisé et/ou les dettes financières ne seraient plus comparables.

C'est la raison pour laquelle, dans le bilan fonctionnel, le crédit-bail est retraité en faisant « comme si » l'entreprise était propriétaire de ses biens acquis en crédit-bail.

### 2. Le retraitement à apporter

En supposant que l'entreprise ait acquis le bien, qu'aurait-elle fait ? Elle aurait enregistré une immobilisation et aurait constaté ses amortissements. De plus, pour financer cette acquisition, elle aurait certainement fait un emprunt.

C'est la raison pour laquelle le retraitement à opérer consiste à :

- Inclure la valeur d'origine de l'immobilisation financée en crédit bail dans les immobilisations
- Ajouter le cumul des amortissements qui auraient été pratiqués sur l'immobilisation
- Tenir compte du montant restant dû par l'entreprise si elle avait dû avoir recours à l'emprunt pour financer l'immobilisation

Exemple

Un contrat de crédit-bail est souscrit le 01/01/N. Valeur brute de l'immobilisation : 1 500 € ; durée du contrat : 5 ans (fin du contrat le 31/12/N + 4). L'amortissement serait linéaire si l'entreprise avait été propriétaire de cette immobilisation. La redevance annuelle est de 400 €.

Les retraitements à effectuer sont :
– dans les immobilisations, est intégrée la valeur d'origine du bien utilisé en crédit-bail : 1 500 € ;
– dans les ressources stables, est ajoutée la part d'amortissements cumulés censée représenter l'usure du bien comme si l'on en était le propriétaire : 1 500/5 = 300 € ;
– dans les dettes financières, est incluse la différence entre la valeur d'origine et les amortissements du bien pris en crédit-bail (en fait, sa valeur nette) : 1 500 – 300 = 900 €.

**Bilan fonctionnel au 31/12/N (extrait)**

| ACTIF | N | PASSIF | N |
|---|---|---|---|
| Emplois stables | + 1 500 | Ressources stables | + 300 |
| | | Dettes financières | + 1 200 |

# Fiche ressource 4

# La mise en évidence des cycles longs et courts dans le bilan fonctionnel

Le bilan fonctionnel est présenté de manière à faciliter l'étude des cycles de financement, d'investissement et d'exploitation en fonction de leur durée. Des reclassements et des retraitements sont réalisés afin de finaliser le passage du bilan comptable au bilan fonctionnel.

## I Les cycles longs de financement et d'investissement

### 1. Le cycle long de financement ❶

Le cycle de financement correspond à un cycle long car il concerne des opérations durables de financement. Sa mise en évidence nécessite d'effectuer les reclassements et retraitements suivants.

| Postes du bilan comptable | Reclassements/retraitements dans le bilan fonctionnel | Commentaires |
|---|---|---|
| **Capitaux propres** | Pas de retraitement | L'ensemble des capitaux propres appartient aux associés et correspond à des financements à long terme. |
| **Amortissements et provisions** | Placer le total des amortissements et provisions (colonne 2 de l'actif) dans les ressources stables au passif. | Le cumul des amortissements et provisions, en diminuant le résultat de l'exercice comptable et donc les dividendes à distribuer, est considéré comme un financement pour les immobilisations à venir. |
| | Et ajouter une valeur correspondant à un cumul d'amortissements pour les biens en **crédit-bail**. | On fait « comme si » l'entreprise avait acheté le bien : dans ce cas, elle aurait comptabilisé des amortissements qu'il faut aussi retraiter.<br>Cumul des amortissements = Valeur d'origine / Nombre d'années d'utilisation |
| **Provisions pour risques et charges** | Pas de retraitement | Elles sont laissées dans les ressources stables de l'entreprise car elles peuvent s'assimiler à des réserves : pour faire face à d'éventuelles charges, l'entreprise, par le biais des provisions, met en quelque sorte de l'argent de côté. |
| **Emprunts et dettes financières** | Pas de retraitement | Ils correspondent à des financements à long terme. |
| | Mais soustraire les **concours bancaires courants** (CBC). | Les CBC sont des financements à court terme : ils doivent être reclassés en trésorerie passive. |
| | Et ajouter une valeur correspondant à un emprunt qui resterait sur les biens en **crédit-bail**. | On fait « comme si » l'entreprise avait acheté le bien : on considère que l'entreprise a fait un emprunt. On ajoute ici le montant de cet emprunt qui reste encore à rembourser.<br>Montant de l'emprunt = Valeur origine – Cumul des amortissements<br>(Information en annexe comptable) |

### 2. Le cycle long d'investissement ❷

L'organisation réalise des opérations d'investissement qui consistent à acquérir des biens qui vont rester durablement dans l'entreprise afin d'être exploités. La mise en évidence du cycle d'investissement nécessite d'effectuer les reclassements et les retraitements suivants.

| Postes du bilan comptable | Reclassements/retraitements dans le bilan fonctionnel | Commentaires |
|---|---|---|
| **Immobilisations** | Retenir les valeurs brutes. | Les valeurs nettes ne traduisent pas l'effort financier qu'il a été nécessaire de mobiliser. |
| | Et ajouter la valeur des biens en **crédit-bail**. | On fait « comme si » l'entreprise avait acheté le bien et qu'il était inscrit à l'actif pour sa valeur d'origine. |

## II Le cycle court d'exploitation ❸

Le cycle d'exploitation est un cycle court car les décisions qui l'affectent (volume des stocks, durée du crédit consenti aux clients…) sont prises à court terme. Dans sa version développée, le PCG distingue le cycle d'exploitation proprement dit du cycle hors exploitation. Tout ce qui correspond à l'activité habituelle de l'entreprise, c'est-à-dire sa raison d'être, doit être classé en « exploitation » ; le reste doit être classé en « hors exploitation ».

### 1. L'actif circulant

| Postes du bilan comptable | Reclassements/retraitements dans le bilan fonctionnel | Commentaires |
|---|---|---|
| **Stocks**<br>**Créances clients et comptes rattachés** | À intégrer en « actif circulant d'exploitation » (CT) : valeurs brutes. | On ne tient pas compte des pertes éventuelles (dépréciations). |
| **Avances et acomptes versés** | À intégrer en « actif circulant d'exploitation » (CT). | Ils concernent l'activité habituelle de l'entreprise. |
| **Charges constatées d'avance**<br>**Autres créances** | À ventiler en « exploitation » ou en « hors exploitation » (CT). | À ventiler en fonction des informations données en annexe. |
| **VMP** | À intégrer en « hors exploitation ». | S'il est expressément précisé en annexe qu'il s'agit de SICAV ou FCP, elles sont intégrées soit en actif circulant soit en trésorerie. Sinon, elles restent en « hors exploitation ». |
| | Et ajouter les **effets escomptés non échus** (EENE) aux créances d'exploitation. | La créance escomptée restant due par l'entreprise en cas de défaillance du créancier, les effets doivent être ajoutés aux créances comme s'ils n'avaient pas été escomptés. |

### 2. Le passif circulant

| Postes du bilan comptable | Reclassements/retraitements dans le bilan fonctionnel | Commentaires |
|---|---|---|
| **Dettes fournisseurs**<br>**Avances et acomptes reçus**<br>**Dettes fiscales et sociales** | À intégrer en « dettes circulantes d'exploitation » (CT). | Ils concernent l'exploitation, l'activité habituelle de l'entreprise. |
| | Et soustraire la dette d'IS. | La part des dettes fiscales et sociales relative à une dette d'IS doit être reclassée en « hors exploitation » (montant précisé en annexe). |
| **Produits constatés d'avance**<br>**Autres dettes** | À ventiler en « exploitation » ou en « hors exploitation » (CT). | À ventiler en fonction des informations données en annexe comptable. |
| **Dettes fournisseurs d'immobilisations** | À intégrer aux dettes circulantes hors exploitation (CT). | Elles ne concernent pas le cycle d'exploitation (elles sont liées aux investissements). De ce fait, elles doivent être intégrées en « hors exploitation ». |

## III La trésorerie

Elle résulte des cycles précédents et a pour fonction d'assurer l'ajustement entre le cycle d'exploitation et les autres cycles.

| Postes du bilan comptable | Reclassements/retraitements dans le bilan fonctionnel | Commentaires |
|---|---|---|
| **Disponibilités** | Pas de retraitement | Trésorerie possédée par l'entreprise (caisse et banque) |
| **CBC** | À intégrer en trésorerie passive. | Crédits à court terme accordés par la banque |
| | Et intégrer les **EENE** en trésorerie passive. | Ceci correspond au découvert bancaire qu'il aurait fallu supporter si l'entreprise n'avait pas escompté les effets. |

# Fiche ressource 5

## Les éléments d'équilibre financier

L'analyse fonctionnelle des comptes, réalisée à partir du bilan fonctionnel, permet de mettre en évidence trois grandeurs fondamentales en gestion financière : le fonds de roulement, le besoin en fonds de roulement et la trésorerie nette.

## I Le fonds de roulement net global (FRNG)

L'entreprise doit respecter le **principe de l'équilibre financier** : un emploi stable doit être financé par une ressource stable. Ainsi, les ressources à long terme doivent toujours être *au moins* égales aux emplois à long terme (LT). Lorsque les ressources à LT sont supérieures aux emplois à LT, le surplus est appelé « fonds de roulement net global » (FRNG).

Le FRNG correspond à l'excédent de ressources stables sur les emplois stables. Cet excédent (long terme), non nécessaire pour financer les emplois stables, peut concourir au financement des besoins liés au cycle d'exploitation (court terme).

| Emplois stables LT<br>Cycle d'investissement | Ressources stables LT<br>Cycle de financement |
|---|---|
| Immobilisations brutes incorporelles, corporelles et financières | Capitaux propres<br>Amortissements et provisions<br>Provisions pour risques et charges<br>Dettes financières |
| FRNG | |

## II Le besoin (ou la ressource) en fonds de roulement (BFR ou RFR)

Selon son activité, une entreprise peut dégager un besoin en fonds de roulement mais aussi, plus rarement, une ressource en fonds de roulement.

### 1. Le besoin de financement est lié au cycle d'exploitation

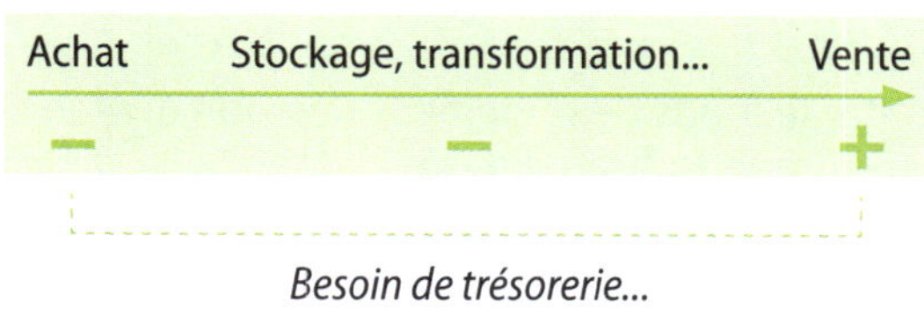


Du fait des décalages entre les décaissements des achats et des charges liées à l'exploitation et les encaissements des ventes, l'entreprise doit habituellement disposer d'un besoin de financement à court terme permanent.

### 2. Le calcul du BFR (ou de la RFR)

Le BFR (ou la RFR) est égal à la différence entre l'actif circulant et le passif circulant.

**Besoin en fonds de roulement**

| Actif circulant CT<br>Cycle d'exploitation | Passif circulant CT<br>Cycle d'exploitation |
|---|---|
| Stocks<br>Créances clients et comptes attachés<br>Avances et acomptes versés<br>Charges constatées d'avance<br>Autres créances | Dettes fournisseurs d'exploitation<br>Dettes fiscales et sociales<br>Dettes fournisseurs d'immobilisations<br>Avances et acomptes reçus<br>Produits constatés d'avance<br>Autres dettes |
| | BFR |

**Ressource en fonds de roulement**

| Actif circulant CT<br>Cycle d'exploitation | Passif circulant CT<br>Cycle d'exploitation |
|---|---|
| Stocks<br>Créances clients et comptes attachés<br>Avances et acomptes versés<br>Charges constatées d'avance<br>Autres créances | Dettes fournisseurs d'exploitation<br>Dettes fiscales et sociales<br>Dettes fournisseurs d'immobilisations<br>Avances et acomptes reçus<br>Produits constatés d'avance<br>Autres dettes |
| RFR | |

| Besoin en fonds de roulement | Ressource en fonds de roulement |
|---|---|
| Les besoins générés par les créances que l'on attend et les stocks que l'on finance sont supérieurs aux ressources apportées par les dettes : (Stocks + Créances) > Dettes : le BFR est positif. | Les ressources apportées par les dettes sont supérieures aux besoins de financement des stocks et des créances : le BFR est négatif. Dans ce cas, l'entreprise dispose d'une ressource en fonds de roulement complémentaire. |
| **C'est en général le cas des entreprises industrielles.** | **C'est surtout le cas des entreprises de grande distribution.** |
| L'exploitation ne s'autofinançant pas, il faut, dans ce cas, faire appel aux financements à long terme pour compléter ce BFR. C'est pourquoi on parle de « besoin » en fonds de roulement. | Dans ces entreprises, l'exploitation s'autofinance car :<br>– les créances sont nulles puisque les clients paient au comptant ;<br>– les stocks sont peu élevés du fait de leur rotation fréquente ;<br>– les dettes sont élevées puisque la grande distribution impose des délais de règlement longs à ses fournisseurs qui veulent à tout prix travailler avec elle et ont donc peu de pouvoir de négociation. |

### 3. La distinction entre le BFRE et le BFRHE

Comme pour le bilan fonctionnel, il est possible de faire la distinction entre le besoin en fonds de roulement d'exploitation (BFRE) et le besoin en fonds de roulement hors exploitation (BFRHE). Dans ce cas, leur somme donnera le BFR global. Cette distinction permet à l'entreprise de vérifier si l'équilibre provient de son activité propre ou de ses opérations à court terme qui ne concernent pas l'exploitation proprement dite.

## III La trésorerie nette (TN)

La trésorerie nette résulte de la différence entre le fonds de roulement (ressource) et le besoin en fonds de roulement de l'entreprise. Une trésorerie suffisante dépend donc de la capacité de l'entreprise à gérer son FRNG et son BFR.

Elle se calcule de la manière suivante :

**TN = FRNG – BFR**

Si le FRNG dépasse le BFR, le surplus génère de la trésorerie : la TN est positive.

Si le FRNG ne couvre pas le BFR, le manque de financement à court terme est comblé par un découvert bancaire : la TN est négative.

La trésorerie d'une entreprise représente aussi l'ensemble de ses disponibilités qui lui permettront de financer ses dépenses à court terme.

Elle se calcule de la manière suivante :

**TN = Trésorerie active – Trésorerie passive**

# Applications

## 1 Analyser une situation financière

La PME Répar' est spécialisée dans l'entretien et la réparation de machines et d'équipements divers à destination de particuliers et de professionnels. Le sérieux et le professionnalisme de M. Nicolas, le gérant, lui ont permis d'engendrer des résultats très corrects.
M. Nicolas décide de faire le point sur la situation financière de son entreprise.

1. **Préparez les retraitements et les reclassements utiles à la construction du bilan fonctionnel.**
2. **Présentez le bilan fonctionnel de l'entreprise Répar' pour l'année N (annexe 3 à compléter sur tableur).**
3. **Calculez le FRNG pour les années N-1 et N (sur tableur).**
4. **L'entreprise respecte-t-elle le principe de l'équilibre financier ? Justifiez.**
5. **Calculez le BFRE, le BFRHE et le BFR global.**
6. **S'agit-il d'un BFR ou d'une RFR ? Pourquoi ?**
7. **Calculez la TN.**
8. **Vérifiez vos calculs.**

**Annexe 1** **Extrait de l'annexe : informations complémentaires**

- Les dettes d'ISN s'élèvent à 440.
- Le montant des effets escomptés non échus est de 1 800.
- Les charges constatées d'avance concernent l'exploitation.
- Les autres créances et autres dettes concernent le « hors exploitation ».
- Crédit-bail sur 5 ans depuis début N
  - VO : 8 000
  - Valeur résiduelle nulle
  - Loyer annuel : 2 000

## Annexe 2 Bilan de l'entreprise Répar' au 31/12/N (extrait du PGI)

**BILAN DU SYSTÈME DE BASE**

| ACTIF | Exercice N | | | Exercice N-1 |
|---|---|---|---|---|
| | Brut | Amort. et Dép. | Net | Net |
| **ACTIF IMMOBILISÉ** | | | | |
| **Immobilisations incorporelles** | | | | |
| Capital souscrit – non appelé | | | | |
| Frais d'établissement | | | | |
| Frais de recherche et développement | | | | |
| Concessions, brevets et droits similaires | | | | |
| Fonds commercial | | | | |
| Autres immobilisations incorporelles | | | | |
| Avances et acomptes sur immo. incorporelles | | | | |
| **Immobilisations corporelles** | | | | |
| Terrains | | | | |
| Constructions | | | | |
| Install. techn., mat. et out. industriels | 39 733 | 15 049 | 24 684 | 25 960 |
| Autres immobilisations corporelles | 17 758 | 9 540 | 8 218 | 9 746 |
| Immobilisations en cours | | | | |
| **Immobilisations financières** | | | | |
| Participations | | | | |
| Créances rattachées à des participations | | | | |
| Autres titres immobilisés | | | | |
| Prêts | | | | |
| Autres immobilisations financières | | | | |
| **Total I** | **57 491** | **24 589** | **32 902** | **35 706** |
| **ACTIF CIRCULANT** | | | | |
| **Stocks et en-cours** | | | | |
| Matières premières, approvisionnements | 22 183 | 2 345 | 19 838 | 24 634 |
| En-cours de production (biens et services) | | | | |
| Produits intermédiaires et finis | | | | |
| Marchandises | | | | |
| Avances et acomptes versés sur commandes | 716 | | 716 | 150 |
| **Créances d'exploitation** | | | | |
| Clients et comptes rattachés | 108 868 | 25 354 | 83 514 | 97 044 |
| Autres créances | 500 | | 500 | 400 |
| Capital souscrit – appelé, non versé | | | | |
| Valeurs mobilières de placement | 934 | | 934 | 171 |
| Disponibilités | 5 405 | | 5 405 | 2 358 |
| Charges constatées d'avance | 473 | | 473 | 481 |
| **Total II** | **139 079** | **27 699** | **111 380** | **125 238** |
| Charges à répartir sur plusieurs exercices | | | | |
| Prime de remboursement des obligations | | | | |
| Écart de conversion actif | | | | |
| **TOTAL GÉNÉRAL** | **196 570** | **52 288** | **144 282** | **160 944** |

| PASSIF | Exercice N | Exercice N-1 |
|---|---|---|
| **CAPITAUX PROPRES** | | |
| Capital social ou individuel | 7 000 | 7 000 |
| Primes d'émission, de fusion, d'apport… | | |
| **Réserves** | | |
| Réserve légale | 700 | 300 |
| Réserves statutaires ou contractuelles | | |
| Réserves réglementées | | |
| Autres réserves | 50 | 25 |
| Report à nouveau | | |
| Résultat de l'exercice | 831 | 14 926 |
| Subventions d'investissement | | |
| Provisions réglementées | | |
| **Total I** | **8 581** | **22 251** |
| **Provisions** | | |
| Provisions pour risques | 4 500 | 2 000 |
| Provisions pour charges | | |
| **Total II** | **4 500** | **2 000** |
| **DETTES** | | |
| **Dettes financières** | | |
| Emprunts obligataires convertibles | | |
| Autres emprunts obligataires | | |
| Emprunts auprès des établissements de crédit (1) | 12 982 | 15 205 |
| Emprunts et dettes financières | | |
| Avances et acomptes reçus sur commandes en cours | | |
| **Dettes d'exploitation** | | |
| Dettes fournisseurs et comptes rattachés | 99 009 | 102 550 |
| Dettes fiscales et sociales | 3 740 | 2 974 |
| Dettes diverses | 5 740 | 4 974 |
| Dettes sur immobilisations et comptes rattachés | | |
| Autres dettes | 12 970 | 13 439 |
| Produits constatés d'avance | 500 | 525 |
| **Total III** | **131 201** | **136 693** |
| Écart de conversion passif | | |
| **TOTAL GÉNÉRAL** | **144 282** | **160 944** |
| (1) Dont concours bancaires courants | 5 543 | 4 341 |

## Annexe 3 Bilan fonctionnel (à compléter sur tableur)

| ACTIF | | | PASSIF | | |
|---|---|---|---|---|---|
| | N | N-1 | | N | N-1 |
| **EMPLOIS STABLES** | | 59 384 | **RESSOURCES STABLES** | | 72 138 |
| | | | | | |
| **ACTIF CIRCULANT** | | | **PASSIF CIRCULANT** | | |
| Exploitation | | 137 054 | Exploitation | | 107 712 |
| Hors exploitation | | 571 | Hors exploitation | | 13 776 |
| | | | | | |
| **Trésorerie active** | | **2 358** | **Trésorerie passive** | | **5 741** |
| **TOTAL GÉNÉRAL** | | **199 367** | **TOTAL GÉNÉRAL** | | **199 367** |

## 2 Utiliser la liasse fiscale pour établir le bilan fonctionnel

L'entreprise Chloé est spécialisée dans la fabrication de vêtements « *made in France* ». Son chiffre d'affaires connaît une nette progression depuis quelques années. Sa dirigeante, Mme Chloé Moret, envisage d'entreprendre un ambitieux programme d'investissement.

1. **Présentez le bilan fonctionnel de l'entreprise pour les années N-1 et N.**
2. **Calculez le FRNG, le BFRE, le BFRHE et la TN pour les années N-1 et N. Vérifiez vos calculs.**

**Annexe 1** **Bilan actif (imprimé 2050)**

cerfa N° 10937 ✱ 16 — Formulaire obligatoire (article 53 A du code général des impôts).

① **BILAN – ACTIF** — DGFiP N° 2050 @internet-DGFiP

1er EXEMPLAIRE DESTINÉ À L'ADMINISTRATION

Désignation de l'entreprise : ______ Durée de l'exercice exprimée en nombre de mois * ___

Adresse de l'entreprise ______ Durée de l'exercice précédent * ___

Numéro SIRET * ______ Néant ☐ *

| | | | | Exercice N clos le, 31 12 | | | N - 1 31 12 |
|---|---|---|---|---|---|---|---|
| | | | Brut 1 | | Amortissements, provisions 2 | Net 3 | Net 4 |
| | Capital souscrit non appelé (I) | AA | | | | | |
| ACTIF IMMOBILISÉ * – Immobilisations incorporelles | Frais d'établissement * | AB | | AC | | | |
| | Frais de développement * | CX | | CQ | | | |
| | Concessions, brevets et droits similaires | AF | 5050 | AG | 3923 | 1127 | 1534 |
| | Fonds commercial (1) | AH | 100 | AI | | 100 | |
| | Autres immobilisations incorporelles | AJ | | AK | | 0 | |
| | Avances et acomptes sur immobilisations incorporelles | AL | | AM | | 0 | |
| Immobilisations corporelles | Terrains | AN | 234 | AO | 73 | 161 | 170 |
| | Constructions | AP | 14478 | AQ | 7376 | 7102 | 8724 |
| | Installations techniques, matériel et outillage industriels | AR | 56987 | AS | 40532 | 16455 | 12789 |
| | Autres immobilisations corporelles | AT | 2543 | AU | 2078 | 465 | 789 |
| | Immobilisations en cours | AV | | AW | | 0 | 79 |
| | Avances et acomptes | AX | 308 | AY | | 308 | 29 |
| Immobilisations financières (2) | Participations évaluées selon la méthode de mise en équivalence | CS | | CT | | 0 | |
| | Autres participations | CU | | CV | | 0 | |
| | Créances rattachées à des participations | BB | | BC | | 0 | |
| | Autres titres immobilisés | BD | 4076 | BE | | 4076 | 4076 |
| | Prêts | BF | 712 | BG | | 712 | 645 |
| | Autres immobilisations financières * | BH | 7 | BI | | 7 | 7 |
| | TOTAL (II) | BJ | 84495 | BK | 53982 | 30513 | 28842 |
| ACTIF CIRCULANT – Stocks * | Matières premières, approvisionnements | BL | 5123 | BM | | 5123 | 5143 |
| | En cours de production de biens | BN | 3002 | BO | | 3002 | 2308 |
| | En cours de production de services | BP | | BQ | | 0 | |
| | Produits intermédiaires et finis | BR | 3809 | BS | 345 | 3464 | 3722 |
| | Marchandises | BT | | BU | | 0 | |
| | Avances et acomptes versés sur commandes | BV | 287 | BW | | 287 | 1234 |
| Créances | Clients et comptes rattachés (3)* | BX | 39789 | BY | 356 | 39433 | 40567 |
| | Autres créances (3) | BZ | 4214 | CA | | 4214 | 1765 |
| | Capital souscrit et appelé, non versé | CB | | CC | | 0 | |
| Divers | Valeurs mobilières de placement (dont actions propres : ......) | CD | | CE | | 0 | |
| | Disponibilités | CF | 1780 | CG | | 1780 | 1058 |
| | Charges constatées d'avance (3)* | CH | 234 | CI | | 234 | 236 |
| | TOTAL (III) | CJ | 58238 | CK | 701 | 57537 | 56033 |
| Comptes de régularisation | Frais d'émission d'emprunt à étaler (IV) | CW | | | | 0 | |
| | Primes de remboursement des obligations (V) | CM | | | | 0 | |
| | Écarts de conversion actif * (VI) | CN | | | | 0 | |
| | TOTAL GÉNÉRAL (I à VI) | CO | 142733 | 1A | 54683 | 88050 | 84875 |

| Renvois : (1) Dont droit au bail : | | (2) Part à moins d'un an des immobilisations financières nettes : | CP | | (3) Part à plus d'un an : | CR | |
|---|---|---|---|---|---|---|---|
| Clause de réserve de propriété : * | Immobilisations : | | Stocks : | | Créances : | | |

* Des explications concernant cette rubrique sont données dans la notice n° 2032

N° 2050 - IMPRIMERIE NATIONALE — Février 2014 - 136 014

## Annexe 2 Bilan passif (imprimé 2051)

cerfa N° 10938 ✱ 15
Formulaire obligatoire (article 53 A du Code général des impôts)

② **BILAN — PASSIF avant répartition**

DGFiP N° 2051
@internet-DGFiP

1er EXEMPLAIRE DESTINÉ À L'ADMINISTRATION

Désignation de l'entreprise ________ Néant ☐ *

| | | | Exercice N | Exercice N - 1 |
|---|---|---|---|---|
| CAPITAUX PROPRES | Capital social ou individuel (1)* (Dont versé : ..................) | DA | 6000 | 6000 |
| | Primes d'émission, de fusion, d'apport, .... | DB | 4958 | 4958 |
| | Ecarts de réévaluation (2)* (dont écart d'équivalence EK ) | DC | | |
| | Réserve légale (3) | DD | 536 | 468 |
| | Réserves statutaires ou contractuelles | DE | 5468 | 5135 |
| | Réserves réglementées (3)* (Dont réserve spéciale des provisions pour fluctuation des cours BI ) | DF | | |
| | Autres réserves (Dont réserve relative à l'achat d'œuvres originales d'artistes vivants * EJ ) | DG | | |
| | Report à nouveau | DH | | |
| | **RÉSULTAT DE L'EXERCICE (bénéfice ou perte)** | DI | 1784 | 1247 |
| | Subventions d'investissement | DJ | 75 | 79 |
| | Provisions réglementées * | DK | | |
| | **TOTAL (I)** | DL | 18821 | 17887 |
| Autres fonds propres | Produit des émissions de titres participatifs | DM | | |
| | Avances conditionnées | DN | | |
| | **TOTAL (II)** | DO | 0 | 0 |
| Provisions pour risques et charges | Provisions pour risques | DP | 1547 | 1235 |
| | Provisions pour charges | DQ | | |
| | **TOTAL (III)** | DR | 1547 | 1235 |
| DETTES (4) | Emprunts obligataires convertibles | DS | | |
| | Autres emprunts obligataires | DT | | |
| | Emprunts et dettes auprès des établissements de crédit (5) | DU | 29169 | 31678 |
| | Emprunts et dettes financières divers (Dont emprunts participatifs EI ) | DV | 279 | 114 |
| | Avances et acomptes reçus sur commandes en cours | DW | 7699 | 6543 |
| | Dettes fournisseurs et comptes rattachés | DX | 20123 | 19876 |
| | Dettes fiscales et sociales | DY | 6789 | 5432 |
| | Dettes sur immobilisations et comptes rattachés | DZ | 2545 | 1564 |
| | Autres dettes | EA | 1078 | 546 |
| Compte régul. | Produits constatés d'avance (4) | EB | | |
| | **TOTAL (IV)** | EC | 67682 | 65753 |
| | Ecarts de conversion passif * **(V)** | ED | | |
| | **TOTAL GÉNÉRAL (I à V)** | EE | 88050 | 84875 |
| RENVOIS | (1) Écart de réévaluation incorporé au capital | 1B | | |
| | (2) Dont Réserve spéciale de réévaluation (1959) | 1C | | |
| | (2) Dont Écart de réévaluation libre | 1D | | |
| | (2) Dont Réserve de réévaluation (1976) | 1E | | |
| | (3) Dont réserve spéciale des plus-values à long terme * | EF | | |
| | (4) Dettes et produits constatés d'avance à moins d'un an | EG | | |
| | (5) Dont concours bancaires courants, et soldes créditeurs de banques et CCP | EH | 92 | 71 |

* Des explications concernant cette rubrique sont données dans la notice n° 2032.

N° 2051 - IMPRIMERIE NATIONALE Février 2013 - 126 495

## Annexe 3 État des immobilisations (imprimé 2054)

cerfa N° 10169 * 18
Formulaire obligatoire (article 53 A du Code général des impôts)

⑤ IMMOBILISATIONS

DGFiP N° 2054
@internet-DGFiP

1er EXEMPLAIRE DESTINÉ À L'ADMINISTRATION (Ne pas reporter le montant des centimes)*

Désignation de l'entreprise ______ Néant ☐ *

| CADRE A | IMMOBILISATIONS | | Valeur brute des immobilisations au début de l'exercice (1) | | Augmentations : Consécutives à une réévaluation pratiquée au cours de l'exercice ou résultant d'une mise en équivalence (2) | | Augmentations : Acquisitions, créations, apports et virements de poste à poste (3) |
|---|---|---|---|---|---|---|---|
| INCORP. | Frais d'établissement et de développement TOTAL I | CZ | | D8 | | D9 | |
| INCORP. | Autres postes d'immobilisations incorporelles TOTAL II | KD | 4814 | KE | | KF | 336 |
| CORPORELLES | Terrains | KG | 234 | KH | | KI | |
| CORPORELLES | Constructions – Sur sol propre [Dont Composants L9] | KJ | 14478 | KK | | KL | |
| CORPORELLES | Constructions – Sur sol d'autrui [Dont Composants M1] | KM | | KN | | KO | |
| CORPORELLES | Constructions – Installations générales, agencements* et aménagements des constructions [Dont Composants M2] | KP | | KQ | | KR | |
| CORPORELLES | Installations techniques, matériel et outillage industriels [Dont Composants M3] | KS | 50513 | KT | | KU | 10017 |
| CORPORELLES | Autres immobilisations corporelles – Installations générales, agencements, aménagements divers * | KV | | KW | | KX | |
| CORPORELLES | Autres immobilisations corporelles – Matériel de transport * | KY | 144 | KZ | | LA | |
| CORPORELLES | Autres immobilisations corporelles – Matériel de bureau et mobilier informatique | LB | 2360 | LC | | LD | 51 |
| CORPORELLES | Autres immobilisations corporelles – Emballages récupérables et divers * | LE | | LF | | LG | |
| CORPORELLES | Immobilisations corporelles en cours | LH | 79 | LI | | LJ | |
| CORPORELLES | Avances et acomptes | LK | 29 | LL | | LM | 308 |
| CORPORELLES | TOTAL III | LN | 67837 | LO | 0 | LP | 10376 |
| FINANCIÈRES | Participations évaluées par mise en équivalence | 8G | | 8M | | 8T | |
| FINANCIÈRES | Autres participations | 8U | | 8V | | 8W | |
| FINANCIÈRES | Autres titres immobilisés | 1P | 4076 | 1R | | 1S | |
| FINANCIÈRES | Prêts et autres immobilisations financières | 1T | 652 | 1U | | 1V | 69 |
| FINANCIÈRES | TOTAL IV | LQ | 4728 | LR | 0 | LS | 69 |
| | TOTAL GÉNÉRAL (I + II + III + IV) | ØG | 77379 | ØH | 0 | ØJ | 10781 |

| CADRE B | IMMOBILISATIONS | | Diminutions : par virement de poste à poste (1) | | Diminutions : par cessions à des tiers ou mises hors service ou résultant d'une mise en équivalence (2) | | Valeur brute des immobilisations à la fin de l'exercice (3) | | Réévaluation légale * ou évaluation par mise en équivalence : Valeur d'origine des immobilisations en fin d'exercice (4) |
|---|---|---|---|---|---|---|---|---|---|
| INCORP. | Frais d'établissement et de développement TOTAL I | IN | | CØ | | DØ | 0 | D7 | |
| INCORP. | Autres postes d'immobilisations incorporelles TOTAL II | IO | | LV | | LW | 5150 | IX | |
| CORPORELLES | Terrains | IP | | LX | | LY | 234 | LZ | |
| CORPORELLES | Constructions – Sur sol propre | IQ | | MA | | MB | 14478 | MC | |
| CORPORELLES | Constructions – Sur sol d'autrui | IR | | MD | | ME | 0 | MF | |
| CORPORELLES | Constructions – Inst. gales, agencts et am. des constructions | IS | | MG | | MH | | MI | |
| CORPORELLES | Installations techniques, matériel et outillage industriels | IT | | MJ | 3543 | MK | 56987 | ML | |
| CORPORELLES | Autres immobilisations corporelles – Inst. gales, agencts, aménagements divers | IU | | MM | | MN | | MO | |
| CORPORELLES | Autres immobilisations corporelles – Matériel de transport | IV | | MP | | MQ | 144 | MR | |
| CORPORELLES | Autres immobilisations corporelles – Matériel de bureau et informatique, mobilier | IW | | MS | 12 | MT | 2399 | MU | |
| CORPORELLES | Autres immobilisations corporelles – Emballages récupérables et divers* | IX | | MV | | MW | 0 | MX | |
| CORPORELLES | Immobilisations corporelles en cours | MY | 79 | MZ | | NA | 0 | NB | |
| CORPORELLES | Avances et acomptes | NC | 29 | ND | | NE | 308 | NF | |
| CORPORELLES | TOTAL III | IY | 108 | NG | 3555 | NH | 74550 | NI | 0 |
| FINANCIÈRES | Participations évaluées par mise en équivalence | IZ | | ØU | | M7 | 0 | ØW | |
| FINANCIÈRES | Autres participations | IØ | | ØX | | ØY | 0 | ØZ | |
| FINANCIÈRES | Autres titres immobilisés | I1 | | 2B | | 2C | 4076 | 2D | |
| FINANCIÈRES | Prêts et autres immobilisations financières | I2 | | 2E | 2 | 2F | 719 | 2G | |
| FINANCIÈRES | TOTAL IV | I3 | 0 | NJ | 2 | NK | 4795 | 2H | 0 |
| | TOTAL GÉNÉRAL (I + II + III + IV) | I4 | 108 | ØK | 3557 | ØL | 84495 | ØM | 0 |

* Des explications concernant cette rubrique sont données dans la notice n° 2032

N° 2054 – IMPRIMERIE NATIONALE Février 2014 – 136 018

## Annexe 4 État des provisions (imprimé 2056)

cerfa N° 10943 ✱ 16
Formulaire obligatoire (article 53 A du Code général des impôts)

⑦ **PROVISIONS INSCRITES AU BILAN**

DGFiP N° 2056
@internet-DGFiP

1er EXEMPLAIRE DESTINÉ À L'ADMINISTRATION

Désignation de l'entreprise ________ Néant ☐ *

| | Nature des provisions | | Montant au début de l'exercice<br>1 | | AUGMENTATIONS : Dotations de l'exercice<br>2 | | DIMINUTIONS : Reprises de l'exercice<br>3 | | Montant à la fin de l'exercice<br>4 |
|---|---|---|---|---|---|---|---|---|---|
| Provisions réglementées | Provisions pour reconstitution des gisements miniers et pétroliers * | 3T | | TA | | TB | | TC | 0 |
| | Provisions pour investissement (art. 237 *bis* A-II) * | 3U | | TD | | TE | | TF | 0 |
| | Provisions pour hausse des prix (1) * | 3V | | TG | | TH | | TI | 0 |
| | Amortissements dérogatoires | 3X | | TM | | TN | | TO | 0 |
| | Dont majorations exceptionnelles de 30 % | D3 | | D4 | | D5 | | D6 | 0 |
| | Provisions fiscales pour implantations à l'étranger constituées avant le 1.1.1992 * | IA | | IB | | IC | | ID | 0 |
| | Provisions fiscales pour implantations à l'étranger constituées après le 1.1.1992 * | IE | | IF | | IG | | IH | 0 |
| | Provisions pour prêts d'installation (art. 39 *quinquies* H du CGI) | IJ | | IK | | IL | | IM | 0 |
| | Autres provisions réglementées (1) | 3Y | | TP | | TQ | | TR | 0 |
| | **TOTAL I** | 3Z | 0 | TS | 0 | TT | 0 | TU | 0 |
| Provisions pour risques et charges | Provisions pour litiges | 4A | 1235 | 4B | 345 | 4C | 33 | 4D | 1547 |
| | Provisions pour garanties données aux clients | 4E | | 4F | | 4G | | 4H | 0 |
| | Provisions pour pertes sur marchés à terme | 4J | | 4K | | 4L | | 4M | 0 |
| | Provisions pour amendes et pénalités | 4N | | 4P | | 4R | | 4S | 0 |
| | Provisions pour pertes de change | 4T | | 4U | | 4V | | 4W | 0 |
| | Provisions pour pensions et obligations similaires | 4X | | 4Y | | 4Z | | 5A | 0 |
| | Provisions pour impôts (1) | 5B | | 5C | | 5D | | 5E | 0 |
| | Provisions pour renouvellement des immobilisations * | 5F | | 5H | | 5J | | 5K | 0 |
| | Provisions pour gros entretien et grandes révisions | EO | | EP | | EQ | | ER | 0 |
| | Provisions pour charges sociales et fiscales sur congés à payer * | 5R | | 5S | | 5T | | 5U | 0 |
| | Autres provisions pour risques et charges (1) | 5V | | 5W | | 5X | | 5Y | 0 |
| | **TOTAL II** | 5Z | 1235 | TV | 345 | TW | 33 | TX | 1547 |
| Provisions pour dépréciation | sur immobilisations - incorporelles | 6A | | 6B | | 6C | | 6D | 0 |
| | sur immobilisations - corporelles | 6E | 64 | 6F | 9 | 6G | | 6H | 73 |
| | sur immobilisations - titres mis en équivalence | Ø2 | | Ø3 | | Ø4 | | Ø5 | 0 |
| | sur immobilisations - titres de participation | 9U | | 9V | | 9W | | 9X | |
| | sur immobilisations - autres immobilisations financières (1)* | Ø6 | | Ø7 | | Ø8 | | Ø9 | 0 |
| | Sur stocks et en cours | 6N | 116 | 6P | 229 | 6R | | 6S | 345 |
| | Sur comptes clients | 6T | 436 | 6U | 287 | 6V | 367 | 6W | 356 |
| | Autres provisions pour dépréciation (1)* | 6X | | 6Y | | 6Z | | 7A | 0 |
| | **TOTAL III** | 7B | 616 | TY | 525 | TZ | 367 | UA | 774 |
| | **TOTAL GÉNÉRAL (I + II + III)** | 7C | 1851 | UB | 870 | UC | 400 | UD | 2321 |
| | Dont dotations et reprises — d'exploitation | | | UE | | UF | | | |
| | Dont dotations et reprises — financières | | | UG | | UH | | | |
| | Dont dotations et reprises — exceptionnelles | | | UJ | | UK | | | |

Titres mis en équivalence : montant de la dépréciation à la clôture de l'exercice calculé selon les règles prévues à l'article 39-1-5e du C.G.I. | 10 | |

(1) à détailler sur feuillet séparé selon l'année de constitution de la provision ou selon l'objet de la provision.
NOTA : Les charges à payer ne doivent pas être mentionnées sur ce tableau mais être ventilées sur l'état détaillé des charges à payer dont la production est prévue par l'article 38 II de l'annexe III au CGI.

* Des explications concernant cette rubrique sont données dans la notice n° 2032

N° 2056 - IMPRIMERIE NATIONALE
Février 2014 - 136 022

## Annexe 5 État des amortissements (imprimé 2055)

cerfa N° 10172 * 11
Formulaire obligatoire (article 53 A du Code général des impôts)

⑥ **AMORTISSEMENTS**

D.G.I. N° 2055 7 (2007)

Désignation de l'entreprise ____ Néant ☐ *

**CADRE A — SITUATIONS ET MOUVEMENTS DE L'EXERCICE DES AMORTISSEMENTS TECHNIQUES (OU VENANT EN DIMINUTION DE L'ACTIF) ***

| IMMOBILISATIONS AMORTISSABLES | | | Montant des amortissements au début de l'exercice | | Augmentations : dotations de l'exercice | | Diminutions : amortissements afférents aux éléments sortis de l'actif et reprises | | Montant des amortissements à la fin de l'exercice |
|---|---|---|---|---|---|---|---|---|---|
| Frais d'établissement et de développement TOTAL I | | CY | 0 | PB | | PC | | PD | 0 |
| Autres immobilisations incorporelles TOTAL II | | PE | 3281 | PF | 809 | PG | 167 | PH | 3923 |
| Terrains | | PI | 0 | PJ | | PK | | PL | 0 |
| Constructions | Sur sol propre | PM | 5753 | PN | 1677 | PO | 54 | PQ | 7376 |
| | Sur sol d'autrui | PR | | PS | | PT | | PU | |
| | Inst. générales, agencements et aménagements des constructions | PV | | PW | | PX | | PY | |
| Installations techniques, matériel et outillage industriels | | PZ | 37724 | QA | 6022 | QB | 3214 | QC | 40532 |
| Autres immobilisations corporelles | Inst. générales, agencements, aménagements divers | QD | | QE | | QF | | QG | |
| | Matériel de transport | QH | 10 | QI | 30 | QJ | | QK | 40 |
| | Matériel de bureau et informatique, mobilier | QL | 1705 | QM | 345 | QN | 12 | QO | 2038 |
| | Emballages récupérables et divers | QP | | QR | | QS | | QT | |
| TOTAL III | | QU | 45192 | QV | 8074 | QW | 3280 | QX | 49986 |
| TOTAL GÉNÉRAL (I + II + III) | | 0N | 48473 | 0P | 8883 | 0Q | 3447 | 0R | 53909 |

## Annexe 6 État des dettes N (extrait de l'imprimé 2057)

cerfa N° 10950 * 17
Formulaire obligatoire (article 53 A du Code général des impôts).

⑧ **ÉTAT DES ÉCHÉANCES DES CRÉANCES ET DES DETTES A LA CLÔTURE DE L'EXERCICE ***

DGFiP N° 2057

| CADRE B | ÉTAT DES DETTES | | Montant brut 1 | A 1 an au plus 2 | A plus d'1 an et 5 ans au plus 3 | A plus de 5 ans 4 |
|---|---|---|---|---|---|---|
| État et autres collectivités publiques | Impôts sur les bénéfices | 8E | 188 | 188 | | |
| | Taxe sur la valeur ajoutée | VW | | | | |
| | Obligations cautionnées | VX | | | | |
| | Autres impôts, taxes et assimilés | VQ | | | | |

## Annexe 7 Informations complémentaires issues de l'annexe

Les charges et les produits constatés d'avance concernent l'exploitation. Les autres créances et dettes concernent le hors exploitation.

| | N | N-1 |
|---|---|---|
| Effets escomptés non échus (EENE) | 1 040 | 1 080 |

Début N, l'entreprise a financé des immobilisations corporelles par un contrat de crédit-bail.

- Valeur d'origine : 1 200
- Durée du contrat : 6 ans
- Loyer annuel : 230
- Valeur de rachat symbolique

Chapitre 5

# L'analyse de l'équilibre financier

**Activité**
**6.3.** Analyse de l'équilibre financier de l'organisation

**Composante d'activité**
**6.3.2.** Analyse des ratios de structure et de l'équilibre financier

**Compétence**
Analyser l'équilibre financier de l'entreprise.

**P7**
Une utilisation du tableur adaptée aux besoins de l'utilisateur (ratios, graphiques).

## Situation professionnelle

Mme Fauvet, la responsable administrative de l'entreprise Pack Inbox, a mis en évidence des problèmes récurrents de trésorerie après avoir calculé des éléments d'équilibre financier (voir chapitre 4). Il serait trop risqué d'envisager de financer une nouvelle activité de vente de meubles si la structure actuelle de l'entreprise n'est pas solide.

Il est donc indispensable de réaliser une analyse plus approfondie de la situation actuelle et d'envisager des solutions qui permettraient de l'améliorer.

## Mission

**Mme Fauvet vous sollicite afin de l'aider à analyser la situation financière de l'entreprise sur les trois dernières années et de compléter cette analyse par des ratios.**

**Elle souhaite également réfléchir aux solutions qui permettraient à l'entreprise d'améliorer sa trésorerie en faisant des simulations.**

# Travail à faire

## I Analyser la situation de l'entreprise

Vous analysez les éléments d'équilibre financier de l'année N de manière approfondie.

1. Rappelez le principe de l'équilibre financier. L'entreprise Pack Inbox respecte-t-elle ce principe ? Justifiez.
2. Le passif circulant d'exploitation permet-il de financer les stocks et les créances ? Cette situation est-elle anormale ? Justifiez.
3. Comparez le FRNG et le BFR. Commentez.
4. Vous analysez le niveau de trésorerie de l'entreprise.
   a) Quel est le surplus de fonds de roulement par rapport au besoin ? Que devient-il ?
   b) Comparez le montant calculé en trésorerie nette à l'aide du bilan fonctionnel et le montant des disponibilités inscrites au bilan comptable. Que remarquez-vous ?
5. La structure financière de l'entreprise s'est améliorée mais reste risquée, pourquoi ?

▶ Fiche ressource 1
▶ Annexe 1
▶ Annexe 2

## II Calculer et analyser des ratios

L'analyse de l'équilibre financier a confirmé le fait que l'entreprise a de réels problèmes de trésorerie. Mme Fauvet vous demande de poursuivre vos investigations et de compléter votre analyse par des ratios.

P7 6. Vous étudiez la structure et l'équilibre financier de Pack Inbox.
   a) Calculez les ratios de structure et d'équilibre financier pour l'année N. Complétez l'annexe 3. Ce travail peut être réalisé sur tableur.
   b) Analysez les résultats obtenus.

P7 7. Vous étudiez les délais de rotation des stocks et les délais de règlement.
   a) Calculez les ratios de rotation pour l'année N. Complétez l'annexe 3. Ce travail peut être réalisé sur tableur.
   b) Comparez vos résultats à ceux des entreprises du secteur. Que constatez-vous ?

8. En conclusion, quels seront les moyens d'action à mettre en œuvre pour que l'entreprise dispose d'un matelas de trésorerie plus important ?

▶ Fiche ressource 2
▶ Bilan et CR de Pack Inbox p. 6.
▶ Annexe 3
▶ Annexe 4

## III Réaliser des simulations pour améliorer la structure financière

Pour être rassuré, le banquier souhaiterait que la trésorerie de Pack Inbox augmente d'au moins 20 000 €. M. Altoviti a convoqué le responsable Approvisionnements et Mme Fauvet afin de réfléchir aux moyens qui pourraient être mis en œuvre pour atteindre cet objectif. Il vous communique le compte rendu de cette réunion. À partir de ces informations, Mme Fauvet vous demande de réaliser des simulations.

**P7** Les questions 9 à 12 peuvent être réalisées sur tableur.

Annexe 5
Annexe 6

**9.** Étudiez l'hypothèse 1 : « Augmentation des dettes fournisseurs de 5 % ».

a) Présentez le moyen d'action envisagé dans cette hypothèse. Expliquez pourquoi cela devrait avoir un impact positif sur la trésorerie de l'entreprise.

b) Complétez la colonne « Hypothèse 1 ».

c) Comment le BFR a-t-il évolué ? Quel impact cette évolution a-t-elle eu sur la trésorerie ?

**10.** Étudiez l'hypothèse 2 : « Diminution des stocks de matières premières de 5 % ».

a) Présentez le moyen d'action envisagé dans cette hypothèse. Expliquez pourquoi cela devrait avoir un impact positif sur la trésorerie de l'entreprise.

b) Complétez la colonne « Hypothèse 2 ».

c) Comment le BFR a-t-il évolué ? Quel impact cette évolution a-t-elle eu sur la trésorerie ?

**11.** Pourquoi peut-on dire que, même si la situation financière de l'entreprise s'est améliorée, ces hypothèses ne sont pas envisageables ?

**12.** Étudiez l'hypothèse 3 : « Diminution des créances clients de 5 % ».

a) Présentez les moyens d'action proposés par Mme Fauvet pour diminuer les créances clients. Ces moyens vous semblent-ils faciles à mettre en œuvre ?

b) Complétez la colonne « Hypothèse 3 ».

c) Quel impact une diminution des créances aura-t-elle sur la trésorerie ?

**13.** Quelle hypothèse pensez-vous proposer M. Altoviti ? Justifiez.

# Données de la situation

## Annexe 1 Étude préalable sur les équilibres financiers de Pack Inbox

| | N | N-1 | N-2 |
|---|---|---|---|
| Ressources stables | 6 507 300 | 6 495 100 | 6 097 500 |
| – Emplois stables | 4 844 600 | 4 743 300 | 4 451 600 |
| **FRNG** | **1 662 700** | **1 751 800** | **1 645 900** |
| BFR d'exploitation | 1 669 100 | 1 766 700 | 1 665 300 |
| BFR hors exploitation | – 12 900 | – 9 800 | – 11 200 |
| **BFR** | **1 656 200** | **1 756 900** | **1 654 100** |
| **Trésorerie** | **6 500** | **– 5 100** | **– 8 200** |

## Annexe 2 Étude préalable sur la composition de la trésorerie nette : extrait du bilan comptable

| Trésorerie active | | | | Trésorerie passive | | | |
|---|---|---|---|---|---|---|---|
| | N | N-1 | N-2 | | N | N-1 | N-2 |
| Valeurs mobilières de placement | 48 100 | 58 700 | 46 400 | Concours bancaires courants | 99 000 | 149 500 | 83 900 |
| Disponibilités | 50 700 | 84 600 | 23 600 | | | | |

## Annexe 3 Ratios N et N-1 de Pack Inbox (à compléter)

| | N | N-1 |
|---|---|---|
| **Ratios d'équilibre financier** | | |
| Financement des immobilisations | | 1,37 |
| Ratio de couverture des capitaux investis | | 1,00 |
| **Ratios de structure** | | |
| Taux d'endettement | | 0,65 |
| Intensité capitalistique | | 0,69 |
| **Ratios de rotation** | | |
| Délai de rotation des stocks de matières premières | | 104,02 |
| Délai de rotation des créances clients | | 28,02 |
| Délai de rotation des dettes fournisseurs | | 4,15 |

## Annexe 4 Ratios du secteur année N (données INSEE)

- Délai de rotation des stocks de matières premières : 89 jours
- Délai de rotation des créances clients : 20 jours
- Délai de rotation des dettes fournisseurs : 12 jours

## Annexe 5 Simulations de Mme Fauvet

Pour augmenter la trésorerie, Mme Fauvet a envisagé trois hypothèses :

- hypothèse 1 : un allongement des délais de règlement des fournisseurs qui entraînerait une augmentation des dettes fournisseurs de 5 % ;
- hypothèse 2 : une diminution des stocks de matières premières de 5 % ;
- hypothèse 3 : une réduction du délai de règlement des clients qui entraînerait une réduction des créances clients de 5 %.

| | **Année de référence** | **Hypothèse 1** Augmentation des dettes fournisseurs | **Hypothèse 2** Diminution des stocks de matières premières | **Hypothèse 3** Diminution des créances clients |
|---|---|---|---|---|
| | | 5% | 5% | 5% |
| **FRNG** | **1 662 700** | | | |
| Dettes fournisseurs | 142 000 | | | |
| Autres dettes d'exploitation | 64 800 | | | |
| Autres dettes hors exploitation | 20 100 | | | |
| **Total ressources exploitation** | **226 900** | | | |
| Stocks matières premières | 554 000 | | | |
| Stocks produits finis | 567 800 | | | |
| Créances clients + EENE | 644 500 | | | |
| Autres créances d'exploitation | 109 600 | | | |
| Autres créances hors exploitation | 7 200 | | | |
| **Total besoin d'exploitation** | **1 883 100** | | | |
| **BFR** | **1 656 200** | | | |
| **Trésorerie nette** | **6 500** | | | |
| ***Impact trésorerie*** | | | | |

**Annexe 6** **Extrait de la réunion de M. Altoviti, Mme Fauvet et M. Romero**

**M. Altoviti :** Je vous ai réunis aujourd'hui pour essayer de trouver une solution à nos problèmes récurrents de trésorerie.
J'aimerais que nous étudiions trois axes : les délais de paiement accordés par notre fournisseur, l'importance de nos stocks et les délais de paiement accordés à nos clients.

**M. Romero, responsable Approvisionnements :** Le problème est que les délais accordés par notre fournisseur sont le fruit d'une longue négociation que nous avions préalablement menée. Il ne les réduira certainement pas davantage.
Nous pouvons envisager de nous approvisionner chez son concurrent mais nous savons que notre fournisseur actuel est fiable et que ses produits sont de qualité. Nous prendrions donc un risque.

**M. Altoviti :** Non, nous ne pouvons pas nous permettre de fabriquer des produits de moins bonne qualité ! Cela ternirait notre image et nous causerait trop de torts.

**Mme Fauvet :** Je suis d'accord avec vous. Ne pourrions-nous pas envisager d'acheter nos matières premières en plus petite quantité mais deux fois plus souvent ?

**M. Romero :** Dans ce cas, nous devons nous attendre à avoir des frais de livraison beaucoup plus élevés. De plus, nous risquons de perdre les conditions commerciales avantageuses dont nous bénéficions actuellement.

**Mme Fauvet :** Effectivement, notre marge de manœuvre est très faible. Il ne nous reste plus que la réduction des délais de paiement accordés à nos clients.

**M. Altoviti :** Oui, mais nous devons tenir compte des délais accordés par nos concurrents. D'autant plus que, je vous le rappelle, nos délais de règlement plus longs sont l'un de nos arguments de vente…

**Mme Fauvet :** On doit cependant tenir compte du fait que beaucoup de nos clients nous règlent avec du retard et que nous n'avons, jusqu'à présent, mis en œuvre aucun outil de contrôle. En systématisant le lettrage de nos comptes clients et les lettres de relance en cas de paiement en retard, nous pourrions améliorer nos délais. Nous pouvons également proposer des escomptes pour promouvoir le paiement comptant.

# Fiche ressource 1

## L'analyse des équilibres financiers

L'étude du fonds de roulement net global (FRNG), du besoin en fonds de roulement (BFR) et de la trésorerie nette (TN) va mettre en évidence plusieurs situations dont certaines peuvent s'avérer dangereuses pour la pérennité de l'entreprise. Celle-ci dispose de plusieurs moyens d'action plus ou moins faciles à mettre en œuvre pour tenter d'améliorer sa situation financière.

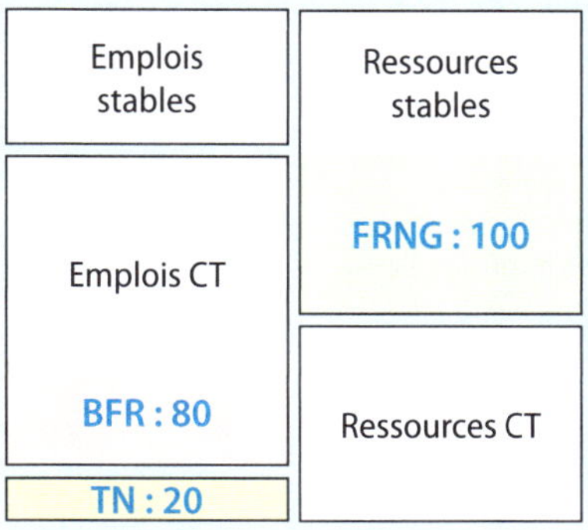


**Situation 1**

Dans cette situation, les ressources stables (cycle de financement) financent en totalité les emplois stables (cycle d'investissement). L'équilibre financier est donc respecté puisque l'entreprise dispose d'un FRNG (100).
À court terme, les dettes ne financent pas la totalité des stocks et les créances. Il reste donc un BFR (80), mais celui-ci est largement couvert par le FRNG.
Comme le FRNG est supérieur au BFR, l'excédent constitue une TN positive (20) qui sera utile pour payer d'éventuels imprévus. **Cet équilibre est donc sain.**

→ **Moyen d'action :** cette situation ne requiert pas d'action particulière, sinon le placement éventuel des surplus de trésorerie.

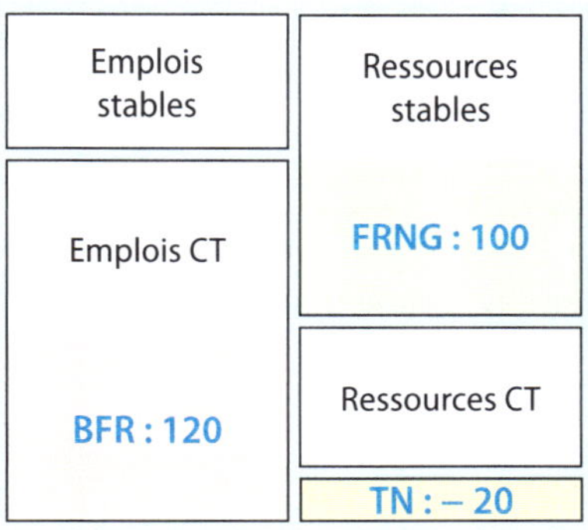


**Situation 2**

Comme dans la situation 1 :
– l'équilibre financier est respecté, l'entreprise dispose d'un FRNG (100) ;
– les dettes à court terme ne financent pas la totalité des stocks et les créances. Il reste un BFR (120).
Par contre, le BFR n'est pas couvert par le FRNG. Comme le FRNG est inférieur au BFR, l'entreprise doit faire appel aux concours bancaires courants (trésorerie négative). Cette situation est coûteuse en agios et risque de faire perdre la confiance des partenaires…

→ **Moyens d'action :** sachant qu'à long terme, l'équilibre financier est respecté, il faut prioritairement agir sur les éléments à court terme. Il s'agit de **diminuer le besoin lié à l'exploitation**. Pour ce faire, l'entreprise peut mettre en œuvre ces actions :

| Réduire les stocks | Diminuer les créances clients | Augmenter les dettes fournisseurs |
|---|---|---|
| Si les stocks sont importants, c'est que l'entreprise a beaucoup acheté et donc beaucoup avancé d'argent. Il s'agit donc d'acheter plus souvent mais en plus petite quantité pour étaler les décaissements. Il faut cependant tenir compte des frais de transport payés à chaque livraison et ne pas risquer de rupture de stock qui froisserait les clients… | Une créance correspond à une attente de disponibilités. La réduction des crédits clients réduit le BFR mais elle est difficile dans la pratique puisqu'il s'agit souvent d'un argument de vente utilisé par l'entreprise. Il peut cependant être utile de comparer le délai de l'entreprise avec celui de ses concurrents. Il est également possible de vérifier les clients douteux et de mettre en place des procédures de relance en cas de retard ou d'impayé. | Lorsqu'un fournisseur accorde une dette à l'entreprise, c'est comme s'il lui prêtait de l'argent pendant quelques jours. L'entreprise a donc intérêt à payer ses fournisseurs le plus tard possible. L'augmentation des délais de règlement des fournisseurs est difficile dans la pratique et dépend beaucoup de la position de force de l'entreprise vis-à-vis de ses fournisseurs. |

Si l'entreprise n'arrive pas à réduire suffisamment son BFR grâce à ces actions, elle devra **augmenter le FRNG** en augmentant les ressources stables (en empruntant, par exemple).

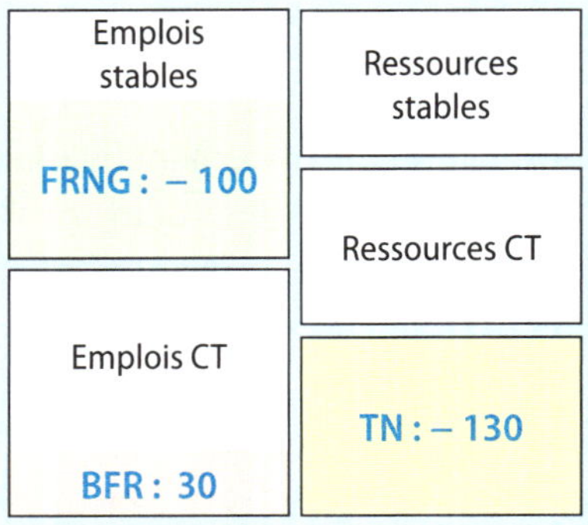


**Situation 3**

Dans cette situation, les ressources stables sont insuffisantes pour financer des emplois stables. L'équilibre financier n'est pas respecté.
Le FRNG est négatif (– 100).
À court terme, comme dans les situations précédentes, les ressources apportées par les dettes ne couvrent pas les besoins pour financer les stocks et les créances. L'entreprise dispose d'un BFR (30) qui n'est pas couvert par les ressources à long terme, inexistantes.
L'entreprise manque donc de ressources financières à la fois pour couvrir les investissements à long terme et pour couvrir l'exploitation. Elle comble ces besoins par un fort découvert bancaire.
La TN est négative (– 130).
**Cette situation est très dangereuse** dans la mesure où la pérennisation de l'entreprise est compromise, l'équilibre financier n'étant pas respecté. De plus, l'entreprise se trouve dans une position de forte dépendance vis-à-vis des banques, coûteuse en agios.

→ **Moyens d'action :** dans cette situation, la priorité va à l'équilibre des cycles à long terme. L'entreprise doit **obtenir un FRNG** positif. Pour ce faire, elle peut mettre en œuvre ces actions :

| Augmenter les ressources propres | Augmenter les dettes financières | Diminuer les immobilisations |
|---|---|---|
| L'entreprise peut solliciter les associés pour une augmentation de capital en numéraire.<br>Elle peut également obtenir leur accord pour une réduction du montant des dividendes qui leur sont reversés afin de conserver le maximum de ses bénéfices dans l'entreprise (augmentation des réserves).<br>Ces décisions dépendent de la volonté des actionnaires et sont prises en assemblée générale. | L'entreprise peut solliciter ses partenaires financiers pour un emprunt à long terme. L'intérêt est que le coût de cet emprunt est moins élevé que le coût d'un découvert bancaire.<br>Cette solution est envisageable pour une entreprise peu endettée. Si les emprunts sont déjà importants, le banquier n'acceptera pas… | La cession d'immobilisations détenues par l'entreprise permet de diminuer le montant des emplois stables. Il est cependant important de ne pas céder les immobilisations nécessaires à l'activité de l'entreprise (machines utiles à la fabrication). Il vaut mieux céder des immobilisations financières, par exemple. |

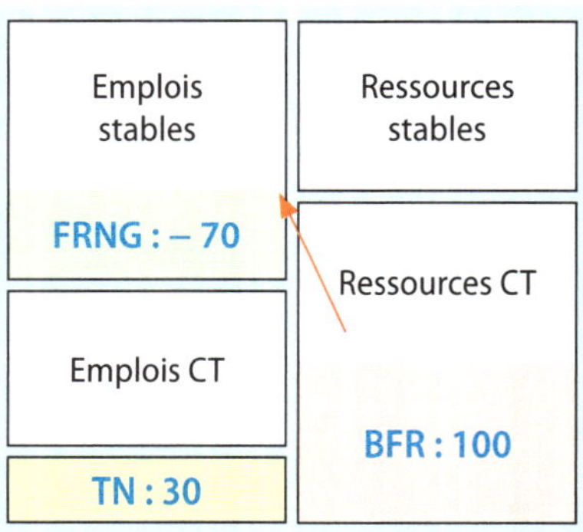


**Situation 4**

Comme dans la situation 3, les ressources stables sont insuffisantes pour financer des emplois stables. L'équilibre financier n'est pas respecté.
Le FRNG est négatif (– 70).
Par contre, à court terme, les ressources (dettes) sont supérieures aux besoins (stocks et créances). Il se dégage dans ce cas une ressource en fonds de roulement (+ 100).
Cette RFR est supérieure au FRNG. Cela signifie que les ressources à court terme sont telles qu'elles peuvent combler les manques à long terme et même dégager un surplus de trésorerie (30).
**Cette situation est rare.** C'est surtout le cas des entreprises de grande distribution : créances clients nulles, stocks faibles, dettes fournisseurs élevées (voir fiche ressource 4).

→ **Moyens d'action :** le FRNG est négatif mais, même si l'équilibre financier n'est pas respecté, la situation de l'entreprise n'est pas inquiétante puisqu'elle dégage des ressources avec son exploitation. Elle n'a donc pas besoin d'augmenter son FRNG. Elle peut éventuellement placer les surplus de trésorerie.

# Fiche ressource 2

## Les ratios

Un ratio est un rapport entre deux grandeurs. Il existe un grand nombre de ratios, classés selon plusieurs logiques. L'entreprise devra en sélectionner certains en fonction de son activité, de ses besoins d'informations et de ce qui se fait dans son secteur d'activité ou par ses concurrents. Les ratios sélectionnés vont ainsi pouvoir enrichir l'analyse financière de l'entreprise et être comparés dans le temps et dans l'espace.

### I Les ratios de structure

Ce sont des ratios de gestion à long terme. Ils permettent d'analyser un élément d'actif par rapport à un autre élément d'actif ou un élément de passif par rapport à un autre élément de passif. Les ratios calculés à partir des éléments d'actif analysent la composition du patrimoine, ceux calculés à partir des éléments de passif informent sur l'origine et la nature des financements de l'entreprise.

Exemples de ratios de structure

| Ratio | Description | Formule | Commentaire | |
|---|---|---|---|---|
| **Intensité capitalistique** | Mesure le poids des actifs immobilisés dans le patrimoine. | Actif immobilisé brut / Actif total brut | Ratio variable selon les secteurs : il est relativement faible dans les entreprises commerciales car elles ont peu d'immobilisations. | Éléments d'actif |
| **Indépendance financière** | Ratio utile pour mesurer l'importance de l'endettement par rapport aux apports des actionnaires (on parle donc de taux d'endettement). | Emprunts et dettes financières / Capitaux propres | Doit être inférieur à 1 : les emprunts doivent rester inférieurs aux capitaux propres. Le banquier ne peut pas financer plus que les propriétaires de l'entreprise. | Éléments de passif |

### II Les ratios d'équilibre financier

L'entreprise complète l'étude du FRNG et du BFR par des ratios d'équilibre financier. Ceux-ci comparent des éléments d'actif à des éléments de passif, et inversement. Ils permettent de vérifier l'équilibre entre les ressources et les emplois en opposant le court terme et le long terme.

Exemples de ratios d'équilibre financier

| Ratio | Description | Formule | Commentaire | Éléments |
|---|---|---|---|---|
| **Financement des immobilisations** | Permet de vérifier le respect du principe de l'équilibre financier. | Ressources stables / Emplois stables | Doit être supérieur à 1 (les investissements de l'entreprise doivent être financés par des ressources stables). Un ratio supérieur à 1 est donc équivalent à un FRNG positif. | Ressources stables : Éléments de passif ; Emplois stables : Éléments d'actif |
| **Couverture des capitaux investis** | Permet de vérifier que les ressources stables financent non seulement les emplois stables mais aussi le besoin d'exploitation (plus prudent). | Ressources stables / (Emplois stables + BFRE) | Doit être supérieur à 1 pour espérer une trésorerie positive. | Ressources stables : Éléments de passif ; (Emplois stables + BFRE) : Éléments d'actif |

## III Les ratios de rotation

Ils introduisent une dimension temporelle dans l'analyse du besoin en fonds de financement, contrairement aux ratios de structure et d'équilibre financier qui présentent un caractère instantané. Ils sont calculés et exprimés en jours : on parle ainsi de délai de rotation.
Un délai de rotation des stocks de 50 jours, par exemple, signifie que les stocks restent en moyenne 50 jours dans l'entreprise avant d'être utilisés.

Remarque : le numérateur et le dénominateur doivent toujours être valorisés de la même façon (TTC, HT…).

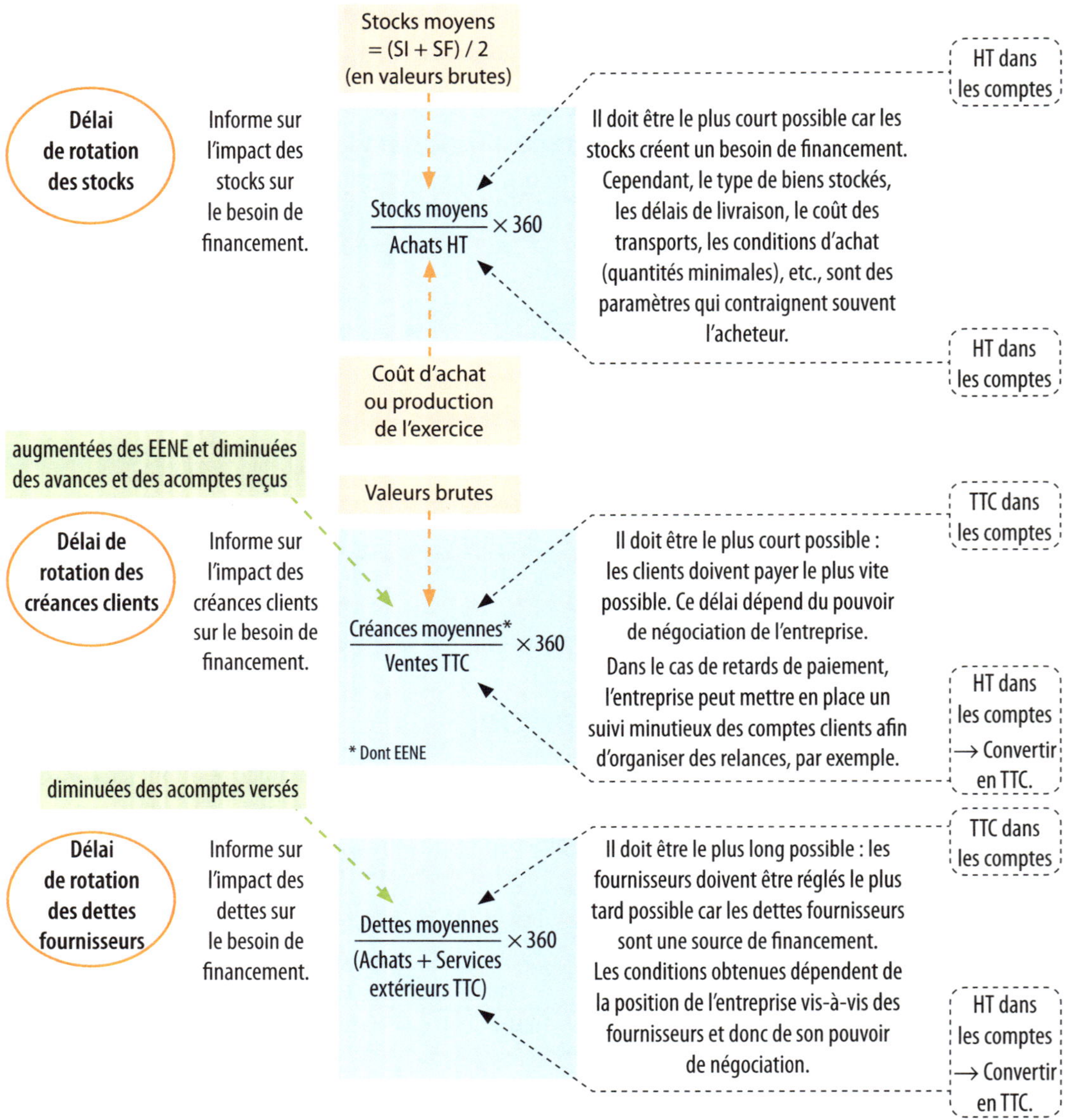

# Applications

## 1 Analyser une situation financière

La PME Répar' est spécialisée dans l'entretien et la réparation de machines et d'équipements divers. Vous aviez préalablement construit le bilan fonctionnel et calculé les éléments d'équilibre financier. Le dirigeant de l'entreprise, M. Nicolas, vous demande à présent d'analyser les résultats obtenus et de compléter cette analyse par les ratios.

1. **Calculez les ratios d'équilibre financier et de structure pour l'année N.**
2. **Analysez la situation financière de l'entreprise.**
3. **Rédigez un commentaire comprenant des recommandations destinées à M. Nicolas pour améliorer la structure financière de l'entreprise.**

### Annexe 1 Ratios

| | N | N-1 | Secteur | |
|---|---|---|---|---|
| **Ratios d'équilibre financier** | | | | |
| Financement des immobilisations | | 1,21 | 1,24 | Ressources LT / Emplois LT |
| Ratio de couverture des capitaux investis | | 0,81 | 1,25 | Ressources LT / Emplois LT + BFRE |
| **Ratios de structure** | | | | |
| Taux d'endettement | | 0,68 | 0,83 | Emprunts et dettes financières / Capitaux propres |
| Intensité capitalistique | | 0,30 | 0,30 | Actif immobilisé brut / Actif total brut |

### Annexe 2 Données du secteur

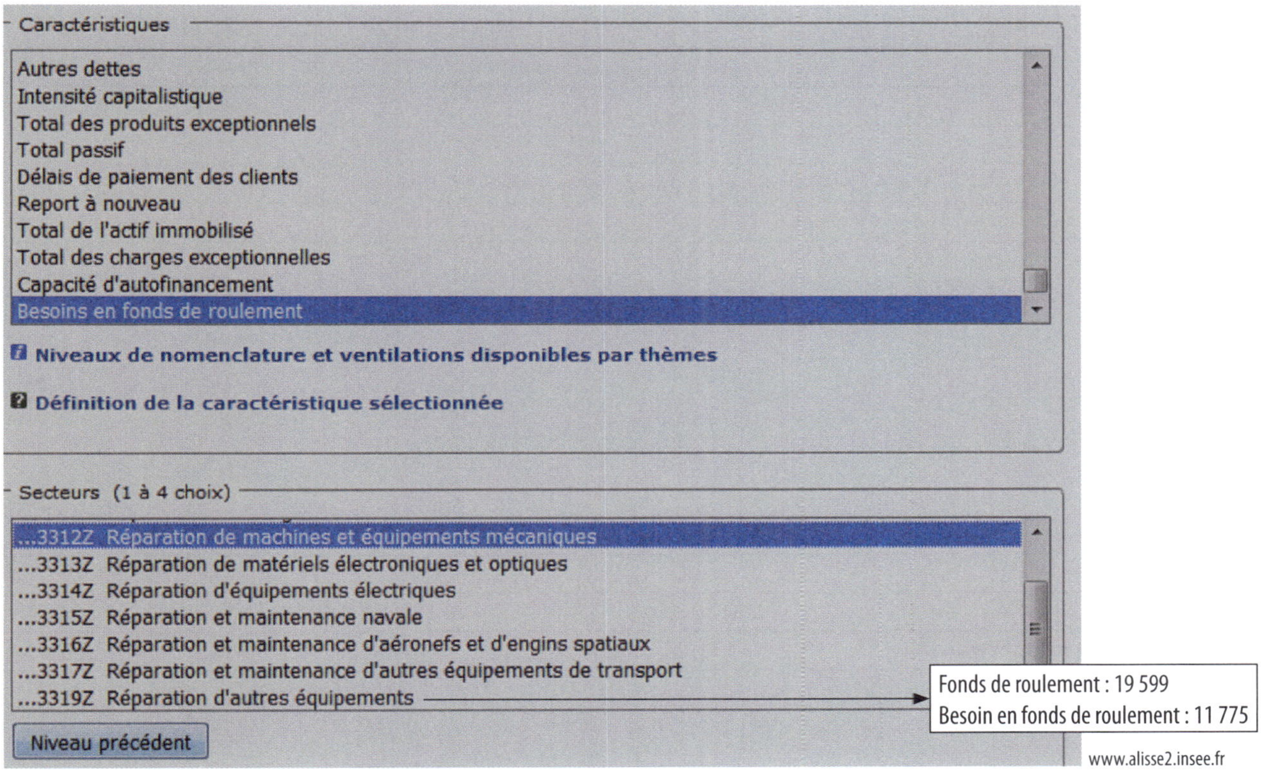


www.alisse2.insee.fr

# 2 Utiliser la liasse fiscale pour calculer des ratios

L'entreprise Chloé est spécialisée dans la fabrication de vêtements « *made in France* ». Afin de vérifier la possibilité de financer un programme d'investissement, Mme Chloé Moret, la dirigeante, souhaite poursuivre l'analyse de la structure financière commencée précédemment (voir chapitre 4).

1. **Calculez les ratios d'équilibre financier et de structure pour les années N et N-1. Calculez les ratios de rotation pour l'année N.**
2. **Analysez la situation financière de l'entreprise et indiquez si ce programme d'investissement vous semble envisageable.**

**Annexe 1** **Extrait du compte de résultat (imprimé 2052)**

cerfa N° 10167 * 05 ③ COMPTE DE RÉSULTAT DE L'EXERCICE (En liste) DGFiP N° 2052 2014
Formulaire obligatoire (article 53 A du Code général des impôts). @internet-DGFiP

Désignation de l'entreprise : Néant ☐ *

| | | Exercice N – France | | Exercice N – Exportations et livraisons intracommunautaires | | Exercice N – Total | Exercice (N-1) |
|---|---|---|---|---|---|---|---|
| PRODUITS D'EXPLOITATION – Ventes de marchandises * | FA | 7886 | FB | 525 | FC | 8411 | 9895 |
| Production vendue – biens * | FD | 95678 | FE | 13875 | FF | 109553 | 110987 |
| Production vendue – services * | FG | 1098 | FH | 1245 | FI | 2343 | 654 |
| **Chiffres d'affaires nets *** | FJ | 104662 | FK | 15645 | FL | 120307 | 121536 |
| Production stockée * | | | | | FM | 1987 | 1235 |
| Production immobilisée * | | | | | FN | 2316 | 1545 |
| Subventions d'exploitation | | | | | FO | 453 | 123 |
| Reprises sur amortissements et provisions, transferts de charges * (9) | | | | | FP | 367 | 324 |
| Autres produits (1) (11) | | | | | FQ | | |
| **Total des produits d'exploitation (2) (I)** | | | | | FR | 125430 | 124763 |
| CHARGES D'EXPLOITATION – Achats de marchandises (y compris droits de douane)* | | | | | FS | 6578 | 6432 |
| Variation de stock (marchandises)* | | | | | FT | | |
| Achats de matières premières et autres approvisionnements (y compris droits de douane)* | | | | | FU | 23214 | 20987 |
| Variation de stock (matières premières et approvisionnements)* | | | | | FV | 32 | -1235 |
| Autres achats et charges externes (3) (6 bis)* | | | | | FW | 45346 | 46578 |
| Impôts, taxes et versements assimilés * | | | | | FX | 2345 | 2654 |
| Salaires et traitements * | | | | | FY | 24368 | 24689 |
| Charges sociales (10) | | | | | FZ | 9543 | 9678 |
| DOTATIONS D'EXPLOITATION – Sur immobilisations – dotations aux amortissements * | | | | | GA | 8883 | 9346 |
| DOTATIONS D'EXPLOITATION – Sur immobilisations – dotations aux provisions | | | | | GB | 9 | |
| DOTATIONS D'EXPLOITATION – Sur actif circulant : dotations aux provisions * | | | | | GC | 516 | 256 |
| DOTATIONS D'EXPLOITATION – Pour risques et charges : dotations aux provisions | | | | | GD | | |
| Autres charges (12) | | | | | GE | 338 | 32 |
| **Total des charges d'exploitation (4) (II)** | | | | | GF | 121172 | 119417 |
| **1 - RÉSULTAT D'EXPLOITATION (I – II)** | | | | | GG | 4258 | 5346 |

Chapitre 6

# L'analyse de la liquidité du bilan et l'évaluation des risques

**Activité**
**6.4.** Analyse de la trésorerie et de la solvabilité de l'organisation

**Composante d'activité**
**6.4.1.** Analyse des moyens de financement, évaluation des risques

**Compétence**
Analyser le bilan en fonction des critères de liquidité et d'exigibilité.

**P7**
L'interprétation du modèle relationnel.

## Situation professionnelle

L'entreprise Pack Inbox est spécialisée dans la fabrication de cartons d'emballage pour le transport de biens.
Suite aux analyses menées sur la performance et la structure financière de l'entreprise ainsi que la mise en avant de certains déséquilibres, le dirigeant a examiné son compte de résultat et a constaté des frais financiers relativement importants depuis quelques années, traduisant sans doute des problèmes de trésorerie.
M. Altoviti a pris rendez-vous avec son banquier afin de s'assurer de son soutien en cas de besoin, notamment dans le cadre du nouveau projet de fabrication de meubles en carton (projet « Live Inbox »). Au cours de cette entrevue, le banquier a évoqué les notions de liquidité et de solvabilité, sur lesquelles la banque s'appuie pour décider d'un éventuel soutien financier.
M. Altoviti charge donc sa responsable administrative, Mme Fauvet, de lui proposer une analyse des comptes sur ces deux points. Bien que différente de l'analyse menée par la banque, cette étude de la liquidité et de la solvabilité de Pack Inbox devrait lui donner un éclairage nouveau sur la situation de son entreprise.

## Mission

**Vous assistez Mme Fauvet dans la réalisation de cette tâche. Au-delà de la construction des éléments chiffrés, votre travail s'axera surtout sur la compréhension et la réalisation d'une analyse de ces chiffres.**

# Travail à faire

## I Comprendre la construction d'un bilan financier

M. Altoviti aimerait comprendre les notions de solvabilité et de liquidité, et disposer d'une analyse chiffrée pour Pack Inbox.

1. **Quel est l'objet de l'entretien entre M. Altoviti et son banquier ?** ▶ Fiche ressource 1 ▶ Annexe 1
2. **Expliquez en quelques lignes pourquoi le banquier aborde les notions de solvabilité et de liquidité.**
3. **Pack Inbox dispose déjà d'une analyse fonctionnelle de son bilan. Expliquez pourquoi celle-ci n'est pas satisfaisante pour répondre aux problématiques du banquier. Déduisez-en l'outil d'analyse qu'il est nécessaire d'établir.** ▶ Fiche ressource 2
4. **Expliquez et justifiez chaque montant des grandes masses du bilan financier réalisé par Mme Fauvet.** ▶ Fiche ressource 3 ▶ Annexe 2 à 5

## II Analyser la situation de l'entreprise selon les critères de liquidité/exigibilité

5. **Calculez les ratios de liquidité générale, de liquidité restreinte et de liquidité immédiate pour l'année N.** ▶ Fiche ressource 4 ▶ Annexe 6
6. **Pensez-vous qu'un nouveau fournisseur prendrait beaucoup de risques en acceptant de travailler avec Pack Inbox ?**
7. **Calculez les ratios de solvabilité générale, d'autonomie financière et d'équilibre financier.** ▶ Fiche ressource 4 ▶ Annexe 7
8. **Proposez un compte rendu de l'analyse de la solvabilité dans l'absolu puis en tenant compte de l'évolution dans le temps.**

## III Analyser les moyens de règlements

L'analyse de la solvabilité et de la liquidité a beaucoup intéressé M. Altoviti. Le dirigeant souhaiterait pouvoir l'affiner en ayant plus d'informations sur le suivi de la trésorerie, qu'il considère comme l'élément clé de l'analyse de liquidité. Mme Fauvet lui propose la mise en place d'un reporting semi-automatisé de trésorerie : l'ensemble des moyens et des conditions de règlement est géré au sein du progiciel de gestion intégré (PGI). Elle vous communique un extrait du modèle relationnel de la base de données.

9. **Citez un moyen de règlement dont la création s'opère à l'initiative du débiteur. Quels sont les moyens de règlement dont le débiteur n'a pas l'initiative de la création ?** ▶ Fiche ressource 5 ▶ Fiche ressource 6
10. **Quel est l'inconvénient pour le débiteur du chèque en termes de prévisions de trésorerie ? Quelle solution prudente pouvez-vous préconiser ?**
11. P7 **En interprétant le modèle relationnel, indiquez si l'on utilise un seul moyen de règlement avec chaque client ou chaque fournisseur. Justifiez.**
12. P7 **Dans le but d'alimenter les tableaux de bord du reporting de trésorerie, présentez les requêtes suivantes en SQL.** ▶ Fiche ressource 7 ▶ Annexe 8

a) Liste alphabétique du libellé de tous les moyens de paiement répertoriés dans la base de données.

b) Liste alphabétique et sans doublons du libellé des moyens de paiement réellement utilisés avec les clients.

c) Délai moyen de règlement aux fournisseurs.

13. Quel est le principal intérêt de la mise en place du reporting de trésorerie pour l'entreprise Pack Inbox ?

## Données de la situation

**Annexe 1** **Extrait de l'entretien avec l'un des banquiers de l'entreprise**

**Le banquier :** Vous souhaitiez me voir pour un prêt dans le cadre d'une acquisition d'immobilisation ?

**M. Altoviti :** Non, pas précisément. Je constate que, d'année en année, j'ai de plus en plus recours à vos services à la fois pour financer mes immobilisations mais aussi, et surtout, pour financer mon développement. Or, je voulais m'assurer de votre soutien dans le temps... Il ne faudrait pas qu'au moment où je négocie d'importants contrats, notamment dans le cadre de mon projet futur de meubles en carton, vous refusiez une avance de liquidités pour acheter mes matières premières, par exemple.

**Le banquier :** Il est difficile de vous répondre par l'affirmative. Certes, il s'agira évidemment d'une négociation avec les instances dirigeantes de notre établissement et, incontestablement, votre ancienneté en tant que client, vos résultats... seront un « plus ». Toutefois, nos systèmes informatiques font des analyses de liquidité et de solvabilité à partir de vos comptes annuels et nous contraignent dans notre marge d'action.

**M. Altoviti :** Liquidité ? Solvabilité ?

**Le banquier :** Oui, ce sont des critères que nous regardons à la loupe. Aussi, je ne saurais trop vous conseiller, si cela n'est pas déjà fait, de mettre en place des outils pour suivre ces critères en interne. Ils vous permettront, en vous mettant virtuellement à la place d'un futur créancier, d'avoir un regard objectif sur votre situation.

**M. Altoviti :** Je vais en charger ma responsable administrative... Toutefois, l'analyse risque d'être différente de la vôtre, non ?

**Le banquier :** Ah oui, c'est sûr, Nous avons nos propres critères et modes de calcul, qui sont d'ailleurs propres à chaque établissement financier. Cependant, comprenez bien qu'il y a toujours les mêmes fondements et je suis sûr que votre responsable administrative saura mettre en place des outils d'analyse dont les résultats seront comparables aux nôtres.

**Annexe 2** Bilan comptable condensé au 31/12/N (en valeurs nettes et après répartition du résultat)

| ACTIF | |
|---|---|
| **Actif immobilisé** | |
| Immobilisations incorporelles | 65 800 |
| Immobilisations corporelles | 2 049 500 |
| Immobilisations financières (1) | 33 500 |
| **Total Actif immobilisé** | **2 148 800** |
| **Actif circulant** | |
| Stock et en-cours | 1 055 200 |
| Avances et acomptes versés sur commandes | 71 600 |
| Créances (2) | 639 700 |
| VMP | 48 100 |
| Disponibilités | 50 700 |
| Charges constatées d'avance | 38 000 |
| **Total Actif circulant** | **1 903 300** |
| **TOTAL ACTIF** | **4 052 100** |

*(1) Part à moins d'un an : 10 000*
*(2) Part à plus d'un an : 122 700*

| PASSIF | |
|---|---|
| **Capitaux propres** | |
| Capital | 1 500 000 |
| Réserves | 849 100 |
| Report à nouveau | 0 |
| Résultat | 0 |
| **Total Capitaux propres** | **2 349 100** |
| Provisions pour risques et charges | 10 600 |
| **Total Provisions pour risques et charges** | **10 600** |
| Dettes financières (1) | 1 365 500 |
| Dettes d'exploitation (2) | 302 400 |
| Produits constatés d'avance (2) | 24 500 |
| **Total Dettes** | **1 692 400** |
| **TOTAL PASSIF** | **4 052 100** |

*(1) Dont concours bancaires courants : 99 000*
*(2) Dettes et produits constatés d'avance à moins d'un an : 316 600*

## Annexe 3 État des échéances des créances et des dettes (après répartition du résultat)

| Créances | Montant global | Degré de liquidité de l'actif | | Dettes | Montant global | Degré d'exigibilité du passif | | |
|---|---|---|---|---|---|---|---|---|
| | | Échéances à moins d'un an | Échéances à plus d'un an | | | Échéances à moins d'un an | Échéances à plus d'un an | Échéances à plus de cinq ans |
| **Créances de l'actif immobilisé** | | | | Emprunts obligataires convertibles (2) | 0 | | | |
| Créances rattachés à des participations | | | | Autres emprunts obligataires (2) | 0 | | | |
| Prêts (1) | 33 500 | 10 000 | 23 500 | Emprunts et dettes auprès des établissements de crédit (2) dont : | | | | |
| Autres | | | | – à un an | 294 100 | 294 100 | | |
| | | | | – à plus d'un an | 1 071 400 | | 954 900 | 116 500 |
| **Créances de l'actif circulant** | | | | Emprunts et dettes financières divers (2) | 0 | | | |
| Créances clients et comptes rattachés | 632 500 | 509 800 | 122 700 | Dettes fournisseurs et comptes rattachés | 142 000 | 131 700 | 10 300 | |
| Autres | 7 200 | 7 200 | | Dettes fiscales et sociales | 144 300 | 144 300 | | |
| Capital souscrit – appelé, non versé | | | | Dettes sur immobilisations et comptes rattachés | 14 800 | 14 800 | | |
| Charges constatées d'avance | 38 000 | 38 000 | | Autres dettes | 1 300 | 1 300 | | |
| | | | | Produits constatés d'avance | 24 500 | 24 500 | | |
| **Total** | **711 200** | **565 000** | **146 200** | **Total** | **1 692 400** | **610 700** | **965 200** | **116 500** |

(1) Prêts accordés en cours d'exercice : 14 500
Remboursements obtenus en cours d'exercice : 18 800

(2) Emprunts souscrits en cours d'exercice : 0
Emprunts remboursés en cours d'exercice : 180 500

## Annexe 4 Autres informations

**Extrait du bilan comptable**

| ACTIF | Exercice N | | |
|---|---|---|---|
| | Brut | *Am. & Dép.* | Net |
| **Actif immobilisé** | | | |
| **Immobilisations incorporelles** | | | |
| Capital souscrit – non appelé | | | |
| Frais d'établissement | 32 500 | *28 500* | 4 000 |
| Frais de recherche et développement | | | |
| Concessions, brevets et droits similaires | 226 500 | *164 700* | 61 800 |
| Fonds commercial | | | |
| Autres immobilisations incorporelles | | | |
| Avances et acomptes sur immobilisations incorporelles | | | |

**Autres informations**

– Les provisions pour risques et charges couvrent un risque réel considéré comme étant à moins d'un an.
– Le montant des effets escomptés non échus fin N est de 12 000 €.

## Annexe 5 Bilan financier au 31/12/N

Mme Fauvet vous soumet le bilan financier qu'elle a réalisé.

| Actif à plus d'un an | | Capitaux permanents | |
|---|---|---|---|
| Immobilisations | 2 134 800 | Capitaux propres retraités | 2 345 100 |
| Créances à plus d'un an | 122 700 | Dettes à plus d'un an | 1 081 700 |
| **Total Actif à plus d'un an** | **2 257 500** | **Total Capitaux permanents** | **3 426 800** |
| **Actif à moins d'un an** | | **Passif à moins d'un an** | |
| Stock et en-cours | 1 055 200 | Dettes à moins d'un an | 522 300 |
| Créances à moins d'un an | 648 600 | Concours bancaires | 111 000 |
| Disponibilités | 98 800 | | |
| **Total Actif à moins d'un an** | **1 802 600** | **Total Passif à moins d'un an** | **633 300** |
| **TOTAL GÉNÉRAL** | **4 060 100** | **TOTAL GÉNÉRAL** | **4 060 100** |

## Annexe 6 Données moyennes du secteur

Les ratios et les chiffres suivants correspondent au secteur d'activité dans lequel évolue l'entreprise.

| Ratios | Valeur moyenne pour l'année N-1 |
|---|---|
| Liquidité générale | 1,96 |
| Liquidité restreinte | 0,97 |
| Liquidité immédiate | 0,38 |

## Annexe 7 Évolution de la solvabilité

Mme Fauvet a déterminé les bilans financiers des trois années précédentes.
Elle a mis en évidence les ratios suivants.

| Ratios | N-3 | N-2 | N-1 |
|---|---|---|---|
| Solvabilité générale | 2,99 | 2,67 | 2,41 |
| Autonomie financière | 0,98 | 0,79 | 0,64 |
| Équilibre financier | 1,47 | 1,49 | 1,46 |

## Annexe 8 Extrait du schéma relationnel des données

MOYENREGLEMENT(CodeMoyenR, LibelleMoyenR)

CLIENT(CodeCli, RaisonSocialeCli, AdresseRueCli, AdresseCPCli, AdresseVilleCli)

FOURNISSEUR(CodeFour, RaisonSocialeFour, AdresseRueFour, AdresseCPFour, AdresseVilleFour)

DELAIREGLEMENTCLI(#CodeCli, #CodeMoyenR, DelaiRCli)

DELAIREGLEMENTFOUR(#CodeFour, #CodeMoyenR, DelaiRFour)

Fiche ressource 1

# Solvabilité et liquidité de l'entreprise

## I La solvabilité

### 1. La mesure de la solvabilité

La solvabilité est la capacité de l'entreprise à faire face à ses engagements **à long terme.**
Pour bien comprendre cette notion, il faut imaginer que l'entreprise cesse son activité : après avoir vendu tout son actif puis payé toutes ses dettes, la somme restante traduit le degré de solvabilité.
Sachant que : Actif – (Emprunts et Dettes) = Capitaux propres, **les capitaux propres** mesurent donc le degré de solvabilité d'une entreprise.

### 2. L'utilisation de la solvabilité

Un prêteur à long terme aura d'autant plus confiance en une entreprise si la solvabilité de celle-ci est importante. Cette solvabilité représente pour lui une « garantie » d'être remboursé.

### 3. Les limites de la solvabilité

Il faut faire attention à l'apparente simplicité de cette notion. En effet, la solvabilité (évaluée à partir de la situation de l'entreprise à un moment donné) ne garantit en rien l'avenir puisque les éléments qui la mesurent changent quotidiennement. Ainsi, le prêteur doit non seulement s'assurer de la solvabilité de l'entreprise à la date du jour, mais aussi s'assurer que l'entreprise restera solvable…

> Exemple
>
> Charles dispose d'un capital en banque de 100 000 €. N'ayant aucune dette, il est très solvable. Imaginons que, chaque mois, Charles dépense plus que ce qu'il gagne. Ses activités vont l'obliger à grignoter son capital et, un jour ou l'autre, il ne sera plus solvable. Toute personne qui prête de l'argent à Charles aujourd'hui compte tenu de sa solvabilité apparente prend un gros risque si Charles ne modifie pas son comportement quotidien…

Sur le long terme, la solvabilité est donc largement impactée par la performance économique et financière de l'entreprise. L'analyse de l'activité (voir chapitres 1 et 2) est donc indissociable de l'analyse de la solvabilité.

## II La liquidité

### 1. L'intérêt de connaître la liquidité de l'entreprise

Une entreprise peut être solvable mais manquer de liquidités, c'est-à-dire de disponibilités sur son compte bancaire. Or, il ne lui sert à rien d'être solvable à long terme si, à court terme, elle n'a pas les moyens d'honorer ses échéances.
La liquidité mesure la capacité de l'entreprise à faire face à ses engagements **de court terme.**

> Exemple
>
> Luc débute dans une activité de lavage de vitres. Il a investi toutes ses économies (20 000 €) dans l'achat de matériel (camionnette et outillage). Il n'a donc plus d'argent en banque. Sa seule dette, à ce jour, est celle qu'il doit à son fournisseur de produits de nettoyage (3 000 € payables dans 10 jours). Cet entrepreneur est solvable puisque ses actifs (camionnette et outillage neufs) dépassent largement ses engagements (dette de produits de nettoyage). Toutefois, comme il lui est impossible de vendre ses actifs (avec quoi travaillerait-il ensuite ?), il ne pourra honorer son engagement à court terme. Il risque donc la suspension de l'approvisionnement en produits de nettoyage, ce qui, à terme, va l'empêcher de travailler et donc de générer des recettes.

### 2. L'utilisation de la notion de liquidité

Tout prêteur à court terme – qu'il s'agisse d'une banque, d'un investisseur, voire d'un fournisseur – qui accorde un délai de paiement se doit d'être vigilant car un défaut de liquidité complique la vie de l'entreprise : celle-ci multiplie généralement les retards de paiement, qui lui font perdre la confiance de ses partenaires et peuvent même l'amener au dépôt de bilan.

# Fiche ressource 2

# L'intérêt du bilan financier

## I Le principe du bilan financier

Un bilan financier est un document non obligatoire qui présente l'actif dans l'ordre de sa liquidité (du moins liquide au plus liquide) et le passif dans l'ordre de son exigibilité (du moins exigible au plus exigible).

| **La liquidité d'un élément de l'actif est sa capacité à être transformé rapidement en argent.**<br>Certains actifs sont déjà liquides (ex. : l'argent en banque), d'autres le sont relativement rapidement (ex. : une créance client payable à 30 jours) et d'autres à plus long terme (ex. : une immobilisation, comme une construction, le temps de la vendre). | **L'exigibilité d'un élément de passif est la capacité du créancier à exiger rapidement la transformation d'une dette en argent.**<br>Certains passifs sont déjà exigibles (ex. : un découvert en banque), d'autres le sont relativement rapidement (ex. : une dette fournisseur payable à 30 jours) et d'autres à plus long terme (ex. : un emprunt remboursable dans 5 ans). |
|---|---|

## II L'utilité du bilan financier

Avant d'accorder un prêt, le prêteur de capital (une banque, par exemple) doit savoir si l'état actuel de l'entreprise lui permettra de faire face à ses engagements, qu'ils soient à long terme (plus d'un an) ou à court terme (moins d'un an). Le reclassement des postes en fonction de la liquidité et de l'exigibilité à plus ou moins d'un an lui permet de trouver une réponse à ses questions.

## III Présentation schématique du bilan financier

La construction du bilan financier s'appuie sur :
- le bilan comptable après répartition du résultat, y compris les informations de bas de bilan ;
- l'état des échéances des créances et des dettes présenté en annexe comptable ;
- des informations diverses provenant de l'entreprise (ex. : éléments sur le crédit-bail).

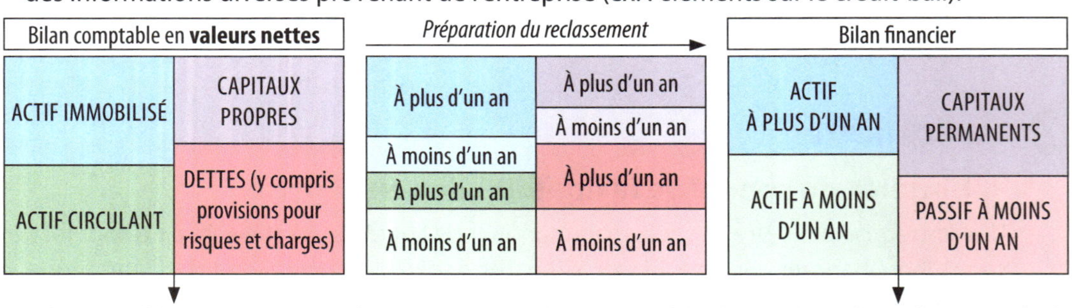


Le bilan comptable présente une approche patrimoniale qui classe déjà les éléments selon un ordre de liquidité et d'exigibilité. Toutefois, ce classement est peu précis et les grandes masses du bilan comptable ne peuvent être retenues pour calculer des ratios de liquidité ou de solvabilité. Il est nécessaire d'opérer une analyse plus fine des postes.

Dans le bilan financier, les actifs sont classés par ordre de liquidité à plus d'un an et à moins d'un an. Les passifs sont classés par ordre d'exigibilité à plus d'un an et à moins d'un an. Cette présentation du bilan traduit la capacité de l'entreprise à répondre à ses échéances.

## IV Ne pas confondre bilan financier et bilan fonctionnel

Ces deux documents sont établis à partir du bilan comptable mais le bilan financier :
- est établi après répartition du résultat. Les dividendes éventuels sont déjà dans les dettes (le bilan fonctionnel est établi avant répartition) ;
- est établi en valeurs nettes, bien plus représentatives de la valeur réelle des éléments d'actif qui serait obtenue en cas de liquidation (le bilan fonctionnel est en valeurs brutes) ;
- a une approche liquidité/exigibilité tandis que le bilan fonctionnel a une approche par cycles (exploitation, investissement, financement) qui peut fausser l'analyse : un emprunt (comptabilisé dans les comptes 16) sera classé en ressources stables, même s'il doit être remboursé l'année prochaine.

# Fiche ressource 3

## La construction du bilan financier

Afin de pouvoir déterminer des grandes masses (comme cela a été fait pour le bilan fonctionnel), on structurera le bilan financier de la façon suivante :

| | |
|---|---|
| ACTIF À PLUS D'UN AN<br>• Immobilisations<br>• Créances à plus d'un an | CAPITAUX PERMANENTS<br>• Capitaux propres retraités<br>• Dettes à plus d'un an |
| ACTIF À MOINS D'UN AN<br>• Stocks et en-cours<br>• Créances à moins d'un an<br>• Disponibilités | PASSIF À MOINS D'UN AN<br>• Dettes à moins d'un an<br>• Concours bancaires |

### I La construction de l'actif à plus d'un an

| Postes du bilan financier | Postes du bilan comptable et reclassement/retraitement à effectuer | Commentaires |
|---|---|---|
| Immobilisations | + Actif immobilisé (en valeurs nettes) | Sachant que l'on s'intéresse à la liquidité de l'actif, on retient uniquement la valeur qui sera réellement obtenue lors de la transformation de l'élément d'actif en argent. Il est d'usage de retenir la valeur comptable nette comme représentative de cette valeur réellement obtenue. Les amortissements et dépréciations sont donc tout simplement éliminés de l'analyse ; seule la colonne « Net » de l'actif sera conservée. |
| | – Actifs fictifs (non-valeurs) | Certains éléments d'actif sont comptabilisés à l'actif du fait de règles comptables mais ils ne sont pas réellement transformables en argent : frais d'établissement (compte 201) et frais de recherche et développement (compte 203). Ces actifs doivent disparaître purement et simplement de l'actif. Afin de conserver l'équilibre actif/passif du bilan, il faut soustraire la valeur de ces actifs fictifs des capitaux propres. |
| | – Immobilisations financières avec une échéance à moins d'un an | Elles sont reclassées en actif à moins d'un an. |
| Créances à plus d'un an | + Partie des créances dont l'échéance est à plus d'un an | Certaines créances figurant en actif circulant ont une échéance à plus d'un an. On les reclasse ici. |

### II La construction de l'actif à moins d'un an

| Postes du bilan financier | Postes du bilan comptable et reclassement/retraitement à effectuer | Commentaires |
|---|---|---|
| Stock et en-cours | + Stock et en-cours | En valeurs nettes |
| Créances à moins d'un an | + Créances clients et comptes rattachés, y compris les avances et acomptes versés sur commandes, les autres créances et les charges constatées d'avance<br>+ EENE | En valeurs nettes<br><br>Il s'agit du montant nominal qui est replacé en créances. |
| | – Partie des créances dont l'échéance est à plus d'un an | Elles sont reclassées en créances à plus d'un an. |
| | + Immobilisations financières avec une échéance à moins d'un an | |
| Disponibilités | + Disponibilités | |
| | + VMP | En valeurs nettes<br>Les valeurs mobilières de placement sont des titres (actions ou obligations) que l'entreprise achète dans une optique de court terme, souvent pour placer un excédent temporaire de liquidités. On considère que leur liquidité est quasi immédiate et on les assimile à des disponibilités (sauf mention contraire qui amènerait à les considérer comme des créances à moins d'un an). |

## III La construction du passif à plus d'un an

<table>
<tr><th>Postes du bilan financier</th><th>Postes du bilan comptable et reclassement/retraitement à effectuer</th><th>Commentaires</th></tr>
<tr><td rowspan="2">Capitaux propres retraités</td><td>+ Capitaux propres</td><td>Il s'agit du « Total I » dans le passif du bilan comptable.</td></tr>
<tr><td>– Actifs fictifs (non-valeurs)</td><td>Ils correspondent au montant des actifs fictifs (non-valeurs) qui ont été supprimés de l'actif à plus d'un an. Ils permettent l'équilibre du bilan.</td></tr>
<tr><td rowspan="3">Dettes à plus d'un an</td><td>+ Dettes financières (emprunts) dont l'échéance est à plus d'un an</td><td>Attention à bien exclure les concours bancaires courants du montant des emprunts et dettes.</td></tr>
<tr><td>+ Dettes non financières (État, fournisseurs…) dont l'échéance est à plus d'un an</td><td>Certaines dettes non financières figurant au passif circulant ont une échéance à plus d'un an. On les reclasse ici.</td></tr>
<tr><td>+ Provisions pour risques et charges qui couvrent un risque dont l'échéance est à plus d'un an</td><td>Les provisions pour risques et charges sont des sommes mises de côté afin de couvrir une éventuelle sortie future d'argent face à un risque ou une dépense auxquels l'entreprise est exposée.<br>Une analyse de ce poste doit être menée afin d'évaluer si le risque couvert par ces provisions est à plus ou moins d'un an. La partie qui couvre un risque à plus d'un an sera imputée dans les dettes à plus d'un an tandis que le solde restant basculera dans les dettes à moins d'un an.</td></tr>
</table>

## IV La construction du passif à moins d'un an

<table>
<tr><th>Postes du bilan financier</th><th>Postes du bilan comptable et reclassement/retraitement à effectuer</th><th>Commentaires</th></tr>
<tr><td rowspan="5">Dettes à moins d'un an</td><td>+ Dettes (y compris provisions pour risques et charges) et produits constatés d'avance (PCA)</td><td>Il s'agit de la somme du « Total II » et du « Total III » dans le passif du bilan comptable.</td></tr>
<tr><td>– Dettes financières (emprunts) dont l'échéance est à plus d'un an</td><td rowspan="3">Elles sont reclassées dans les dettes à plus d'un an.</td></tr>
<tr><td>– Dettes non financières (État, fournisseurs…) ou PCA dont l'échéance est à plus d'un an</td></tr>
<tr><td>– Provisions pour risques et charges qui couvrent un risque dont l'échéance est à plus d'un an</td></tr>
<tr><td>– Concours bancaires courants (CBC)</td><td rowspan="2">Le nom générique « concours bancaires » est donné à l'ensemble des découverts et autres crédits accordés par la banque à <u>court terme</u>. Ces sommes seront donc reclassées en concours bancaires.</td></tr>
<tr><td rowspan="2">Concours bancaires</td><td>+ Concours bancaires</td></tr>
<tr><td>+ EENE</td><td>Il s'agit de la valeur nominale des EENE.</td></tr>
</table>

# Fiche ressource 4

## L'analyse de la liquidité et de la solvabilité par les ratios

L'utilisation de certains ratios permet d'estimer la liquidité et la solvabilité ainsi que le risque associé.
Il sera intéressant de comparer ces ratios :
– dans le temps pour la même entreprise, ce qui met en évidence une évolution ;
– dans l'espace avec d'autres entreprises du même secteur ou par rapport aux moyennes sectorielles, ce qui permet à l'entreprise de se situer dans son environnement.
Les éléments servant à calculer les ratios sont pris parmi les **constituants du bilan financier**.

## I Les ratios de liquidité

| | | |
|---|---|---|
| Ratio de liquidité générale | $\frac{\text{Actif à moins d'un an}}{\text{Passif à moins d'un an}}$ | Il permet de vérifier que les actifs à moins d'un an permettront de rembourser les dettes à moins d'un an. Il montre, pour chaque euro de passif, le montant d'euros d'actif disponible. **Il doit être supérieur à 1.** |
| Ratio de liquidité restreinte | $\frac{\text{Actif à moins d'un an} - \text{Stocks}}{\text{Passif à moins d'un an}}$ | Les stocks peuvent avoir une liquidité très aléatoire (l'entreprise n'a pas la certitude que ses clients vont acheter le stock). Il est d'usage de les enlever pour apprécier exclusivement les éléments dont la liquidité est plus sûre. **Il doit être supérieur à 1.** |
| Ratio de liquidité immédiate | $\frac{\text{Disponibilités}}{\text{Passif à moins d'un an}}$ | Il traduit la capacité à faire immédiatement face à son passif exigible. **Il doit être le plus éloigné possible de 0.** |

## II Les ratios de solvabilité

| | | |
|---|---|---|
| Ratio de solvabilité générale | $\frac{\text{Total de l'actif}}{\text{Dettes à plus d'un an} + \text{Passif à moins d'un an}}$ | Il permet de vérifier que les actifs sont supérieurs aux dettes et permettront leur remboursement en totalité. **Il doit être supérieur à 1.** |
| Ratio d'autonomie financière | $\frac{\text{Capitaux propres retraités}}{\text{Total du passif}}$ | Il permet de mesurer le degré de sécurité des tiers apporteurs de capitaux. **Il doit être supérieur à 0,3 pour assurer un bon niveau de sécurité.** |
| Ratio d'équilibre financier | $\frac{\text{Capitaux permanents}}{\text{Actif à plus d'un an}}$ | Il permet de vérifier que les actifs à long terme sont couverts par des ressources de long terme. **Il doit être supérieur à 1.** |

# Fiche ressource 5

# Les modalités de règlement

## I L'intérêt d'analyser les moyens de règlement

L'analyse des moyens de paiement ou d'encaissement et de leur part respective permet :
– de justifier l'existence de frais bancaires liés ;

> Exemple
> L'acceptation des paiements par carte bancaire engendre pour l'entreprise des frais de location du terminal de paiement et des commissions sur chaque vente. L'utilisation d'effets de commerce engendre des frais (frais de remise à l'encaissement).

– de mettre en avant les éventuels problèmes organisationnels de gestion physique des règlements et des encaissements ainsi que les problèmes de contrôle interne qui les accompagnent ;

> Exemple
> L'acceptation des paiements en espèces oblige l'entreprise à tenir une caisse physique et à sécuriser les espèces (par exemple, dans un coffre). Cela oblige à désigner des responsables (du coffre, de la remise d'espèces en banque) et à effectuer des contrôles. Les paiements par chèque obligent à recueillir la signature du dirigeant. Il faut en organiser le recueil (regroupement des chèques à signer en fin de journée) et anticiper une situation d'absence (désignation et contrôle d'une personne ayant délégation de signature).

– de **comprendre l'impact** que ces moyens de paiement vont avoir **sur les prévisions de trésorerie.**

> Exemple
> Si l'entreprise dispose de l'initiative de création d'un chèque, elle n'a aucune maîtrise de la date de transfert des fonds, liée au moment où le titulaire présentera le chèque à sa banque. À l'inverse, un virement réunit, pour le débiteur, à la fois l'initiative de création et l'initiative de transfert de fonds (moment où l'argent sera prélevé du compte).

## II Les modalités de règlement et les moyens de règlement

### 1. Principe

L'entreprise peut régler ou être payée selon deux modalités :
– au comptant : l'encaissement ou le décaissement de liquidités sont quasi immédiats ;
– à crédit : l'encaissement ou le décaissement de liquidités sont affectés d'un délai.
Ce sont les conditions générales de vente (CGV) qui fixent le délai de paiement.

### 2. Les limites imposées par la loi

L'article L. 441-6 du Code de commerce définit des règles pour les délais de paiement :
– 30 jours suivant la date de réception des marchandises ou d'exécution de la prestation de service en l'absence de toute précision dans les CGV ;
– 60 jours maximum à compter de la date d'émission de la facture. Par dérogation, un délai maximal de quarante-cinq jours fin de mois à compter de la date d'émission de la facture peut être convenu entre les parties, sous réserve que ce délai soit expressément stipulé par contrat et qu'il ne constitue pas un abus manifeste à l'égard du créancier.
Les professionnels d'un secteur peuvent décider de réduire ce délai ou de retenir la date de réception des marchandises ou d'exécution de la prestation comme point de départ de ce délai.

Remarque : Les délais de paiement peuvent se calculer en jours nets (jours pour jours) ou en jours «fin de mois». Soit une facture datée du 20 avril :
60 jours nets = paiement au plus tard le 19 juin (20/04 + 60 jours = 19 juin)
45 jours fin de mois = 2 possibilités :
– ajouter 45 jours à la date de facture et le paiement a lieu à la fin du mois. 20 avril + 45 jours = 04/06 ; fin de mois = paiement fin juin
– ajouter 45 jours à la fin du mois de facture. 20 avril : fin de mois = 30 avril ; 30 avril + 45 jours = 14/06 ; paiement au 14/06.

# Fiche ressource 6

## L'analyse des principaux moyens de règlement

| Moyens de règlement | Modalités | Avantages | Limites |
|---|---|---|---|
| Espèces | Paiement au comptant | Possibilité de les déposer sur le compte bancaire de son choix (équilibrage de trésorerie) | • Risques de vol pendant la manipulation<br>• Interdiction de régler un montant supérieur à 1 000 € (décret 2015-741 du 24 juin 2015 relatif à la lutte contre le terrorisme et le blanchiment de capitaux) |
| Chèque | Paiement au comptant<br><br>Le créancier peut toutefois différer la remise du chèque à une date ultérieure, créant ainsi un « crédit » (délai de paiement) pour son client. | • Gratuité<br>• Acceptation généralisée dans le monde des affaires<br>• Possibilité de le déposer sur le compte bancaire de son choix (équilibrage de trésorerie) | • Manipulations manuelles obligatoires (rédaction, signature et suivi des chèques émis ; remise en banque des chèques reçus)<br>• Prévisions de trésorerie qui risquent d'être aléatoires du fait de la non-maîtrise du moment des dépôts en banque des chèques émis<br>• Risque d'oubli de dépôt et de perte ou de destruction du chèque<br>• Gravité des conséquences juridiques en cas de défaut de provisions |
| Prélèvement SEPA[1] | Paiement au comptant à l'initiative du créancier | • Moyen dématérialisé<br>• Utilisation dans tout l'espace SEPA | • Il nécessite l'acceptation du débiteur sur le mandat de prélèvement.<br>• Il peut survenir à un moment où le compte n'est pas assez approvisionné. |
| Virement SEPA | Paiement au comptant à l'initiative du débiteur | • Moyen dématérialisé<br>• Utilisation dans tout l'espace SEPA | • Il est payant selon les banques.<br>• Il nécessite l'obtention des coordonnées bancaires du débiteur. |
| Virement commercial SEPA (VCOM) | Paiement à crédit<br><br>Cas particulier d'un virement SEPA : il s'agit d'un virement automatisé à date future ; suite à la transmission de l'ordre de virement par le débiteur à sa banque, celle-ci informe le créancier de l'arrivée future des fonds. | Pour le créancier, possibilité de mobiliser le virement, c'est-à-dire d'utiliser l'arrivée prochaine des fonds comme un moyen de financement (voir chapitre 7). | En matière de gestion de trésorerie, le virement ou le prélèvement sont associés à un compte bancaire et ne facilitent pas l'équilibrage de trésorerie entre comptes. |

• • •

1. SEPA : *Single Euro Payments Area* (espace unique de paiement en euros).
L'« espace SEPA » comprend les 28 pays membres de l'Union européenne + l'Islande, le Liechtenstein, la Norvège, la Suisse et la principauté de Monaco. Il comprend donc des pays qui n'ont pas adopté l'euro comme monnaie.

| Moyens de règlement | Modalités | Avantages | Limites |
|---|---|---|---|
| Carte bancaire (y compris paiement sans contact) | Paiement au comptant<br>Elle peut être notamment utilisée par les salariés en déplacement (hôtel, restaurant…).<br><br>Il existe aussi des cartes bancaires à débit différé (la totalité des dépenses d'un mois est réellement débitée du compte bancaire à la fin du mois). | Facilité d'utilisation | • Coût de cotisation de la carte<br>• Nécessité de gérer la ou les cartes bancaires au sein de l'entreprise<br>• Pour l'entreprise, l'acceptation des cartes comme moyen de paiement engendre des coûts (location et maintenance du terminal de paiement, abonnement téléphonique, commission interbancaire de paiement sur chaque transaction). |
| Portefeuille électronique (ex. : V.me by Visa, PayPal, Kwixo, Paylib) | Paiement au comptant<br><br>Ces solutions permettent d'effectuer des paiements en ligne.<br><br>Un tiers de confiance (une banque, par exemple) stocke les données personnelles de paiement du débiteur.<br><br>Il existe des portefeuilles prépayés (à recharger) ou post-payés (mouvements sur le compte bancaire). | • Simplification des paiements en ligne<br>• Amélioration de la sécurité des transactions en ligne (aucune donnée de carte bancaire n'est communiquée) | Existence d'un coût qui se compose en général d'une part fixe et d'un pourcentage sur la transaction pour le vendeur (en général, il n'y a pas de coût pour l'acheteur) |
| Effets de commerce (lettre de change, billet à ordre) | Paiement à crédit<br><br>Tout effet de commerce dispose d'une date d'échéance (date à laquelle les liquidités seront versées).<br><br>La lettre de change émane du fournisseur qui a l'initiative de sa création. Le billet à ordre est à l'initiative du client. | • En matière de gestion de trésorerie, ils permettent au débiteur et au créancier des prévisions assez précises (dates d'échéance prévues).<br>• L'effet peut être utilisé comme un moyen de financement (remise à l'escompte) par le créancier.<br>• Existence de voie de recours pour le créancier en cas de non-paiement à l'échéance.<br>• Coût assez faible du traitement des effets de commerce magnétique (dématérialisés) | • Coût assez élevé du traitement des effets de commerce papier<br>• En cas d'absence de provision sur le compte, l'entreprise peut se voir inscrite sur un fichier central des incidents de paiement sur effets de commerce. Cette inscription peut lui porter préjudice dans ses relations futures avec les banques. |

Fiche ressource 7

# Le reporting mensuel de trésorerie

La trésorerie (disponibilités et VMP) est l'élément le plus représentatif de la liquidité. Il est important d'en assurer un suivi régulier.

## I L'intérêt de réaliser des reportings

Le terme « reporting » (du verbe anglais *to report*, « rendre compte ») désigne tous les outils qu'une entreprise met en place afin d'assurer la diffusion de comptes rendus de l'ensemble de son activité.

Plus spécifiquement, le reporting de trésorerie doit permettre :

– un suivi d'activité permettant, notamment, de contrôler la qualité du travail du service Trésorerie (suivi des délais d'encaissement et de règlement, suivi des frais financiers) ;

– des comparaisons avec les périodes passées pour servir de base aux prévisions pour les périodes futures (budget de trésorerie) ;

– de concrétiser le concept de liquidité au travers du suivi du solde de trésorerie.

**Attention !** Il ne faut pas confondre reporting et gestion de trésorerie à très court terme. L'objectif de la gestion de trésorerie est de gérer les excédents ou d'anticiper les déséquilibres de trésorerie (voir chapitre 7).

## II La mise en œuvre d'un reporting

### 1. La périodicité

En matière de trésorerie gérée dans une optique de liquidité, un reporting mensuel paraît être une temporalité suffisante pour détecter les éventuels problèmes.

### 2. La forme du reporting

Les formes du reporting peuvent être très différentes mais l'utilisation de tableaux, de graphiques et d'indicateurs est souvent privilégiée.

### 3. L'apport de l'informatisation

Les logiciels de trésorerie sont des alliés très efficaces :

– interfacés de façon automatique avec le logiciel de comptabilité, ils permettent de gérer en date de valeur les opérations d'entrée et de sortie de fonds, et ceci sur plusieurs comptes bancaires ;

– ils disposent de toute une série d'indicateurs permettant de constituer à eux seuls un reporting standard ;

– ils permettent d'effectuer facilement des extractions afin d'importer des données vers le tableur pour présenter un reporting plus personnalisé.

## III Exemple de reporting mensuel de trésorerie

### Reporting de trésorerie - Mai N

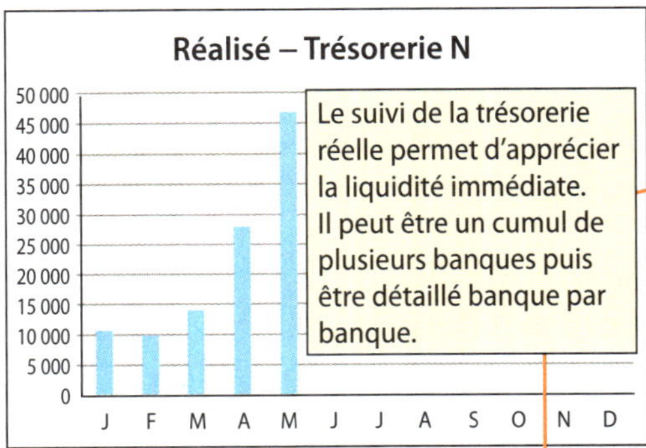


Le suivi de la trésorerie réelle permet d'apprécier la liquidité immédiate. Il peut être un cumul de plusieurs banques puis être détaillé banque par banque.

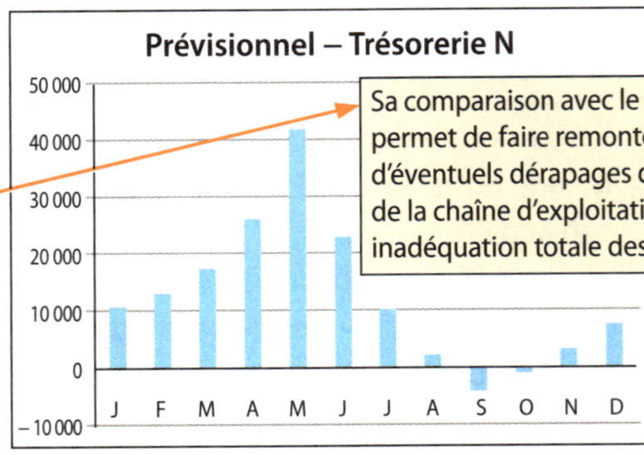


Sa comparaison avec le prévisionnel permet de faire remonter d'éventuels dérapages de la totalité de la chaîne d'exploitation ou une inadéquation totale des prévisions.

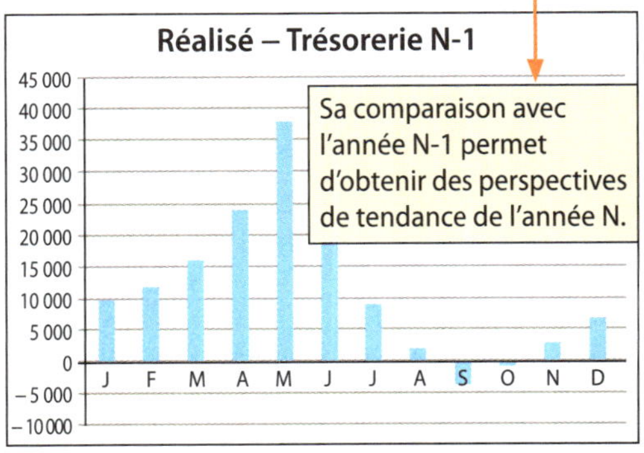


Sa comparaison avec l'année N-1 permet d'obtenir des perspectives de tendance de l'année N.

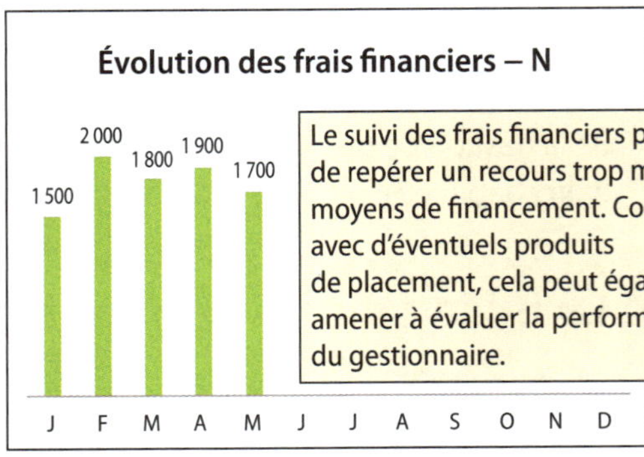


Le suivi des frais financiers permet de repérer un recours trop massif aux moyens de financement. Compensés avec d'éventuels produits de placement, cela peut également amener à évaluer la performance du gestionnaire.

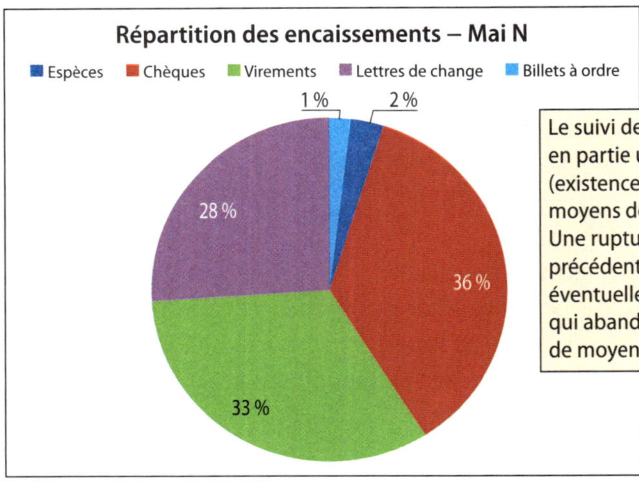


Le suivi des moyens de règlement clients peut expliquer en partie une évolution du délai de paiement clients (existence de délais internes de traitement liés à certains moyens de règlement).
Une rupture avec les chiffres habituels issus des reportings précédents pourrait faire réfléchir l'entreprise sur une éventuelle évolution de sa clientèle (clients plus jeunes qui abandonnent les espèces et les chèques au profit de moyens de règlement plus modernes).

| | Mois en cours (mai N) | Évolution / mai N-1 | |
|---|---|---|---|
| **Délai crédit clients** | 28,3 j | 31,4 j | (smiley vert) |
| **Délai crédit fournisseurs** | 27,6 j | 28,4 j | (smiley jaune) |

Le suivi des délais de paiement clients et fournisseurs permet d'évaluer la maîtrise du BFR car les délais de paiement en sont des constituants importants.
Il permet aussi d'évaluer la performance du service Trésorerie dans la capacité à maîtriser ces délais dans le temps (évolution N-1/N).

# Applications

## 1 Liquidité/exigibilité des comptes et analyse des moyens de paiement

L'entreprise Loïs fait passer un test de recrutement à ses futurs collaborateurs comptables.

1 **Classez dans le tableau ci-dessous les comptes suivants dans l'ordre croissant de liquidité ou d'exigibilité.**

| Comptes |
|---|
| 101 |
| 519 |
| 411 |
| 401 |
| 503 |
| 106 |
| 512 |
| 44566 |
| 2183 |
| 164 |
| 213 |
| 370 |
| |

| Liquide (–) | Exigible (–) |
|---|---|
| | |
| | |
| | |
| | |
| | |
| | |
| | |
| | |
| | |
| | |
| | |
| | |
| Liquide (+) | Exigible (+) |

2 **Complétez le tableau ci-dessous en cochant la case « Comptant » ou « Crédit » et en indiquant qui, du débiteur ou du créancier, a l'initiative de la création du moyen de paiement.**

| Moyen de paiement | Comptant | Crédit | Initiative de sa création |
|---|---|---|---|
| Chèque | | | |
| Lettre de change | | | |
| Virement | | | |
| Espèces | | | |
| Carte bancaire | | | |
| Billet à ordre | | | |

## 2 Analyse du contenu du bilan financier

La balance par solde et après inventaire de l'entreprise Bastien pour l'exercice N se présente comme indiqué en annexe.

1 **Déduisez-en le résultat de l'exercice.**

2 **Présentez le bilan financier.**

**Annexe** Balance au 31/12/N

| N° | Intitulé des comptes | Soldes | |
|---|---|---|---|
| | | Débit | Crédit |
| 101 | Capital | | 3 000 000 |
| 106 | Réserves | | 2 800 000 |
| 110 | Report à nouveau | | 25 000 |
| 120 | Résultat de l'exercice | ............... | ............... |
| 151 | Provisions pour risques | | 42 000 |
| 164 | Emprunts auprès des établissements de crédit (1) | | 1 200 000 |
| 201 | Frais d'établissement | 90 000 | |
| 213 | Constructions | 3 598 000 | |
| 2182 | Matériel de transport | 578 000 | |
| 2183 | Matériel de bureau | 195 000 | |
| 2184 | Mobilier | 184 000 | |
| 274 | Prêts (2) | 15 000 | |
| 275 | Dépôts et cautionnement versés | 6 000 | |
| 2801 | Amortissements des frais d'établissement | | 60 000 |
| 2813 | Amortissements des constructions | | 788 000 |
| 28182 | Amortissements du matériel de transport | | 22 200 |
| 28183 | Amortissements du matériel de bureau | | 58 500 |
| 28184 | Amortissements du mobilier | | 83 600 |
| 370 | Stock de marchandises | 482 000 | |
| 401 | Fournisseurs | | 1 984 000 |
| 403 | Fournisseurs – Effets à payer | | 1 163 000 |
| 404 | Fournisseurs d'immobilisations | | 73 500 |
| 408 | Fournisseurs – Factures non parvenues | | 9 270 |
| 411 | Clients (3) | 2 763 000 | |
| 413 | Clients – Effets à recevoir | 845 000 | |
| 418 | Clients – Factures à établir | 6 340 | |
| 444 | État – Impôt sur les bénéfices | 554 000 | |
| 44551 | État – TVA à décaisser | | 526 340 |
| 44566 | État – TVA déductible sur autres biens et services | 346 800 | |
| 486 | Charges constatées d'avance | 16 920 | |
| 487 | Produits constatés d'avance | | 4 040 |
| 491 | Dépréciations des comptes clients | | 62 500 |
| 503 | VMP | 80 470 | |
| 512 | Banque | 3 134 680 | |
| 531 | Caisse | 2 178 | |
| | **Totaux** | ............... | ............... |

**Informations complémentaires**

| | |
|---|---|
| Effets escomptés non échus | 282 000 |
| Résultat qui sera distribué (le reste sera totalement mis en réserve) | 220 000 |

(1) Dont à moins d'un an : 72 980
(2) Dont à moins d'un an : 10 000
(3) Dont à plus d'un an : 48 900

Les charges et les produits constatés d'avance sont à moins d'un an.

Les provisions pour risques couvrent un risque réel à moins d'un an.

## 3 Bilan financier et ratios

L'entreprise Sylvie vous communique son bilan comptable en annexe.

1. **Présentez le bilan financier.**
2. **Calculez les ratios de liquidité et de solvabilité.**
3. **Présentez un compte rendu qui relate la situation de l'entreprise.**

**Annexe** **Balance au 31/12/N**

| | Brut | Amort. & Dép. | Net | | Net |
|---|---|---|---|---|---|
| Immobilisations incorporelles | | | | Capital et réserves | 200 |
| Frais d'établissement | 40 | 20 | 20 | Résultat (3) | 10 |
| Immobilisations corporelles | 360 | 60 | 300 | Provisions pour risques et charges | 60 |
| Immobilisations financières (1) | 40 | - | 40 | Dettes financières (4) | 160 |
| Stocks | 80 | 20 | 60 | Dettes non financières (5) | 120 |
| Clients | 120 | 30 | 90 | | |
| Autres créances (2) | 34 | - | 34 | | |
| VMP | 4 | | 4 | | |
| Disponibilités | 2 | | 2 | | |
| **Totaux** | **680** | **130** | **550** | **Total** | **550** |

Les provisions pour risques et charges couvrent un risque réel à moins d'un an.

(1) Dont à moins d'un an : 20
(2) Dont à plus d'un an : 8
(3) On prévoit de distribuer 5 de dividendes.
(4) Dont concours bancaires : 20 et dettes à moins d'un an (hors concours bancaires) : 40
(5) Dont à plus d'un an : 14

## 4 Prise en compte de la fiscalité latente

L'entreprise Michel établit régulièrement son bilan financier. Jusqu'à présent, elle ne tenait pas compte de la fiscalité latente.
Seule une de ses immobilisations bénéficie de l'amortissement dérogatoire.
C'est la seule provision réglementée dont profite l'entreprise.
On suppose que le taux d'imposition à l'IS de l'entreprise est de 33,1/3 %.

1. **Présentez le poste 14 « Provisions réglementées » au bilan des exercices N à N+5.**
2. **Pour l'année N+1, calculez la fiscalité latente et indiquez les parts à plus d'un an et à moins d'un an.**
3. **Même question pour l'année N+2.**
4. **Corrigez le bilan financier N+2 en prenant en compte la fiscalité latente.**

## Annexe 1 Tableau d'amortissement de l'immobilisation

| Année | Annuité économiquement justifiée | Annuité fiscalement déductible | Dotations (+) ou reprises (–) dérogatoires |
|---|---|---|---|
| N | 100 | 150 | 50 |
| N+1 | 400 | 500 | 100 |
| N+2 | 400 | 460 | 60 |
| N+3 | 400 | 380 | – 20 |
| N+4 | 400 | 260 | – 140 |
| N+5 | 300 | 250 | – 50 |

## Annexe 2 Bilan financier simplifié au 31/12/N+2 (avant prise en compte de la fiscalité latente)

| | Net | | Net |
|---|---|---|---|
| Immobilisations | 1 500 | Capitaux propres retraités (1) | 2 000 |
| Créances à plus d'un an | 600 | Dettes à plus d'un an | 1 300 |
| Stocks et en-cours | 1 300 | Dettes à moins d'un an | 700 |
| Créances à moins d'un an | 800 | Concours bancaires | 400 |
| Disponibilités | 200 | | |
| **Total** | **4 400** | | **4 400** |

(1) Dont provisions réglementées : 210

## Annexe 3 Procédure de prise en compte de la fiscalité latente

Les provisions réglementées ne sont pas représentatives d'une sortie future d'argent et ne sont comptabilisées que dans le seul but de profiter de dispositions fiscales. C'est la raison pour laquelle elles font partie des capitaux propres.

Cependant, lors de la reprise de ces provisions, l'entreprise enregistrera un produit qui sera imposable et qui va générer un surplus d'impôt. Il faut donc calculer le montant de l'impôt latent (qui existe mais qui n'est pas encore réalisé) afin de l'imputer dans les dettes à plus ou moins un an en fonction de l'exigibilité prévisionnelle de cet impôt latent.

**Impôt latent = Provisions réglementées × Taux d'IS**

La part de provisions réglementées, nettes d'impôt latent, reste dans les capitaux propres.

# 5 Liquidité et trésorerie

L'entreprise Pape fabrique des produits finis dont la valeur totale journalière de production est estimée à 1 000 € en moyenne. Le délai de rotation de ses stocks (nombre de jours entre le moment où un produit est fabriqué et le moment où il est vendu) est valorisé à 25 jours.
On suppose qu'au 1er janvier N, aucun stock ne figurait dans l'entreprise.

1. **Quelle est la valeur du stock au bout de 5 jours ? 10 jours ? 25 jours ?**
2. **Quelle est la valeur du stock au bout de 26 jours ? 27 jours ? 30 jours ? 31 jours ?**
3. **Déduisez-en la valeur du stock au 31 décembre.**
4. **En supposant que le volume de fabrication et le nombre de ventes restent constants, expliquez l'impact qu'aurait une augmentation du délai de rotation des stocks sur le ratio de liquidité générale.**
5. **Selon l'analyse fonctionnelle du bilan, quel impact aurait la même augmentation du délai de rotation des stocks sur le BFR et la trésorerie ?**
6. **Que peut-on conclure sur le lien entre les notions de liquidité générale et de trésorerie ?**

Chapitre

# 7 La gestion de trésorerie à court terme

**Activité**
**6.4.** Analyse de la trésorerie et de la solvabilité de l'organisation

**Composante d'activité**
**6.4.2.** Suivi et analyse de la trésorerie de l'organisation

**Compétence**
Gérer les excédents de liquidités ou assurer le financement de la trésorerie.

**P7**
L'interprétation du modèle relationnel.

## Situation professionnelle

L'entreprise Pack Inbox est spécialisée dans la fabrication de cartons d'emballage pour le transport de biens.
Une entrevue avec son banquier a amené M. Altoviti à s'intéresser de plus près à sa trésorerie. Mme Fauvet, la responsable administrative, a donc proposé et mis en place un reporting de trésorerie, qui a mis en évidence des déséquilibres à corriger rapidement.

M. Altoviti lui demande à présent de compléter ce reporting par un ensemble d'outils plus pertinents afin de disposer d'une gestion de trésorerie à court terme qui permettra d'anticiper les déséquilibres mais aussi de bénéficier de produits financiers liés aux placements des excédents.

## Mission

**Mme Fauvet vous demande de l'aider à mettre en œuvre un suivi et une analyse de la trésorerie de l'entreprise.**

## Travail à faire

### I Étudier les conditions de financement proposées par les banques

Mme Fauvet souhaite que vous étudiiez les moyens de financement de la trésorerie.

▶| Fiche ressource 1
▶| Annexe 1

**1.** Quel est actuellement le moyen de financement utilisé par Pack Inbox pour combler ses besoins de trésorerie ?

**2.** Observez le bilan de Pack Inbox. Quel est le montant de ce financement au 31 décembre N ?

**3.** Quel est l'intérêt, pour Pack Inbox, de ce type de financement par rapport aux crédits spécialisés à court terme ?

**4.** Pourquoi les banques pourraient-elles assez rapidement ne plus accorder ce type de financement à l'entreprise ?

**5.** Expliquez dans les grandes lignes ce qu'est la mobilisation de créances commerciales et pourquoi cette autre solution de financement est envisageable pour Pack Inbox.

**6.** Sachant que l'entreprise n'a pas suffisamment anticipé cette solution de financement en créant des lettres de change, Mme Fauvet vous informe qu'une cession Dailly à titre de garantie pourrait permettre d'obtenir des découverts bancaires supplémentaires. Expliquez.

Afin de mettre en place une gestion de trésorerie à court terme, Mme Fauvet a acquis un logiciel de gestion de trésorerie qu'il faut paramétrer. Les conditions bancaires étant différentes selon les banques, notamment en ce qui concerne les dates de valeur, elle vous demande de l'aider à effectuer ce paramétrage.

▶| Fiche ressource 2
▶| Annexes 2 à 4

**7.** Expliquez ce que sont les dates de valeur et la conséquence de ces différences pour la gestion de trésorerie.

**8.** Complétez les tableaux préparatoires de l'annexe 4.

### II Établir un suivi et une comparaison des coûts de financement

Le logiciel de gestion de trésorerie a été paramétré et intégré pour que les données soient automatiquement comptabilisées en trésorerie. Toutefois, avant de l'utiliser, Mme Fauvet souhaite s'assurer de son bon fonctionnement en s'appuyant sur des données passées issues des opérations effectuées sur le compte à la banque B.

▶| Fiche ressource 3
▶| Fiche ressource 4
▶| Annexes 5 et 6

**9.** Vous constatez que les calculs effectués par le logiciel sont à « intérêt simple ». De quoi s'agit-il ? Pourquoi le logiciel a-t-il été paramétré ainsi ?

**10.** Quelles informations ont été collectées auprès de la banque B pour paramétrer, au sein du logiciel, les calculs de coûts de découvert ?

**11.** Mme Fauvet décide de mettre en place des échelles d'intérêts. Pourquoi, selon vous ?

**12.** Présentez l'échelle des intérêts pour le 4e trimestre N.

**13.** Vérifiez le ticket d'agios remis par la banque et confirmé par le logiciel.

Mme Fauvet a constaté que les découverts les plus réguliers sont constatés sur la banque C. Elle vous communique les prévisions du logiciel de trésorerie. Elle désire simuler une procédure de financement de ce compte.

P7 **14.** **Indiquez si un effet de commerce permet de régler plusieurs factures et rédigez la requête SQL qui a permis à Mme Fauvert d'extraire les données indiquées.**

**15.** **Réalisez, dans le tableau de l'annexe 10, une comparaison des coûts de financement pour les trois modalités proposées. Concluez sur la solution à choisir.** Fiche ressource 5 · Annexes 7 à 10

**16.** **Calculez le taux effectif (coût réel) de chacune des modalités de financement M1, M2 et M3. Ces taux corroborent-ils les résultats trouvés à la question précédente ? Pourquoi ?** Fiche ressource 6

## III Analyser la trésorerie et gérer les excédents

Le reporting de trésorerie a permis de constater que le compte situé à la banque A présente des écarts importants entre soldes débiteurs et créditeurs. S'agissant du compte à partir duquel les salaires sont versés, M. Altoviti tient à ce qu'il soit géré de façon très pointilleuse. Des prévisions de trésorerie ont été extraites du logiciel. Mme Fauvet vous charge d'élaborer un **suivi de trésorerie**. Vous vous souvenez avoir déjà réalisé des prévisions de trésorerie dans le cadre du budget et du plan de trésorerie.

**17.** **Expliquez la différence entre un budget, un plan et une fiche de suivi de trésorerie.** Fiche ressource 7 · Annexe 11

**18.** **Sans tenir compte du coût du financement et des gains sur les placements, complétez la fiche de suivi de trésorerie en équilibrant le solde après décision à 0. Déduisez-en la somme totale qui a été placée sur la période.**

**19.** **En quoi ce suivi vous semble-t-il pertinent pour Pack Inbox ?**

**20.** **Dans le bilan, le poste « VMP » est uniquement constitué de SICAV. De quoi s'agit-il ? Quel est l'intérêt par rapport à l'utilisation de dépôts à terme ?** Fiche ressource 8 · Annexe 12

**21.** **Dans un bref compte rendu, procédez à l'analyse de l'offre de la banque A. Vous paraît-elle adaptée à la gestion des excédents de Pack Inbox ?**

## Données de la situation

### Annexe 1 Entretien avec Mme Fauvet

**Mme Fauvet :** L'analyse fonctionnelle du bilan a montré un besoin en fonds de roulement relativement important qui doit être financé. Au moment où les dettes deviennent exigibles, nous n'avons pas toujours l'argent pour les payer puisque nous n'avons pas encore encaissé les ventes… Nous devons alors trouver des moyens de financement car nous n'avons pas assez d'avance sur nos comptes bancaires pour cela. Regardez notre bilan, la trésorerie à l'actif s'élève à 98 800 €, c'est-à-dire 50 700 € de disponibilités auxquelles on ajoute 48 100 € de VMP. C'est peu par rapport à nos besoins !

**Vous :** Et actuellement, comment faites-vous lorsque vous manquez de disponibilités ?

**Mme Fauvet :** Pour l'instant, nous fonctionnons un peu comme un ménage qui a du mal à finir le mois. Nos trois banques acceptent que **nos comptes courants soient à découvert**. D'ailleurs, les concours bancaires figurant au bilan (renvoi en bas de passif) sont exclusivement, pour Pack Inbox, des soldes créditeurs de banque, c'est-à-dire des découverts bancaires (comptes 512 créditeurs) et non des crédits négociés (comptes 519).

…

**Vous :** Mais pourquoi avoir plusieurs banques ?

**Mme Fauvet :** Pour diluer le risque. Si nous avons besoin d'une somme importante, il est plus facile d'en demander un tiers à chacune de nos trois banques plutôt que d'en solliciter une seule. Mais malgré cela, j'ai peur qu'un jour ou l'autre nous dépassions le **plafond de découvert autorisé, qui se situe actuellement à 300 000 €** pour le total de nos trois banques.

**Vous :** Effectivement, il faut anticiper et trouver d'autres moyens de financement.

## Annexe 2 Analyse des moyens de règlement

Mme Fauvet vous fournit les données suivantes à partir d'une analyse des relevés bancaires sur quelques mois représentatifs.

| Moyens de paiement | Nombre | % | Valeur | % |
|---|---|---|---|---|
| Chèques émis | 3 569 | 51,55 % | 1 758 965,00 | 41,24 % |
| Virements émis | 1 241 | 17,92 % | 589 632,00 | 13,82 % |
| Prélèvements émis | 218 | 3,15 % | 659 845,00 | 15,47 % |
| Effets de commerce domiciliés (mis en paiement) | 1 896 | 27,38 % | 1 256 896,00 | 29,47 % |
| **Total** | **6 924** | **100,00 %** | **4 265 338,00** | **100,00 %** |

| Moyens de paiement | Nombre | % | Valeur | % |
|---|---|---|---|---|
| Chèques reçus | 2 131 | 39,06 % | 2 365 989,00 | 40,12 % |
| Virements reçus | 869 | 15,93 % | 45 812,00 | 0,78 % |
| Effets de commerce remis à l'encaissement | 2 456 | 45,01 % | 3 485 965,00 | 59,11 % |
| **Total** | **5 456** | **100,00 %** | **5 897 766,00** | **100,00 %** |

Remarque : tous les effets de commerce sont télétransmis directement à la banque.

## Annexe 3 Conditions bancaires proposées par les trois banques de l'entreprise (extraits)

**Banque A**

**> DATES DE VALEUR (JOURS OUVRÉS)**

| > Remise de chèque | |
|---|---|
| Remise de chèque payable en France | J(1) + 1 |
| Paiement d'un chèque | J(1) |

| > Virement/versement/retrait | |
|---|---|
| Virement externe reçu | J(1) |
| Virement externe émis, avis de prélèvement émis | J(1) |
| Versement d'espèces, retrait | J(1) |

| > Paiement par carte/monétique | |
|---|---|
| Paiement par carte bancaire | |
| - débit immédiat | JR(2) |
| - débit différé | JR(2) |
| Monétique | JR(2) |

| > Remise d'effet | |
|---|---|
| Remise d'effet à l'encaissement | E(3) + 2 j |
| Remise d'effet à l'escompte | J(4) + 1 j |

*(1) J = jour de comptabilisation sur le compte client*
*(2) JR = jour de réception au centre de traitement des cartes bancaires*
*(3) E = date d'échéance ou échéance reportée en jours ouvrés*
*(4) J = date d'opération*

**Banque B**

| Dates de valeur (6) (en jours calendaires) | |
|---|---|
| ■ Remise de chèque | J+1 |
| ■ Débit de chèque | J |
| ■ Virement émis ou reçu | J |
| ■ Versement ou retrait d'espèces | J |
| ■ Retrait ou paiement par carte | J |
| ■ Remise de paiement par carte Terminal Paiement Electronique | J+1 |
| ■ Prélèvement au crédit sous réserve de date de présentation à E-6 jours ouvrés (FIRST) | E |
| ■ Prélèvement au crédit sous réserve de date de présentation à E-3 jours ouvrés (RECURRENT) | E |
| ■ Prélèvement au débit | J |
| ■ Remise d'effet à l'encaissement *(sous réserve de remise à l'agence à E-5 jours ouvrés)*<br>- remise télétransmise<br>- remise papier | <br><br>E+1<br>E+2 |
| ■ Remise d'effet à l'escompte | J |
| ■ Paiement d'effet | E-1 |
| ■ Remise hors délai : échéance recalculée | R |

*J = jour de l'opération E = date d'échéance (les échéances tombant un samedi, dimanche, jours fériés et jours de fermeture sont reportées au 1er jour ouvré suivant) R = date de règlement interbancaire*

*FIRST : première présentation d'un prélèvement émis au format SEPA*

*RECURRENT : deuxième présentation de ce prélèvement et suivantes*

*(6) La date de valeur est la date de prise en compte pour le calcul des intérêts débiteurs.*

**Banque C**

• Dates de valeur

| Vos retraits d'espèces | Débit en compte | Date de valeur appliquée |
|---|---|---|
| Au guichet | J (jour de retrait) | J |
| Au distributeur | J (jour de retrait) | J |
| **Vos encaissements** | **Crédit en compte** | **Date de valeur appliquée** |
| Versement d'espèces au guichet | J (date de versement) | J |
| Remise de chèque | J[5] (Journée d'échange) | J + 1 ouvré |
| Remise d'avis de prélèvement | J (date de règlement) | J |
| Virement reçu | J[6] (Journée d'échange) | J |
| Escompte commercial[1] | J (date de remise) | J + 1 cal. |
| Escompte valeur | J (date de remise) | Ech. effet + 4 J cal.[2] |
| Crédit forfaitaire après échéance (CFAE) | Echéance effet[2] | Ech. effet + 4 J cal.[2] |
| Effet à l'encaissement (AE) | Ech. effet +15 J cal.[3] | Echéance effet[4] |
| **Vos règlements** | **Débit en compte** | **Date de valeur appliquée** |
| Paiement par carte débit immédiat | J | J |
| Paiement par carte débit différé | J (dernier jour ouvré du mois) | J |
| Paiement de chèque | J (Journée d'échange) | J |
| Paiement d'une LCR domiciliée | J (date de règlement) | J - 1 cal. |
| Paiement d'un prélèvement | J (date de règlement) | J |
| Émission d'un virement | J (date d'exécution) | J |
| Émission d'un virement trésorerie | J (date d'exécution) | J |

Cal : Calendaire    Ech. : Echéance
(1) Minimum d'agios perçus = 10 jours cal. ou 8,00 €.
(2) Si effets échus : minimum = remise +10 jours cal.
(3) Si effets échus : minimum = remise +15 jours cal.
(4) Si effets échus : minimum = date de remise.
(5) Pour les chèques remis avant 15 h 30 les jours d'ouverture de l'agence.
(6) Pour les ordres transmis avant 16 h (12 h pour les virements fiscaux, sociaux et virement Spécifique Orienté Trésorerie, 11 h 30 pour les virements internationaux en devises par débit d'un compte euro).
Jour ouvré selon les critères de la banque de France : lundi au vendredi, même si l'agence est ouverte le samedi.

## Annexe 4 Tableaux préparatoires au paramétrage du logiciel

**Mme Fauvet :** Ces tableaux ont un double objectif : préparer les informations pour le paramétrage de notre logiciel de trésorerie et comparer les conditions offertes par nos banques. Pour chaque moyen de paiement, indiquez les dates de valeur pour chaque banque, en précisant s'il s'agit de jours ouvrés ou de jours calendaires.

| Moyens de paiement des clients | Banque A | Banque B | Banque C |
|---|---|---|---|
| | | | |
| | | | |
| | | | |

| Moyens de paiement aux fournisseurs | Banque A | Banque B | Banque C |
|---|---|---|---|
| | | | |
| | | | |
| | | | |
| | | | |

## Annexe 5 Extraction du logiciel de trésorerie – 4e trimestre N

| Dates de valeur | Mouvements débit | Mouvements crédit | Soldes débiteurs | Soldes créditeurs |
|---|---|---|---|---|
| Solde initial | | | 30 500 | |
| 01/10/N | | 4 000 | 26 500 | |
| 05/10/N | 30 000 | | 56 500 | |
| 20/10/N | | 60 000 | | 3 500 |
| 30/10/N | 24 000 | | 20 500 | |
| 15/11/N | | 16 000 | 4 500 | |
| 28/11/N | 16 400 | | 20 900 | |
| 01/12/N | | 4 000 | 16 900 | |
| 18/12/N | 4 000 | | 20 900 | |
| 31/12/N | | 4 000 | 16 900 | |

## Annexe 6 Ticket d'agios de découvert du dernier trimestre N – Banque B

**Résultat des négociations avec la banque B**
Le taux d'intérêt négocié par l'entreprise se positionne à 9,60 %.
La commission de plus fort découvert a été négociée à 0,08 % HT. La commission de mouvement n'a pu être négociée.
Plafond de découvert autorisé : 60 000 €.

**DÉCOUVERTS ET CRÉDITS – BANQUE B**
Facilités de caisse et/ou découvert
- **Découvert du compte**

– Intérêts débiteurs : indexés sur le taux de base bancaire, majorés d'un complément lié aux caractéristiques de chaque entreprise.
– Commission de plus fort découvert : plafonnée à 0,10 %, elle est perçue sur le plus fort solde débiteur en valeur de chaque mois du trimestre considéré.
– Commission de mouvement : 0,10 %, elle s'applique sur le total des mouvements débiteurs. À partir de 8,50 € par trimestre.

**BANQUE B**
Le 14/01/N+1
Ticket d'agios – 4e trimestre N
Total intérêts débiteurs : 523,12 €
CPFD : 78,64 €
Commission de mouvement : 89,28 €
(Dont TVA : 14,88 €)
**TOTAL FRAIS : 691,04 €**

## Annexe 7 Prévisions de trésorerie – Banque C

**Mme Fauvet :** Les prévisions de trésorerie pour la banque C sur le premier trimestre N+1 montrent un **déficit d'un montant de 30 000 € du 24 janvier au 12 février inclus**. Aucun autre déficit n'est envisagé sur le trimestre. Afin de préparer la simulation de financement, j'ai extrait, à partir du logiciel, la liste des effets disponibles dont l'échéance est postérieure au 24 janvier, classée par ordre d'échéances :

| Échéance au 15/02 | |
|---|---|
| N° effet | Montant |
| 01458 | 12 000 |
| 01469 | 8 000 |
| 01478 | 3 500 |

| Échéance au 20/02 | |
|---|---|
| N° effet | Montant |
| 01512 | 6 000 |
| 01533 | 3 000 |
| 01549 | 750 |
| 01589 | 450 |

Mme Fauvet vous communique un extrait du schéma relationnel :
CLIENT(<u>CodeCli</u>, NomCli, PrenomCli,….)
FACTURE(<u>NumFact</u>, DateFact, MontantFact,…#CodeCli, #NumEffet)
EFFET(<u>NumEffet</u>, MontantEffet, DateCreation, DateEcheance, …#CodeCli)

## Annexe 8 Conditions bancaires – Banque C

**Conditions d'escompte**
Taux : 7,90 %
Commission d'endos : 0,6 %
Commission de manipulation : 3 €/effet
Application d'un jour de banque
Plafond d'escompte : 250 000 €

**Conditions du découvert**
Taux : 9,90 %
CPFD : 0,05 %
Pas de commission de mouvement
Plafond autorisé de découvert : 35 000 €

## Annexe 9 Procédures de financement – Banque C

Le choix du financement des manques de trésorerie sera effectué par comparaison du coût du financement selon les trois modalités (M) suivantes :
– M1 : escompte seul ;
– M2 : découvert seul ;
– M3 : escompte des effets dont l'échéance est la plus proche (et uniquement ces effets-là), complément par découvert.

## Annexe 10 Tableaux de comparaison des coûts de financement

| Tableau de calcul du coût d'escompte | | |
|---|---|---|
| | M1 | M3 |
| Nos des effets escomptés | | |
| Montant total du nominal escompté | | |
| Valeur de l'escompte | | |
| Valeur de la commission d'endos | | |
| Valeur de la commission de manipulation | | |
| **Total du coût du financement** | | |

| Tableau de calcul du coût du découvert | | |
|---|---|---|
| | M2 | M3 |
| Montant du découvert demandé | | |
| Intérêts débiteurs | | |
| CPFD | | |
| **Total du coût du financement** | | |

| Synthèse | M1 | M2 | M3 |
|---|---|---|---|
| Coût global de financement | | | |

## Annexe 11 Suivi de trésorerie

**Fiche initiale**

| Semaine 1 | 01/03 | 02/03 | 03/03 | 04/03 | 05/03 | 06/03 | 07/03 |
|---|---|---|---|---|---|---|---|
| **Total des recettes** | **7 000,00** | **13 000,00** | **19 000,00** | **15 000,00** | **15 000,00** | **17 000,00** | **14 000,00** |
| **Total des dépenses** | **5 000,00** | **9 000,00** | **31 000,00** | **11 000,00** | **25 000,00** | **2 000,00** | **8 000,00** |
| Solde initial | 500,00 | 2 500,00 | 6 500,00 | – 5 500,00 | – 1 500,00 | – 11 500,00 | 3 500,00 |
| Solde journée avant décisions | 2 500,00 | 6 500,00 | – 5 500,00 | – 1 500,00 | – 11 500,00 | 3 500,00 | 9 500,00 |

**Fiche à compléter**

| Semaine 1 | 01/03 | 02/03 | 03/03 | 04/03 | 05/03 | 06/03 | 07/03 |
|---|---|---|---|---|---|---|---|
| **Total des recettes** | **7 000,00** | **13 000,00** | **19 000,00** | **15 000,00** | **15 000,00** | **17 000,00** | **14 000,00** |
| **Total des dépenses** | **5 000,00** | **9 000,00** | **31 000,00** | **11 000,00** | **25 000,00** | **2 000,00** | **8 000,00** |
| Solde initial | 500,00 | | | | | | |
| Solde journée avant décisions | 2 500,00 | | | | | | |
| Décisions (+) : escompte, découvert… | | | | | | | |
| Décisions (–) : placements | | | | | | | |
| Solde journée après décisions | | | | | | | |

## Annexe 12 Offre de la banque A

La banque A propose une gestion automatisée des excédents de liquidité. Cette solution est appelée « Global cash trésorerie ».

Globalcash trésorerie

La gestion automatisée de votre trésorerie

**Global cash trésorerie place de manière automatique vos excédents de trésorerie par souscription/rachat quotidiens d'OPCVM monétaires.**

**LES ⊕**

- Solution rémunératrice et sécurisante.
- Offre automatisée respectant les protocoles définis.
- Reporting complet adressé mensuellement.
- Large choix d'OPCVM exclusivement monétaires réguliers.
- Option de répartition de la plus-value réalisée entre les comptes.

**LE PRODUIT**

***Optimisez votre trésorerie tout en restant maître de vos placements***

Global cash trésorerie calcule quotidiennement votre solde de trésorerie en valeur, déclenche automatiquement les ordres d'achat ou de vente en respectant scrupuleusement votre protocole de placement.

À la signature de la Convention, vous définissez :

- le choix des OPCVM monétaires en fonction de votre profil,
- le montant du pied de compte(1) : fixe ou en pourcentage du solde.
- le type de protocole d'investissement et de désinvestissement :
  - *placement réalisé à 100% sur un OPCVM unique,*
  - *placement réparti en pourcentage sur plusieurs OPCVM,*
  - *placement par priorisation (respect de vos priorités d'investissements),*
  - *placement par tranche de montant (respect des plafonds d'investissement par support OPCVM).*

**UNE GAMME D'OPCVM MONÉTAIRES ADAPTÉE À VOTRE PROFIL D'INVESTISSEMENT POUR OPTIMISER VOTRE TRÉSORERIE**

Quel que soit votre profil (PME/PMI, associations gestionnaires, grands comptes…) Banque A propose des solutions de placement automatisé qui vous permettront de répondre aux besoins liés à vos cycles de trésorerie.

Les différentes offres OPCVM vous font bénéficier:

- d'un montant initial de souscription faible ou décimalisé, sans frais d'entrée ni de sortie,
- d'une rémunération régulière de votre trésorerie,
- d'une disponibilité, à tout moment, de vos liquidités (valorisation quotidienne des OPCVM).

(1) Pied de compte : montant de liquidités laissé sur le compte ; somme non placée.

Fiche ressource 1

# Les moyens de financement de la trésorerie

Le financement de la trésorerie à court terme consiste à trouver des disponibilités pour honorer les factures du quotidien. En comptabilité, le découvert correspond au compte 512 créditeur (**solde créditeur de banque**). Pour les autres financements, la contrepartie des disponibilités reçues (au débit du compte 512) sera soit la disparition de créances (lorsqu'elles sont escomptées par la banque), soit une dette financière à court terme nommée « **concours bancaires** ».

## I La mobilisation de créances commerciales

Compte tenu des délais de paiement attachés aux créances, le différé d'encaissement des ventes pose souvent un problème de trésorerie pour les entreprises. Ces créances constituent pour le banquier une sorte de garantie qui va lui permettre d'accorder plus sereinement des fonds que dans le cas d'une autorisation de découvert (pour laquelle il n'a aucune garantie).

**Mobiliser (faire appel, mettre en jeu) des créances commerciales consiste donc à utiliser les créances avant leur échéance comme une contrepartie (garantie) à l'obtention immédiate de liquidités.**

### 1. L'escompte des effets de commerce

Un effet de commerce est la matérialisation d'une créance payable à une échéance précise. Avant l'échéance, l'entreprise peut remettre à l'escompte ses effets de commerce afin d'en obtenir immédiatement des liquidités, déduction faite du coût de ce mode de financement.

La valeur de l'effet de commerce apporté est appelée le nominal.

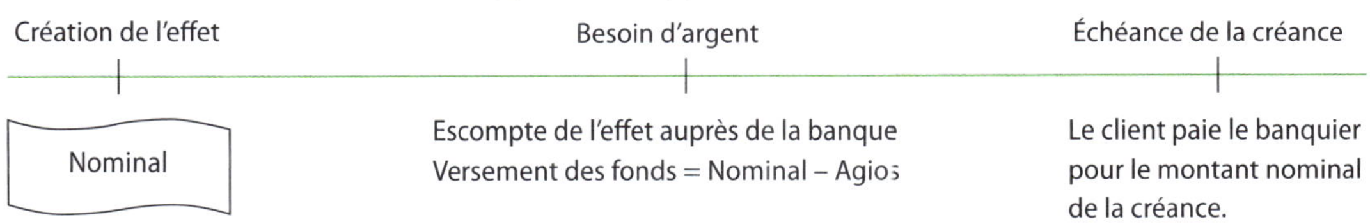


Les agios comprennent :

– l'intérêt sur l'argent prêté, calculé entre la date d'escompte et la date d'échéance ;

– des commissions fixes calculées par effet escompté.

En général, le banquier détermine un **plafond d'escompte**, qui est le montant maximum de créances pouvant être escomptées.

Cependant, toutes les créances d'une entreprise ne sont pas matérialisées sous forme d'effets de commerce. De plus, la cession d'un nombre important d'effets de commerce engendre un suivi administratif relativement lourd. Il existe donc d'autres modalités de mobilisation de créances.

### 2. La cession Dailly

C'est au début des années 1980, sous l'impulsion du sénateur Étienne Dailly, qu'a été créée cette modalité permettant, au travers d'un simple document appelé « bordereau Dailly », de **céder à une banque, avant leurs échéances, des créances commerciales non matérialisées par des effets de commerce.** Cette cession peut, selon les banques, être effectuée :

– pour obtenir immédiatement des liquidités : la banque remet à l'entreprise une somme d'argent, déduction faite des agios (on parle alors de « cession à titre d'escompte » car le mécanisme est très proche d'un escompte d'effet de commerce) ;

→ **Cession Dailly à titre d'escompte**

– en garantie d'un crédit (on parle de « cession à titre de garantie »). Les créances cédées permettent à l'entreprise d'obtenir un crédit (découvert) plus important puisque garanti par les créances.

→ **Cession Dailly à titre de garantie**

### 3. L'affacturage (*factoring*)

L'entreprise fait appel à une société d'affacturage, appelée « factor » (qui peut être une société spécialisée, une banque ou une filiale de banque), à qui elle cède ses créances avant l'échéance. **Le factor assume alors en totalité le risque d'impayé des créances** et prend à sa charge toutes les opérations d'encaissement, de relance ou de contentieux. Il libère ainsi l'entreprise d'une lourde charge de travail administratif et juridique. Par rapport à la cession de créances, le factor ne bénéficie pas, comme la banque, de la possibilité de se retourner vers son client pour récupérer les fonds.

| Le factor reverse les fonds à l'échéance | Le factor avance les fonds |
|---|---|
| À l'échéance, après avoir encaissé lui-même les créances des clients, le factor versera à l'entreprise la somme nette de la **commission d'affacturage**. | L'affacturage peut aussi servir de moyen de financement. En effet, le factor peut, à la demande de l'entreprise, lui verser des fonds avant l'échéance moyennant, outre la **commission d'affacturage**, une **commission de financement**. |

### 4. Le crédit de mobilisation des créances commerciales (CMCC)

Il s'agit d'une autre forme de mobilisation de créances. L'entreprise regroupe ses factures clients dont les échéances sont voisines (à 10 jours près) et les transmet à sa banque, qui lui consent un **crédit sur son compte courant**.

En contrepartie de ce crédit, l'entreprise souscrit un billet à ordre dont le bénéficiaire est la banque. Le billet à ordre peut être assimilé à un chèque mais avec une échéance prévue qui ne peut pas dépasser 90 jours (délai légal). À l'échéance, l'entreprise recevra les fonds de ses clients, ce qui lui permettra de payer le billet à ordre à sa banque. Cette technique est très peu utilisée en pratique. Le CMCC s'enregistre en **compte 519 « Concours bancaires courants »**.

## II Le découvert (ou la ligne de crédit)

Un découvert est la possibilité d'avoir un compte banque débiteur, c'est-à-dire de dépenser plus que la provision (l'argent) qui est sur le compte (au niveau comptable, **le compte 512 est créditeur**). Un découvert n'est pas un droit et la banque fixe les conditions de plafond et de durée pour chacun de ses clients.

Pour les entreprises, on parle d'une ligne de crédit. Celle-ci est généralement négociée au moment où l'entreprise ouvre son compte courant mais elle peut être renégociée à tout moment (en fonction de critères comme la taille, le chiffre d'affaires, la situation financière de l'entreprise…).

Le découvert est un moyen de financement à court terme très souple car il ne nécessite aucune formalité quand il survient et s'adapte, à l'euro près, aux besoins de l'entreprise.

La banque n'a aucune garantie et peut à tout moment y mettre fin (sous respect d'un délai de préavis) en bloquant les paiements si elle pense que l'entreprise risque de ne pas la rembourser.

## III Les crédits spécialisés de court terme

Il s'agit de prêts d'une durée pouvant s'échelonner sur quelques jours et au maximum une année. Ils peuvent faire l'objet d'un plan de remboursement établi à l'avance (mensualités…). En comptabilité, ils s'enregistrent dans le **compte 519 « Concours bancaires courants »**.

Il existe différents prêts selon le type d'utilisation recherché par l'entreprise :

| Crédit de trésorerie | Crédit spot | Crédit de campagne |
|---|---|---|
| Crédit servant à financer un besoin temporaire (petit investissement, dépenses non prévues) | Crédit dont la durée est très courte (quelques jours) | Crédit spécifique pour des entreprises saisonnières ou qui ont besoin de financer leur cycle d'exploitation (BFR) |

# Fiche ressource 2

## Les conditions bancaires : date d'opération, heure de caisse, date de valeur

La première compétence demandée à un gestionnaire de trésorerie est de comprendre et d'interpréter les particularités liées aux dates dans le traitement quotidien des opérations.

### I Le raisonnement en dates de valeur

La **date d'opération** correspond au jour où l'opération est effectuée. L'**heure de caisse** est l'heure à partir de laquelle la « journée bancaire » est terminée, c'est-à-dire qu'au-delà de l'heure de caisse d'un jour J, toute opération (remise de chèque, ordre de virement...) sera exécutée dès le prochain **jour ouvré**. La date d'opération sert de référence pour les enregistrements comptables.

Toutefois, pour des questions de délais techniques, la banque peut appliquer un certain nombre de jours en plus ou en moins à une date d'opération. Ces jours, appelés « **jours de valeur** » ou « **jours de banque** », permettent d'obtenir la **date de valeur** de l'opération.

**La date de valeur marque l'inscription réelle de l'entrée ou de la sortie des fonds au compte de l'entreprise pour la banque. Elle sert de référence pour le calcul des intérêts.**

**Jour ouvré :** selon l'article L. 133-4 du Code monétaire, c'est un jour au cours duquel les banques exercent une activité permettant d'exécuter des opérations de paiement. Les jours ouvrés correspondent donc aux journées du **lundi au vendredi car les banques sont tributaires des systèmes interbancaires de paiement qui ne fonctionnent que ces jours-là.**

**Jour calendaire :** il s'agit de **chaque jour du calendrier**, c'est-à-dire des sept jours de la semaine, jours fériés compris.

Les jours de valeur sont exprimés en jours ouvrés ou en jours calendaires. Attention : si l'application des jours calendaires entraîne la création d'une opération un samedi ou un dimanche, celle-ci sera automatiquement reportée au premier jour ouvré suivant.

### II Exemple

Une banque applique les conditions suivantes :
– remise de chèques : + 1 jour ouvré ;
– heure de caisse : 15 h 30.

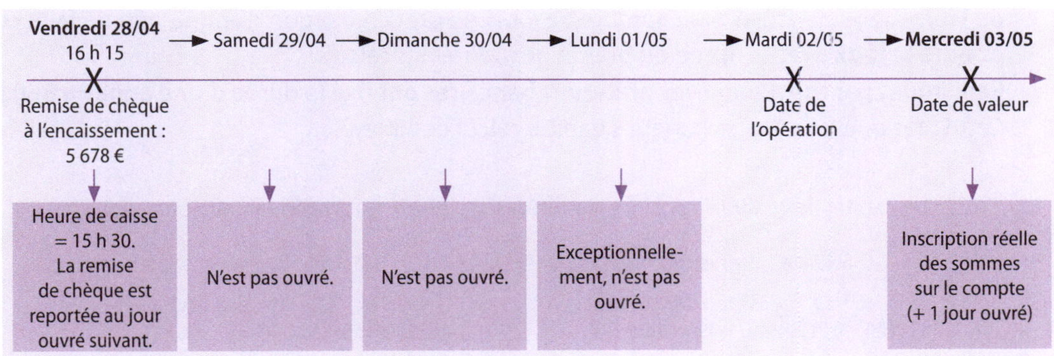


– Si l'entreprise est en découvert bancaire de 5 000 € le vendredi 28 avril matin, elle le restera jusqu'au mercredi matin et sera redevable des intérêts et agios correspondants.
– Si elle dépose des chèques le vendredi à 15 h, la date d'opération est le vendredi. Mais le samedi n'étant pas un jour ouvré et le lundi 1er mai étant férié, la date de valeur sera reportée au mardi matin.

### III La conséquence sur la gestion de trésorerie

Si la date d'opération intéresse le comptable, le trésorier doit prendre en compte les dates de valeur afin de prévoir le moment exact où une somme va entrer ou sortir en trésorerie étant donné que la banque utilise cette référence pour le calcul des intérêts éventuels.

Fiche ressource 3

# Les principes de base de calcul des intérêts

Les intérêts sont en quelque sorte le loyer de l'argent prêté et servent de rémunération au prêteur. Ils dépendent de la période pendant laquelle de l'argent a été prêté ou placé (année, mois, jours) et du taux pratiqué par la banque : ce taux est appelé « taux nominal ».

## I Intérêts simples, intérêts composés

| Les intérêts simples | Les intérêts composés |
|---|---|
| Les intérêts produits par une période **ne se cumulent pas avec le capital** à la fin de la période. | Les intérêts issus de la première période vont **se cumuler avec le capital (se capitaliser)** pour servir de base de calcul des intérêts de la prochaine période. |
| Exemple<br>Un capital de 100 000 € est placé à intérêts simples à 5 % l'an pendant deux ans.<br>Intérêts fin année 1 : 100 000 × 5 % = 5 000<br>Intérêts fin année 2 = **100 000** × 5 % = 5 000<br>Valeur acquise au bout de deux ans :<br>100 000 + 5 000 + 5 000 = 110 000 € | Exemple<br>Un capital de 100 000 € est placé à intérêts composés à 5 % l'an pendant deux ans.<br>Intérêts fin année 1 : 100 000 × 5 % = 5 000<br>Intérêts fin année 2 : **105 000** × 5 % = 5 250<br>Valeur acquise au bout de deux ans :<br>= 100 000 + 5 000 + 5 250 = 110 250 € |

Dans le monde bancaire, les intérêts ne se capitalisent qu'au bout d'un an.
Ainsi, tous les calculs effectués sur des durées inférieures à un an ne capitalisent pas les intérêts et sont donc effectués à « intérêts simples ».
Dans le cadre d'une gestion de trésorerie (court terme = moins d'un an), c'est la technique des intérêts simples qui sera donc utilisée pour évaluer le coût des intérêts.

## II Taux d'intérêt annuels, mensuels, journaliers

Les taux d'intérêt sont toujours exprimés pour un an. Or, dans le cadre d'une gestion de trésorerie, les prêts ou placements sont inférieurs à un an.
L'entreprise devra donc soit convertir le taux annuel présenté par le banquier en taux mensuel, ou journalier, soit convertir le nombre de jours de prêt en fraction d'année, afin de faire **correspondre le taux avec la durée du prêt** et de faciliter les calculs.
Remarque : par convention, **les pratiques bancaires ont fixé la durée d'une année à 360 jours.** Cette pratique favorise les banques dans le calcul des intérêts.

> Exemple
>
> Un capital de 10 000 € est placé à intérêts simples à 5 % l'an pendant 45 jours.

| Solution 1 : taux en rapport avec la durée | Solution 2 : durée en rapport avec le taux |
|---|---|
| 5 % / 360 = 0,0138888 % = taux journalier<br>10 000 × 0,0138888 % × 45 = 62,50 € | 45 / 360 = 0,125 = fraction d'année<br>10 000 × 5 % × 0,125 = 62,50 € |

## III Intérêts postcomptés, intérêts précomptés

| Lorsque les intérêts sont payés en fin de période, on dit qu'ils sont **postcomptés**. | Lorsque les intérêts sont payés au moment de la remise des fonds, on dit qu'ils sont **précomptés**. |
|---|---|
| Exemple : la banque accorde un **découvert** de 10 000 € pendant 45 jours au taux de 5 %. On lui rendra 10 062,50 € en fin de période. | Exemple : l'entreprise **escompte** une lettre de change de 10 000 €, 45 jours avant l'échéance : la banque lui verse 9 937,50 € (10 000 – 62,50). |
| Remarque : on constate que le coût du financement est identique (62,50 €) mais que le capital « emprunté » (donc disponible) n'est pas le même. L'entreprise dispose de 10 000 € dans le cas du découvert contre 9 937,50 € dans le cas de l'escompte. À taux et durée identiques, la modalité des intérêts postcomptés est plus intéressante que celle des intérêts précomptés. | |

# Fiche ressource 4

# Le coût du financement par découvert bancaire

## I Le coût d'un financement à court terme

On appelle « **agios** » la somme totale des intérêts et des commissions prélevés à l'occasion d'une opération de financement à court terme.

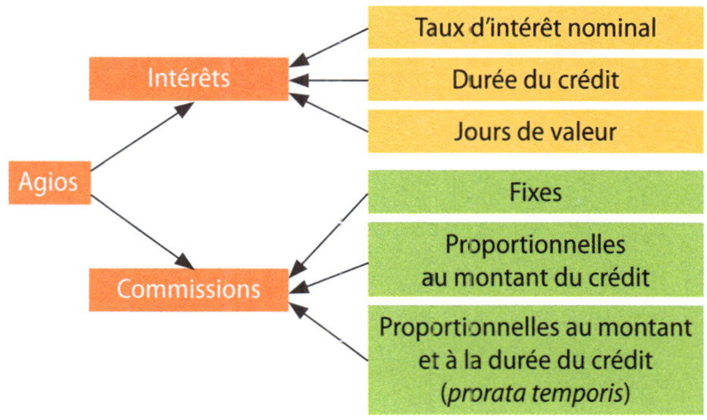


Certaines banques pratiquent des minimas de facturation de leur service : nombre de jours minimum d'intérêts, commissions planchers…

Tous les éléments constitutifs du coût d'un financement doivent être pris en compte, notamment dans le paramétrage des outils informatiques utilisés par le gestionnaire de trésorerie. Celui-ci doit donc parfaitement connaître les conditions bancaires des banques avec qui il est en relation.

## II Le coût de découvert

### 1. Les conditions de base

| Intérêts | Commissions |
|---|---|
| Le montant des intérêts dépend :<br>– du taux d'intérêt nominal négocié par l'entreprise avec sa banque ;<br>– de la durée du découvert, qui est calculée à partir du nombre de jours entre la date où le compte devient débiteur (on ne l'inclut pas) et la date où le compte redevient créditeur (on l'inclut). | Plusieurs commissions peuvent être prévues par les banques. Nous présentons ici celles qui sont les plus répandues :<br>– la **commission de plus fort découvert (CPFD)** se calcule <u>mensuellement</u> sur le montant du plus fort découvert **de chaque mois** (non soumise à TVA) ;<br>– la **commission de mouvement** est un pourcentage qui s'applique au total des mouvements débiteurs de la période. Elle est assujettie à la TVA. |

Les agios sont facturés par la banque sur une période qui peut être le mois ou le trimestre. Cette facture s'appelle un « **ticket d'agios** ».

**Attention :** lors d'une facturation au trimestre, la CPFD apparaît pour le montant cumulé calculé sur **le plus fort découvert de chaque mois** du trimestre.

### 2. Les échelles d'intérêts

Pour le gestionnaire, le calcul des agios (intérêts + commissions) devient difficile dans le cas d'un compte qui passe régulièrement d'un solde positif (créditeur) à un découvert (solde débiteur). C'est pourquoi il est possible, à l'instar de ce que font les banques, d'utiliser un tableau de calcul appelé « **échelle d'intérêts** », utilisant le concept de « **nombres débiteurs** ».

Ce document est utilisé par la banque pour justifier la facturation des agios. Dans le cadre de la gestion de trésorerie interne à l'entreprise, il peut être utilisé à des fins :
- prévisionnelles, pour estimer le coût du financement ;
- de vérification, pour vérifier le ticket d'agios facturé par la banque.

> Exemple
>
> On donne l'échelle d'intérêts de l'entreprise Alfa.
> La banque applique les conditions suivantes :
> – taux d'intérêt : 10 % ;
> – CPFD : 0,05 % ;
> – commission de mouvement : 0,025 % (HT).
> Elle facture le ticket d'agios au trimestre.

On raisonne en date de valeur et non en date d'opération.

Mouvements de la période (débit = argent qui sort ; crédit = argent qui entre)

Solde du compte (débit = découvert)

= Solde DÉBITEUR (a) × Nombre de jours pendant lesquels le solde est débiteur (b)

| Mois | Date de valeur | MOUVEMENTS | | SOLDES | | NOMBRES | |
|---|---|---|---|---|---|---|---|
| | | Débit | Crédit | Débit (a) | Crédit | Nombre de jours (b) | Nombre de débiteurs (a) × (b) |
| Janvier | 01-janv | | | | 65 000 | 6 | – |
| | 07-janv | 130 000 | 18 000 | 47 000 | | 11 | 517 000 |
| | 18-janv | 45 000 | 105 000 | | 13 000 | 9 | – |
| | 27-janv | 96 000 | 15 000 | 68 000 | | 14 | 952 000 |
| Février | 10-févr | 25 000 | 17 000 | 76 000 | | 11 | 836 000 |
| | 21-févr | 250 000 | 166 000 | 160 000 | | 7 | 1 120 000 |
| | 28-févr | 119 000 | 255 000 | 24 000 | | 1 | 24 000 |
| Mars | 01-mars | 34 000 | 77 000 | | 19 000 | 15 | – |
| | 16-mars | 3 000 | 81 000 | | 97 000 | 3 | – |
| | 19-mars | 368 000 | 173 000 | 98 000 | | 9 | 882 000 |
| | 28-mars | 56 000 | 185 000 | | 31 000 | 3 | – |
| | 31-mars | 27 000 | 79 000 | | 83 000 | | |
| | Total | 1 153 000 | | | | | 4 331 000 |

Le solde est resté négatif 11 jours : du 7 au 18 janvier (on ne compte pas le 1er jour mais on compte le dernier).

La **commission de mouvement** s'applique sur le total des mouvements **débiteurs** de la période.
1 153 000 × 0,025 % = **288,25**
TVA : 288,25 × 20 % = **57,65 €**

La **CPFD** s'applique sur le plus fort découvert de chaque mois.
(68 000 + 160 000 + 98 000) × 0,05 % = **163 €**

Les **intérêts** sont calculés sur le total des nombres débiteurs :

$$\frac{\text{Total nombres débiteurs} \times \text{Taux d'intérêt}}{360}$$

(4 331 000 × 10 %) / 360 = **1 203,06 €**

**Éléments du ticket d'agios**

| | |
|---|---|
| Intérêts débiteurs | 1 203,06 |
| CPFD | 163,00 |
| Commission de mouvement | 288,25 |
| TVA sur commission de mouvement | 57,65 |
| **TOTAL AGIOS** | **1 711,96** |

**Attention :** le sens de lecture du compte banque sur tout document issu de la banque est inversé par rapport au compte banque comptable (512) issu de l'entreprise. **Un débit représente une sortie d'argent, un crédit une entrée d'argent. Un solde débiteur est donc un découvert.**

Fiche ressource 5

# Le coût des autres modalités de financement

## I Le coût des opérations d'escompte

### 1. Principe

Un escompte représente le montant des intérêts perçus par la banque dans le cadre d'une opération d'escompte.

| Intérêts (escompte) | Commissions |
|---|---|
| Le montant des intérêts dépend :<br>– du taux d'intérêt nominal négocié par l'entreprise avec sa banque ;<br>– de la durée du crédit qui est calculée à partir du nombre de jours entre la date de remise à l'escompte (on ne l'inclut pas) et la date d'échéance de l'effet (on l'inclut) ;<br>– des éventuels jours de valeur. | Les principales commissions sont :<br>– la **commission d'endos**, qui se calcule *prorata temporis* sur le montant financé (comme les intérêts) ;<br>– la **commission de manipulation (ou de service)**, qui est fixe. Elle est généralement exprimée en euros par effet remis à l'escompte. |

### 2. Exemple

Un effet de nominal 10 000 € créé le 3 mai à échéance du 31 juillet est remis à l'escompte le 17 juin.

Taux d'escompte : 8 % ; commission d'endos : 0,60 % ; commission fixe : 3 € TTC par effet.

La banque applique deux jours de banque pour les opérations d'escompte d'effet de commerce.

**1) Calcul du nombre de jours**

Du 17/06 au 31/07 :

13 + 31 = 44 jours effectifs

44 + 2 = **46 jours** en date de valeur

Remarques :
– on ne compte pas le premier jour mais on compte le dernier ;
– on tient compte de tous les jours du mois ;
– on ajoute les jours de banque.

**2) Calcul des agios**

| | | |
|---|---|---|
| Escompte | 10 000 × 8 % × 46/360 = | 102,22 |
| Commission d'endos | 10 000 × 0,6 % × 46/360 = | 7,67 |
| Commission fixe | | 3,00 |
| **Total des agios** | | **112,89** |

**3) Calcul de la valeur nette versée à l'entreprise**

Nominal – Agios = 10 000 – 112,89 = **9 887,11 €**

Ce montant correspond à la valeur actuelle. Il s'agit bien ici d'une opération avec intérêts précomptés puisque les intérêts sont déduits par avance du montant versé à l'entreprise.

## II Le coût des opérations d'affacturage

En début de contrat, en fonction du montant de créances que l'entreprise souhaite céder, le factor détermine le montant maximum de l'avance de fonds qu'il peut consentir. On appelle ce montant la « ligne de financement ». Elle est égale à l'en-cours client :

**En-cours clients = Créances cédées × Délai moyen de règlement / 360**

| Commission de financement (intérêts) | Commission d'affacturage |
|---|---|
| Elle rémunère l'avance de fonds consentie par le factor (ligne de financement).<br>Elle se calcule sur le montant utilisé par l'entreprise sur la ligne de financement en fonction de la durée d'utilisation (*prorata temporis*). | Elle rémunère l'ensemble des frais que le factor va supporter dans le cadre de la gestion et du recouvrement des créances.<br>Elle se calcule sur la totalité des créances cédées. |

# Fiche ressource 6

# Le choix de financement et le taux d'intérêt effectif

## I La négociation avec la banque

Toutes les conditions bancaires sont **contractuelles.** L'entreprise a donc tout intérêt à négocier avec sa banque le taux d'intérêt, les frais, les commissions et les dates de valeur.
D'une part, les critères de taille, de chiffre d'affaires, de risques et de solidité financière (liquidité, solvabilité, autonomie…, voir chapitre 6) sont pris en compte par le banquier dans cette négociation.
D'autre part, le moment de la négociation doit être choisi (période favorable d'excédents de trésorerie) et la mise en concurrence avec d'autres banques systématisée.

## II Le choix du moyen de financement

Le gestionnaire doit bien maîtriser l'ensemble des sources de financement à sa disposition, mais aussi toutes les subtilités du calcul du coût de ces sources.
Un moyen de financement d'apparence peu coûteux peut s'avérer plus onéreux qu'un autre selon les conditions d'utilisation.
Afin de pouvoir **comparer les sources de financement**, il est d'usage de calculer un **taux d'intérêt effectif**.

### 1. Le taux effectif

Le taux effectif est un taux annuel qui met en relation :
– le capital emprunté et réellement disponible pendant la durée réelle du financement ;
– le montant total du coût de ce financement.
Il est donc toujours supérieur au taux nominal.

**Selon l'article R. 313-1 du Code monétaire et financier, il est calculé sur une base de 365 jours** (ou 366 si l'année est bissextile) et non sur une année de 360 jours, comme c'est le cas dans le calcul des coûts de financement.

### 2. Le calcul du taux effectif (T)

Dans les formules ci-dessous, le montant des agios (intérêt au taux nominal + commissions) a été calculé d'abord.
Co = capital emprunté et réellement disponible

**T = (Agios × 365) / (Co × n)**

Attention : s'il y a plusieurs capitaux empruntés pour des durées différentes, on imputera au dénominateur : $Co^1 \times n^1 + Co^2 \times n^2 + Co^3 \times n^3 \ldots$

**Le taux effectif va permettre de mettre au même niveau les intérêts et les commissions, et faire comme si les agios n'étaient finalement qu'un seul « gros » intérêt.**

Exemple

Pour financer un découvert de 1 000 € pendant 30 jours, une entreprise a refusé un taux d'intérêt de 15 % sans commission et a préféré un taux d'intérêt de 10 % avec commission fixe de 10 €.

| Calcul du taux effectif avec la solution retenue par l'entreprise | Calcul du taux effectif avec la solution rejetée par l'entreprise |
|---|---|
| Intérêts (au taux nominal) :<br>1 000 × 10 % × 30 / 360 = 8,33 €<br>Agios : 10 + 8,33 = 18,33 €<br>**Taux effectif : (18,33 × 365) / (1 000 × 30) = 0,2230 soit 22,30 %** | Intérêts (au taux nominal) :<br>1 000 × 15 % × 30 / 360 = 12,50 €<br>Agios : 12,50 €<br>**Taux effectif : (12,50 × 365) / (1 000 × 30) = 0,1521 soit 15,20 %** |

Payer 18,33 € d'agios correspond à avoir emprunté à 22,30 % (et non pas 10 %). Un taux d'intérêt à 15 % sans commission aurait donc été plus avantageux.

**Attention :** dans le cas des intérêts précomptés (escompte), le capital emprunté et réellement disponible (Co) est égal au nominal des effets diminués des agios (Co = Cn – Agios).
**Pour comparer plusieurs taux effectifs entre eux, il faut impérativement qu'ils s'appliquent à des capitaux identiques.**

Fiche ressource 7

# De la prévision jusqu'au suivi et à l'analyse de la trésorerie

La mise en place de prévisions globales de trésorerie prend corps dans le budget et le plan de trésorerie. Elles seront affinées dans la fiche de suivi de trésorerie.
Remarque : la construction détaillée du budget de trésorerie a été réalisée dans le cadre du processus 5 (voir *P5*, chapitre 9, activité 5.4).

## I Principe et présentation du budget de trésorerie (rappel)

Le budget de trésorerie est élaboré à partir des flux financiers prévisionnels (encaissements ou décaissements) issus des différents budgets de l'organisation étudiée. Il prend en compte les décaissements et les encaissements liés à l'activité de l'entreprise, à son investissement et à son financement sur un horizon le plus souvent annuel. Il est généralement présenté avec une périodicité mensuelle.
Il n'existe pas de présentation normalisée. Il est possible d'utiliser la présentation suivante :

| | Janvier | Février | [...] | Décembre |
|---|---|---|---|---|
| Total des encaissements (E) | 130 000 | 120 000 | | |
| Total des décaissements (D) | 85 000 | 320 000 | | |
| Solde période (E – D) (a) | 45 000 | – 200 000 | | |
| Trésorerie de début de période (b) | *(Bilan 31/12/N-1)* 15 000 | 60 000 | – 140 000 | |
| Trésorerie de fin de période (b) + (a) | 60 000 | – 140 000 | [...] | |

## II Principe et présentation du plan de trésorerie (rappel)

On appelle « plan de trésorerie » un budget de trésorerie qui a été ajusté à un niveau souhaité de trésorerie. Son intérêt est d'anticiper les rééquilibrages de trésorerie à réaliser le moment venu (placement des excédents et financement des déficits) afin d'avoir une trésorerie au niveau souhaité.

> Exemple
>
> Comme l'indique le tableau ci-dessous, les décisions de rééquilibrage impactent à la hausse (en vert) ou à la baisse (en rouge) la trésorerie finale.
>
> | | Janvier | Février | Mars |
> |---|---|---|---|
> | Solde de trésorerie avant rééquilibrage (source : budget de trésorerie) | 60 000 | – 140 000 | 85 000 |
> | Moyen de financement | | + 80 000 | – 80 000 |
> | Coût du moyen de financement | | | – 1 900 |
> | Placement | – 60 000 | + 60 000 | |
> | Gain sur placement | | + 200 | |
> | Solde de trésorerie après rééquilibrage | 0 | 200 | 3 100 |
>
> La trésorerie de janvier avant rééquilibrage étant excédentaire, un placement d'un mois a été décidé. Ce placement est déduit en janvier (– 60 000) et redevient liquide en février (+ 60 000). Malgré cela, un financement supplémentaire de 80 000 est nécessaire. Ce financement, d'une durée d'un mois, est remboursé en mars. Les 80 000 sont donc déduits en mars…

## III Le suivi de la trésorerie à court terme

Il nécessite d'affiner les prévisions, banque par banque si l'entreprise en possède plusieurs.

### 1. Le besoin de suivi de trésorerie

Le budget ou le plan de trésorerie (généralement mensuel) n'est pas assez précis pour assurer un suivi en cours de mois. Or, ce suivi en cours de mois est essentiel pour pouvoir répondre aux deux problématiques qui sont posées à tout gestionnaire de trésorerie :

– Quel montant de trésorerie doit-on combler ou, au contraire, placer ?
– Quelle est la durée pendant laquelle ce financement ou ce placement peut persister ?

## 2. Les tâches à effectuer

Pour assurer une gestion de trésorerie à court terme, le gestionnaire doit donc :
– analyser tous les flux de trésorerie prévisionnels par natures (encaissements ou décaissements) en fonction des différents moyens de règlement utilisés. Rappel : les moyens de règlement présentent des incertitudes en matière de gestion de trésorerie (voir chapitre 6, fiche ressource 6) ;
– tenir compte des décalages de temps qui peuvent être liés aux moyens de règlement eux-mêmes et/ou aux délais bancaires ;
– mettre en place un maximum de relations et d'échange d'informations avec les autres services de l'entreprise afin d'être informé au plus vite des modifications susceptibles d'affecter ses prévisions (allongement de la durée du crédit client par un commercial, changement d'un moyen de paiement à l'égard d'un fournisseur par le service Achats…). Cette collecte d'informations est facilitée grâce au PGI ;
– utiliser les technologies de l'information et de la communication pour mettre en place des échanges avec les banques (transfert de relevés bancaires, réalisation de virements, transfert de LCR magnétiques…).

## 3. La mise en forme d'une fiche de suivi de trésorerie

De nos jours, la gestion de trésorerie à court terme s'effectue essentiellement à l'aide :
– d'un progiciel de gestion de trésorerie (Sage 100 Trésorerie i7, Kyriba…) ;
– d'un tableur (Excel, Calc…).
Quel que soit le support, le suivi de trésorerie prendra concrètement forme dans une fiche de suivi de trésorerie, qui mélange la présentation du budget et celle du plan de trésorerie. Elle peut se présenter ainsi :

| **Semaine 1** | 01/04 | 02/04 | 03/04 | 04/04 | 05/04 | 06/04 | […] | 30/04 |
|---|---|---|---|---|---|---|---|---|
| **Recettes** | | | | | | | | |
| Chèques remis à l'encaissement | | | | | | | | |
| Dépôts d'espèces | | | | | | | | |
| Effets remis à l'encaissement | | | | | | | | |
| Prélèvements effectués | | | | | | | | |
| Virements reçus | | | | | | | | |
| Autres (intérêts, opérations diverses) | | | | | | | | |
| **Total des recettes** | | | | | | | | |
| **Dépenses** | | | | | | | | |
| Chèques émis | | | | | | | | |
| Retraits d'espèces | | | | | | | | |
| Effets échus | | | | | | | | |
| Prélèvements | | | | | | | | |
| Virements émis | | | | | | | | |
| Autres (agios, opérations diverses) | | | | | | | | |
| **Total des dépenses** | | | | | | | | |
| Solde initial | | | | | | | | |
| Solde journée avant décisions | | | | | | | | |
| Décisions (+) : escompte, découvert… | | | | | | | | |
| Décisions (–) : placements | | | | | | | | |
| Solde journée après décisions | | | | | | | | |

Afin d'éviter des erreurs et en tenant compte des jours de banque, on peut griser certains jours où l'on est sûr qu'aucune transaction ne peut avoir lieu.

Les prévisions d'encaissements et de décaissements (en date de valeur) s'effectuent ici.

Les équilibrages de trésorerie s'effectuent ici.

Sur cette ligne apparaît le solde de trésorerie.

Sur cette ligne apparaît le solde de trésorerie ajusté.

La fiche de trésorerie peut être hebdomadaire (par période de 7 jours) ou plus étendue. Elle fonctionne en tableaux « glissants », c'est-à-dire que chaque jour passé, un nouveau jour de prévision apparaît de telle façon qu'il y ait toujours la même période de prévision qui s'affiche.

# Fiche ressource 8

# Les placements à court terme

Les excédents de trésorerie méritent aussi l'attention du gestionnaire. Il existe de nombreux placements à court terme pour les entreprises. Il est essentiel de connaître les plus répandus.

## I Les critères d'analyse des placements à court terme

On peut identifier trois critères essentiels pour analyser, voire départager, les placements à court terme.

– **La rémunération** : il s'agit des intérêts produits par le placement. Deux paramètres impactent cette rémunération : le taux d'intérêt et la durée du placement. L'importance du taux est en général liée aux risques encourus.

– La **sécurité** : certains placements font courir un risque de perte en capital tandis que d'autres sont totalement garantis, et donc sans risques.

– La **liquidité** : il s'agit de la capacité du placement à redevenir une somme d'argent disponible pour faire face aux échéances. Les prévisions de trésorerie doivent permettre de savoir à quel moment le besoin de liquidité va apparaître et en déduire la durée du placement possible.

## II Les principaux placements à court terme

Les tableaux ci-dessous présentent les principaux placements à court terme ainsi que leur analyse selon les critères présentés dans la partie précédente.

| **Le compte courant d'associé** | |
|---|---|
| **Présentation** | Lorsqu'une société est elle-même associée (titulaire d'une partie du capital) d'une autre, elle peut lui prêter de l'argent (sous forme d'avance de fonds ou de dividendes qui ne sont pas payés, par exemple) qui va figurer dans un compte courant d'associé (au sens comptable). Ce compte peut être ou non bloqué pendant une certaine durée. Son fonctionnement est très souple et ne nécessite aucun formalisme particulier. |
| **Rémunération** | Le taux est librement fixé entre les sociétés. Toutefois, la société bénéficiaire des fonds ne peut déduire les intérêts servis qu'à condition que le taux d'intérêt soit inférieur à un taux fixé par la réglementation fiscale. Cela a pour effet d'en limiter la rémunération. |
| **Sécurité** | La créance est chirographaire (non privilégiée). L'associé devra donc veiller à se faire rembourser son avance avant que la situation de l'entreprise ne soit trop catastrophique. |
| **Liquidité** | À moins que le compte courant ne soit bloqué pour une certaine durée, l'associé peut demander à tout moment le remboursement des sommes avancées. |

| **Le dépôt à terme (DAT) ou compte à terme (CAT)** | |
|---|---|
| **Présentation** | Il s'agit d'un placement qui bloque l'argent sur un compte rémunéré pour une durée déterminée à l'avance (entre 1 mois et 4 ans). |
| **Rémunération** | Bien que garantie par le contrat de dépôt, la rémunération reste faible et ne devient réellement attractive que pour des durées de placement plus longues (12 à 36 mois). |
| **Sécurité** | Les DAT/CAT n'étant pas soumis à l'évolution du marché financier, le capital est garanti. |
| **Liquidité** | L'argent est bloqué pour la période prédéfinie. Aucun retrait n'est permis, sauf à clôturer le compte et subir des pénalités. Il existe cependant des comptes à taux progressifs qui permettent de s'engager sur des périodes courtes (mois ou trimestre). À l'issue de chaque période, il est possible de retirer son argent sans pénalités ou de prolonger le compte en bénéficiant d'un taux légèrement supérieur à celui de la période précédente. |

| Les OPCVM (organismes de placement collectif en valeurs mobilières) | |
|---|---|
| Ces titres sont considérés comme des valeurs mobilières de placement (VMP qui peuvent être aussi des actions ou des obligations achetées directement). En comptabilité, les VMP sont des titres acquis dans le but de réaliser un gain à brève échéance (moins d'un an). Ils sont comptabilisés en classe 5 et font partie de la trésorerie d'actif. Il ne faut pas les confondre avec les titres détenus à plus longue échéance, comptabilisés en classe 2, faisant partie des immobilisations financières. | |
| **Présentation** | Il s'agit de structures privées qui investissent dans des instruments financiers (actions obligations…) et qui les gèrent pour le compte de leurs membres. Pour exister, ces structures doivent être agréées par l'Autorité des marchés financiers (AMF).<br>Il en existe deux grands types selon la forme juridique de la structure, qui peut être :<br>– une société anonyme (SICAV : sociétés d'investissement à capital variable) ;<br>– une simple copropriété (FCP : fonds communs de placement).<br>On peut en résumer le fonctionnement de la façon suivante :<br>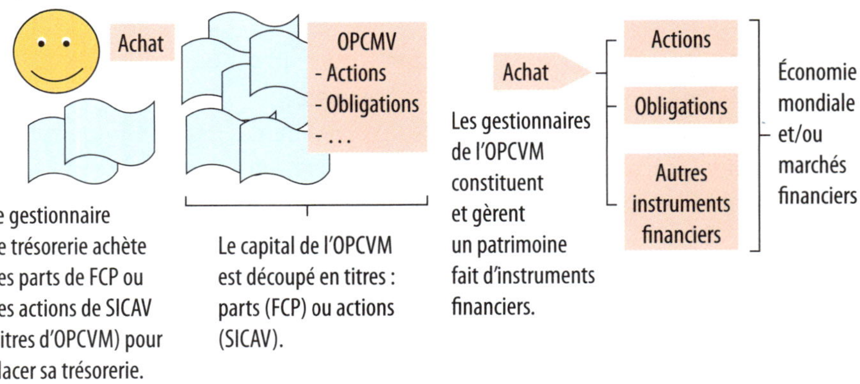<br> |
| **Rémunération** | Elle dépend de la performance des gestionnaires de l'OPCVM. L'OPCVM, comme toute entreprise, réalise un résultat issu de ses arbitrages (choix d'achat, de revente) sur les instruments financiers qui composent son patrimoine.<br>En général, la rémunération servie par l'OPCVM dépend des actifs supports dans lesquels il aura majoritairement investi. Selon le type d'instruments financiers dans lesquels l'OPCVM a investi, la rémunération peut être certaine (mais faible) ou, au contraire, très aléatoire (mais parfois très intéressante).<br>Elle peut s'exercer sous deux formes :<br>– la capitalisation : les gains engendrés par l'OPCVM sont réinvestis, ce qui fait augmenter la valeur de l'OPCVM. Dans ce cas, le gestionnaire de trésorerie espère faire une plus-value entre l'acquisition et la revente des titres d'OPCVM ;<br>– la distribution : les gains engendrés par l'OPCVM sont distribués. Dans ce cas, le gestionnaire de trésorerie espère la distribution des bénéfices comme étant la rémunération de son placement. |
| **Sécurité** | Elle dépend de la catégorie des instruments financiers qui constituent le portefeuille de l'OPCVM.<br>Un OPCVM qui investit majoritairement dans des actions (elles-mêmes présentant un risque de perte de valeur) présente alors un risque de perte en capital pour l'investisseur qui achète une part de cette OPCVM.<br>À l'inverse, un investissement majoritaire dans des obligations est beaucoup moins risqué et donc un OPCVM constitué d'obligations est lui-même peu risqué.<br>Le trésorier devra bien réfléchir au type d'OPCVM dans lequel il va investir ses excédents afin de ne pas perdre son capital. |
| **Liquidité** | En général, la liquidité est très correcte. L'entreprise peut acheter et vendre au jour le jour des titres d'OPCVM (attention cependant à l'existence de dates de valeur). Cependant, certains OPCMV présentent une liquidité moindre. C'est encore un argument dont le gestionnaire de trésorerie devra tenir compte. |

# Applications

## 1 Moyens de règlement et prévisions de trésorerie

Stagiaire au sein du service Gestion de trésorerie d'un grand groupe, votre maître de stage souhaite tester votre compréhension du lien entre moyen de règlement et gestion de trésorerie.

**Complétez le tableau communiqué par votre maître de stage.**

**Annexe** **Tableau à compléter**

| Moyens de règlement | Qui est à l'origine de sa création (débiteur ou créancier) ? | Qui décide du moment où les fonds vont être réellement transférés (débiteur ou créancier) ? | Ce moyen de règlement vous semble-t-il permettre des prévisions de trésorerie précises ? Dans l'affirmative, pour qui vous paraît-il utile (débiteur, créancier, les deux) ? |
|---|---|---|---|
| Chèque | | | |
| Lettre de change | | | |
| Billet à ordre | | | |
| Virement occasionnel | | | |
| Virement commercial (VCOM[1]) | | | |
| Prélèvement | | | |

1. Un VCOM est un virement automatisé à une date future. Lorsque la banque du créancier reçoit l'ordre en provenance de la banque du débiteur, elle prévient son client (le créancier), qui peut ainsi mieux prévoir ses entrées de trésorerie (voir chapitre 6). C'est une alternative aux effets de commerce.

## 2 Calcul d'un coût d'affacturage

Une société cède par contrat avec un factor la moitié de son chiffre d'affaires annuel égal à 800 000 €. La commission d'affacturage est de 0,8 % par an et la commission de financement de 3,5 % par an. Le délai moyen de paiement des clients de la société est de 45 jours.

1. **Calculez le montant de l'en-cours client.**
2. **Calculez la commission d'affacturage annuelle.**
3. **Calculez la commission de financement si l'entreprise utilise la totalité de sa ligne de financement sur l'année.**
4. **Calculez la commission de financement si l'entreprise utilise 30 000 € sur 38 jours.**

## 3 Calculer un taux effectif pour juger du coût d'un financement

L'entreprise Beta prévoit de devoir financer un manque de trésorerie de 10 000 € pendant 24 jours (en date de valeur). L'entreprise a le choix entre un découvert au taux de 4 % et un escompte au taux de 2,8 %. Elle dispose d'un effet de commerce d'une valeur de 15 000 € dont l'échéance est à 29 jours (en date de valeur).
Le découvert engendre une commission fixe de 1 €.
La CPFD est de 0,05 %, la commission d'endos de 0,6 %.
La commission de service de remise à l'escompte est de 17,40 €.

1. **Calculez le montant des intérêts sur découvert et le montant de l'escompte.**
2. **Calculez les agios dans les deux situations.**
3. **Concluez sur la solution à choisir.**
4. **Calculez le taux effectif de chaque solution et concluez sur les résultats obtenus. Sont-ils conformes à ce que l'on pouvait attendre ? Justifiez votre réponse.**
5. **En supposant que le manque de trésorerie est porté à 15 000 €, calculez les agios uniquement pour le cas du découvert.**
6. **Calculez le taux effectif de l'opération de découvert (question 5) et comparez-le au taux effectif de l'opération d'escompte calculé à la question 4. Concluez.**

## 4 Équilibrage de trésorerie

Le voyagiste Koolvoyages propose des séjours qu'il vend à des agences de voyages mais aussi directement à des particuliers.
Conditions commerciales habituelles avec les agences de voyages :
– les agences règlent habituellement 3 mois avant le départ ;
– lorsque les agences acceptent de régler 4 mois avant le départ, Koolvoyages leur accorde 2 % de réduction financière.

1. **Complétez l'annexe 3 afin d'équilibrer les prévisions de trésorerie du mois de février (trésorerie fin février : 0 €) en intégrant en février le paiement anticipé d'une partie des clients agences de voyages du mois de mars.**
2. **Calculez le pourcentage de clients du mois de mars que cela représente.**
3. **Calculez le coût du découvert si l'entreprise n'a pas recours au paiement anticipé de ses clients. Comparez le coût de chacune des solutions (paiement anticipé et découvert) et proposez la solution la plus intéressante.**

**Annexe 1** **Prévisions de trésorerie (toutes les sommes sont en K€)**

| | Janvier | Février | Mars | Avril | Mai | Juin | Juillet | Août | Septembre |
|---|---|---|---|---|---|---|---|---|---|
| Encaissements | 3 685 | 5 768 | 4 514 | 9 406 | 10 164 | 6 168 | 3 624 | 1 458 | 124 |
| Décaissements | 688 | 11 072 | 1 078 | 1 674 | 2 410 | 19 293 | 2 742 | 3 171 | 1 959 |
| Trésorerie initiale | 170 | 3 167 | – 2 137 | 1 299 | 9 031 | 16 785 | 3 660 | 4 542 | 2 829 |
| Trésorerie finale | 3 167 | – 2 137 | 1 299 | 9 031 | 16 785 | 3 660 | 4 542 | 2 829 | 994 |

Les encaissements du mois de mars (4 514) se répartissent ainsi :
– agences de voyages : 3 915 ;
– particuliers : 599.

## Annexe 2 Conditions bancaires

Taux d'intérêt : 9 % par an calculé sur la base d'une année de 12 mois de 30 jours.
La commission de découvert est de 1 K€ hors taxes pour tout découvert supérieur à 1 000 K€. Les agios sont prélevés en fin de trimestre.

## Annexe 3 Tableau à compléter (en K€)

| | Février | Mars |
|---|---|---|
| Encaissements initiaux | 5 768 | 4 514 |
| Décaissements initiaux | – 11 072 | – 1 078 |
| Encaissement lié au paiement anticipé des clients | | |
| Correction liée au paiement anticipé des clients | | |
| Trésorerie initiale | 3 167 | |
| Trésorerie finale | 0 | |

# 5 Arbitrage placements / règlements anticipés

La société Hugonnet dispose d'importants excédents de trésorerie liée au fait que ses clients paient en principe au comptant, alors que ses fournisseurs lui accordent des délais de paiement.
Le directeur financier, M. Bernard, a pour habitude de placer ces excédents de trésorerie dans l'achat de titres d'OPCVM. Suite à une demande de paiement anticipé d'un fournisseur qui a besoin de liquidités et qui propose un escompte de règlement, il se demande si la pratique généralisée de l'escompte fournisseur ne serait pas plus rentable, en veillant cependant à ne pas remettre en cause l'équilibre de la trésorerie.

- Après étude, il apparaît que le crédit moyen fournisseur est de 90 jours et que le taux d'escompte moyen accordé par les fournisseurs en cas de paiement anticipé est proche de 1,5 %.
- M. Bernard place habituellement les excédents de trésorerie auprès de sa banque sur des SICAV monétaires très liquides dont les taux annuels moyens de rémunération varient autour de 3,5 %.
- Le taux du découvert bancaire autorisé par sa banque est de 13 %.

**1** **Proposez une démarche permettant de trouver quelle solution, entre l'escompte de règlement fournisseur et l'achat de SICAV, paraît la plus rentable pour placer les excédents de trésorerie.**

**2** **Quel risque le recours systématique à l'escompte fournisseur fait-il peser sur la trésorerie ?**

**3** **Quels sont les autres moyens de placement à court terme que la société pourrait utiliser ?**

# 6 Échelle d'intérêts à automatiser avec calcul matriciel

L'entreprise StarTrek organise des randonnées. Elle souhaite automatiser une feuille de calcul lui permettant de vérifier ses tickets d'agios.
Elle vous communique la feuille ci-dessous ainsi qu'un exemple d'utilisation du calcul matriciel pour vous aider à construire la formule de la cellule C24.

1. **Trouvez les formules des cellules C18, D18, H18, H20:H23.**
2. **Trouvez les formules des cellules E5, F5, G4, H4 (devant être recopiées vers le bas).**
3. **Trouvez la formule de la cellule C24 (devant être recopiée en C25 et C26) ; cette formule doit être construite en utilisant le calcul matriciel.**

## Annexe 1 Feuille de calcul – Échelle d'intérêt

| | A | B | C | D | E | F | G | H |
|---|---|---|---|---|---|---|---|---|
| 1 | Date de valeur | Libellés | MOUVEMENTS | | SOLDES | | NOMBRES | |
| 2 | | | Débit | Crédit | Débiteur | Créditeur | Nb de jours | Nb de débiteurs |
| 3 | 31-déc | Solde | | | 100 000,00 | 0 | 5 | 500 000,00 |
| 4 | 05-janv | Opérations | 20 000,00 | | 120 000,00 | 0,00 | 4 | 480 000,00 |
| 5 | 09-janv | Opérations | | 170 000,00 | 0,00 | 50 000,00 | | |
| 6 | 12-janv | Opérations | 61 000,00 | 20 000,00 | 0,00 | 9 000,00 | | |
| 7 | 15-janv | Opérations | 240 000,00 | 20 000,00 | 211 000,00 | 0,00 | 4 | 844 000,00 |
| 8 | 19-janv | Opérations | 481 000,00 | 462 000,00 | 230 000,00 | 0,00 | 7 | 1 610 000,00 |
| 9 | 26-janv | Opérations | | 200 000,00 | 30 000,00 | 0,00 | 11 | 330 000,00 |
| 10 | 06-févr | Opérations | 25 000,00 | 26 000,00 | 29 000,00 | 0,00 | 17 | 493 000,00 |
| 11 | 23-févr | Opérations | 902 000,00 | 901 000,00 | 30 000,00 | 0,00 | 6 | 180 000,00 |
| 12 | 01-mars | Opérations | | 82 000,00 | 0,00 | 52 000,00 | | |
| 13 | 11-mars | Opérations | 163 000,00 | | 111 000,00 | 0,00 | 11 | 1 221 000,00 |
| 14 | 22-mars | Opérations | 25 000,00 | 1 500,00 | 134 500,00 | 0,00 | 7 | 941 500,00 |
| 15 | 29-mars | Opérations | 420 000,00 | 425 000,00 | 129 500,00 | 0,00 | 2 | 259 000,00 |
| 16 | 31-mars | | | | | | | |
| 17 | Total | | 2 337 000,00 | 2 307 500,00 | | | | 6 858 500,00 |
| 18 | | | | | | | | |
| 19 | Taux d'intérêt | | 12% | | Montant des intérêts | | | 2 286,17 |
| 20 | Taux de CPFD | | 0,10% | | Montant de la CPFD | | | 394,50 |
| 21 | Taux de comm. de mouvement | | 0,08% | | Montant de la comm. de mouvement | | | 1 869,60 |
| 22 | Plus fort découvert : | | | | | | Total des agios | 4 550,27 |
| 23 | Janvier | 1 | 230 000,00 | | | | | |
| 24 | Février | 2 | 30 000,00 | | | | | |
| 25 | Mars | 3 | 134 500,00 | | | | | |

## Annexe 2 Aide pour l'utilisation du calcul matriciel

| | A | B | C | D |
|---|---|---|---|---|
| 1 | | | | |
| 2 | | Nom | Région | Devis |
| 3 | | A | Nord | 100 |
| 4 | | B | Sud | 120 |
| 5 | | C | Sud | 130 |
| 6 | | D | Nord | 90 |
| 7 | | E | Sud | 80 |
| 8 | | F | Sud | 100 |
| 9 | | G | Nord | 110 |
| 10 | | H | Nord | 140 |
| 11 | | | | |
| 12 | | Région | Nord | Sud |
| 13 | | Moins cher | 90 | 80 |

Une formule matricielle se valide en appuyant sur les touches Ctrl + Maj + Entrée.
Le calcul matriciel permet d'effectuer des calculs sur des parties d'une matrice.
Exemple : on souhaite afficher en C13 le fournisseur le moins cher par régions.
**C13 ={MIN(SI($C$3:$C$10=C12;$D$3:$D$10;»»))}**

On valide la cellule C13 en appuyant sur les touches Ctrl + Maj + Entrée (des accolades apparaissent autour de la formule, matérialisant ainsi la validation matricielle) puis on la copie en D13.

**Explications**

**SI($C$3:$C$10=C12;$D$3:$D$10;»»)**
Si une valeur de la plage C3:C10 respecte le critère contenu en C12, l'ordinateur sélectionne la valeur de la plage D3:D10 qui lui est symétrique (sinon, il ne sélectionne rien). Il obtient alors une liste de valeurs respectant le critère.
**MIN(SI($C$3:$C$10=C12;$D$3:$D$10;»»))**
L'ordinateur sélectionne la valeur minimum de la liste précédente.

# Chapitre 8 L'analyse des modalités de financement

| Activité | Composantes d'activité | Compétences | P7 |
|---|---|---|---|
| **6.5.** Analyse des modalités de financement | **6.5.1.** Participation au choix de financement de l'activité<br>**6.5.2.** Analyse du choix de financement de l'investissement | • Élaborer le plan de financement en relation avec la situation financière de l'organisation et du type d'investissement.<br>• Analyser le financement de l'investissement en relation avec la situation financière de l'organisation et du type d'investissement | Une utilisation du tableur adaptée aux besoins de l'utilisateur. |

## Situation professionnelle

Le développement de la concurrence sur le marché des emballages fragilise l'activité de base de Pack Inbox. En revanche, le savoir-faire de la société dans le carton très résistant et les idées toujours innovantes des associés incitent M. Altoviti, fondateur de la société, à poursuivre son étude sur la diversification de l'entreprise. D'autant plus que cette nouvelle activité ne nécessitant que très peu de besoin en fonds de roulement, elle ne devrait pas dégrader la trésorerie.

M. Altoviti a donc demandé à Mme Fauvet, la responsable administrative, de construire un *business plan* afin de délimiter le projet dans tous ses aspects.

Les informations collectées grâce à des enquêtes commerciales confirment le bon accueil que l'on peut espérer de cette nouvelle activité auprès d'une clientèle urbaine plutôt jeune. Le responsable commercial préconise de scinder l'activité en deux : Pack Inbox pour l'activité « Cartonnage », Live Inbox pour l'activité « Mobilier ». Selon lui, il est important de faire connaître ces nouveaux produits indépendamment de l'activité de base.

Confortée par ses études, Mme Fauvet souhaite désormais étudier les modalités de financement des investissements nécessaires à la mise en place de Live Inbox.

## Mission

**Mme Fauvet vous demande de construire un plan de financement de la nouvelle activité. Vous tiendrez particulièrement compte des contraintes de l'entreprise et réaliserez plusieurs simulations que vous soumettrez à votre responsable.**

## Travail à faire

P7 Il est conseillé de réaliser l'ensemble des calculs de ce chapitre sur un tableur.

### I Mettre en évidence les besoins de financement dans un plan de financement initial

Mme Fauvet vous demande de construire un plan de financement initial sur cinq ans.

**1.** Vous faites le point sur les travaux déjà réalisés au sujet de cette nouvelle activité. ▶ Annexe 1

a) Combien de projets ont été étudiés ?

b) Quel était l'objectif de l'étude de rentabilité réalisée en amont (voir chapitre 3) ? Quel projet a été retenu ? Pourquoi ?

**2.** Vous analysez le contexte du travail qui vous est confié. ▶ Fiche ressource 1 ▶ Annexe 2

a) Le plan de financement est un élément d'une étude plus globale en cours. Laquelle ?

b) Comparez l'objectif du plan de financement à construire avec celui de l'étude de rentabilité réalisée en amont.

c) Mme Fauvet souhaite étudier le financement de cette activité en l'intégrant à l'ensemble de l'entreprise. Pourquoi ?

**3.** Vous avez tracé le cadre d'un plan de financement. ▶ Fiche ressource 2 ▶ Annexe 3

a) À quoi correspondent les emplois ? les ressources ?

b) Quel est le rôle de la ligne « Trésorerie finale » en bas du tableau ?

**4.** Vous renseignez le plan de financement initial. ▶ Fiche ressource 3 ▶ Annexe 4 ▶ Annexe 5

a) Quels postes peuvent être renseignés sans ambiguïté à partir de l'étude de rentabilité réalisée en amont ?

b) À quoi l'autofinancement correspond-il ? Comment apparaîtra-t-il dans ce tableau ?

c) À l'aide des éléments d'information à votre disposition, complétez les éléments chiffrés du plan de financement initial (annexe 3).

**5.** Quel est le montant de la trésorerie finale à l'issue du plan de financement initial ? Comparez avec la valeur du projet. Que pouvez-vous en conclure ?

## II Réaliser des simulations de financement externe

Mme Fauvet vous demande de réaliser quelques simulations pour rééquilibrer le plan de financement. Elle vous demande de prendre en compte l'élément suivant : par prudence, le taux d'endettement de l'entreprise doit rester inférieur à 70 %.

**6. Calculez le taux d'endettement dans l'hypothèse où le financement du projet (500 000 €) est réalisé entièrement par emprunt. Complétez l'annexe 6. Concluez.**

▶| Annexe 6

**7. Afin de respecter ces contraintes, vous décidez d'étudier l'intérêt d'une location-financement.**

▶| Fiche ressource 4

**a) Quelle est la particularité d'une location-financement par rapport à la location simple ?**

**b) Présentez les intérêts de cette solution de financement dans le cadre de l'entreprise Pack Inbox.**

**c) Quelles seront les conséquences de cette solution sur la CAF de la nouvelle activité ? sur le montant restant à financer ?**

Mme Fauvet décide de retenir votre suggestion de location de la machine à vernir par crédit-bail.

**8. Calculez les impacts de cette décision sur la CAF de Live Inbox.**

**a) Calculez les loyers annuels de crédit-bail puis présentez le tableau d'amortissement des biens restant à financer.**

**b) Sur tableur ou sur l'annexe 9, recalculez la CAF en conséquence.**

▶| Annexe 7
▶| Annexe 8
▶| Annexe 9

**9. Sur tableur ou sur l'annexe 9, corrigez le plan de financement. Combien reste-t-il à financer ?**

**10. Comparez avec le plan de financement précédent. Pourquoi le besoin de financement restant ne s'est-il pas réduit de 175 000 €, valeur de la machine qu'il n'y a plus lieu de financer ?**

Pour le reste à financer, Mme Fauvet vous demande de réaliser deux simulations : par **emprunt** sur cinq ans, remboursable par annuités constantes, au taux d'intérêt annuel de 4,5 %, ou par **augmentation de capital**, à condition d'augmenter les dividendes de 50 %.

**11. Vous étudiez une première hypothèse : le financement complémentaire par emprunt.** ▶ Fiche ressource 5 ▶ Annexe 10

**a) Selon vous, pourquoi faut-il prévoir un emprunt supérieur au reste à financer ?**

**b) Si vous travaillez sur tableur, utilisez l'outil « Valeur cible » pour calculer le montant précis d'emprunt à contracter.**
**Si vous travaillez sur feuille, complétez le tableau d'amortissement pour un emprunt de 460 000 €.**

**c) Sur tableur ou sur l'annexe 10, recalculez la CAF puis le plan de financement définitif en conséquence.**

**12. Quelles différences pouvez-vous observer en comptabilité entre les biens financés par crédit-bail (la machine à vernir) et les autres biens financés par emprunt ?** ▶ Fiche ressource 6

**13. Vous étudiez une seconde hypothèse : le financement complémentaire par augmentation de capital.** ▶ Fiche ressource 7 ▶ Annexe 11

**a) Vous avez déjà calculé la CAF dans cette hypothèse. De laquelle s'agit-il ? Justifiez.**

**b) Quel est le montant de l'augmentation en capital nécessaire pour équilibrer le plan ?**

**c) Sur tableur ou sur feuille, présentez le plan de financement définitif dans cette hypothèse.**

Pour trancher entre l'une ou l'autre solution, Mme Fauvet vous suggère de réaliser une étude de rentabilité.

**14. Comparez les notions de rentabilité économique et de rentabilité financière.** ▶ Fiche ressource 8 ▶ Annexe 12

**15. Observez la simulation réalisée par Mme Fauvet sur une base de 500 000 € (annexe 11 a.). Commentez.**

**16. Comparez l'impact des deux hypothèses de financement avec les justes montants à financer (annexe 11 b.).**

**17. Proposez une solution de financement. Argumentez.**

## Données de la situation

### Annexe 1 Les équipements matériels étudiés en amont

| Équipement A | |
|---|---|
| Machine cartonnage | 350 000,00 |
| Matériel vernis | 175 000,00 |
| Recherche & Développement | 85 000,00 |
| **Total investissements** | **610 000,00** |

| Équipement B | |
|---|---|
| Machine cartonnage | 600 000,00 |
| Matériel vernis | 210 000,00 |
| Recherche & Développement | 85 000,00 |
| **Total investissements** | **895 000,00** |

### Annexe 2 Extrait de l'entretien avec Mme Fauvet

**Mme Fauvet :** Le point faible de l'entreprise Pack Inbox est sa trésorerie. Mais son point fort est sa capacité à dégager de l'autofinancement. Même si les résultats comptables ont baissé depuis deux ans, ils restent élevés compte tenu du contexte économique. Ainsi, je ne souhaite pas une étude de financement exclusivement basée sur la nouvelle activité…

**Vous :** Vous souhaitez donc une étude globale ?

**Mme Fauvet :** Oui.

**Vous :** Cela nous permettra à la fois de vérifier que la trésorerie globale de l'entreprise reste positive et de bénéficier des ressources financières de l'activité Pack Inbox.

**Mme Fauvet :** Exactement, vous avez tout compris ! Allez, au travail…

### Annexe 3 Plan de financement initial

| Plan de financement | 1 | 2 | 3 | 4 | 5 |
|---|---|---|---|---|---|
| **Emplois** | | | | | |
| Acquisitions d'immobilisations | | | | | |
| Variation du BFR de la nouvelle activité | | | | | |
| Remboursement des emprunts existants | | | | | |
| Remboursement des emprunts supplémentaires | | | | | |
| Versement des dividendes | | | | | |
| **Total Emplois** | | | | | |
| **Ressources** | | | | | |
| CAF de l'activité « Cartonnage » Pack Inbox | | | | | |
| CAF de l'activité « Mobilier » Live Inbox | | | | | |
| Augmentation de capital en numéraire | | | | | |
| Emprunts souscrits | | | | | |
| Subventions reçues | | | | | |
| **Total Ressources** | | | | | |
| Variation de trésorerie (Ressources – Emplois) | | | | | |
| **Trésorerie initiale** | | | | | |
| **Trésorerie finale** | | | | | |

## Annexe 4 Extrait de l'étude de rentabilité construite en amont

| Équipement A | 0 | 1 | 2 | 3 | 4 | 5 |
|---|---|---|---|---|---|---|
| **Emplois** | | | | | | |
| Investissements | 610 000,00 | | | | | |
| Variation du BFR | | 45 000,00 | 11 250,00 | 11 250,00 | 13 500,00 | 4 050,00 |
| **Total Emplois** | **610 000,00** | **45 000,00** | **11 250,00** | **11 250,00** | **13 500,00** | **4 050,00** |
| **Ressources** | | | | | | |
| CAF d'exploitation | | 68 922,94 | 111 570,34 | 154 217,74 | 205 394,62 | 220 747,69 |

## Annexe 5 Exploitation des données comptables N

Mme Fauvet propose de considérer que le remboursement des emprunts déjà existants est de **180 500 € par an**.

| | N | N-1 |
|---|---|---|
| Emprunts auprès des établ. de crédit (1) | 1 365 500 | 1 596 500 |
| *(1) Dont concours bancaires courants* | 99 000 | 149 500 |
| Calcul de la variation des emprunts hors CBC | 1 266 500 | 1 447 000 |
| Remboursement annuel d'emprunts | **180 500** | |

L'analyse de l'activité de l'entreprise a montré une baisse régulière de la CAF de l'activité Pack Inbox. Mme Fauvet suggère, par prudence, de considérer que la CAF de l'activité existante sera de **350 000 €** chaque année.

| | Prév. N+1 | Réel N | Réel N-1 |
|---|---|---|---|
| CAF | **358 254** | 510 800 | 728 300 |
| % variation | – 29,86 % | – 29,86 % | |

Lors de l'AGO, les associés ont constaté avec regret que les dividendes qu'ils recevront sur le bénéfice de l'année N ne pourront excéder **100 000 €** compte tenu de la baisse du résultat net comptable. Il s'agit du montant minimal de distribution de dividendes qu'il faudra prendre en compte pour les années suivantes.

| **Distribution de dividendes** | N | N-1 | N-2 |
|---|---|---|---|
| Résultat | 224 000 | 458 200 | 583 300 |
| Mise en réserve | 124 000 | 222 900 | 245 400 |
| Distribution des dividendes sur RNC | **100 000** | **235 300** | **337 900** |

La trésorerie initiale correspond à la trésorerie au 31 décembre N : 18 500 €.

**Extrait actif bilan N**

| | |
|---|---|
| Valeurs mobilières | 66 800 |
| Disponibilités | 50 700 |

**Extrait passif bilan N**

| | |
|---|---|
| *(1) Concours bancaires courants* | 99 000 |

## Annexe 6 Extrait de votre analyse de la situation financière de l'entreprise

| | N |
|---|---|
| Total capitaux propres | 2 449 100 |
| Emprunts | 1 365 500 |
| **Taux d'endettement** | **55,76 %** |

| | Hypothèse avec financement 100 % par emprunt |
|---|---|
| Total capitaux propres | 2 449 100 |
| Emprunts | |
| **Taux d'endettement** | |

## Annexe 7 Conditions de location par crédit-bail de la machine à vernir

| | |
|---|---|
| Valeur de la machine à vernir | 175 000 € |
| Durée de location | 5 ans |
| Périodicité des loyers | Mensuelle |
| Montant des loyers | 3 500 € |

## Annexe 8 Calcul des amortissements des biens restant à acquérir

| Machine cartonnage | 350 000 |
|---|---|
| Matériel vernis | 0 |
| Recherche & Développement | 85 000 |
| **Total investissements** | **435 000** |
| Valeur résiduelle machine carton. | 50 000 |
| **Base amortissable** | **385 000** |
| Durée | 5 ans |

| Années | Base amort. | Amort. | Cumul amort. | VNC | Nb de commandes |
|---|---|---|---|---|---|
| 1 | | | | | 600 |
| 2 | | | | | 750 |
| 3 | | | | | 900 |
| 4 | | | | | 1 080 |
| 5 | | | | | 1 134 |
| **Total** | | | | | **4 464** |

## Annexe 9 Plan de financement initial corrigé du crédit-bail

**Calcul de la CAF avec crédit-bail (mais sans financement du reste des biens)**

| | 1 | 2 | 3 | 4 | 5 |
|---|---|---|---|---|---|
| **Chiffre d'affaires HT** | **291 000,00** | **363 750,00** | **436 500,00** | **523 800,00** | **549 990,00** |
| Charges variables | 72 750,00 | 90 937,50 | 109 125,00 | 130 950,00 | 137 497,50 |
| Location du showroom | 17 500,00 | 17 500,00 | 17 500,00 | 17 500,00 | 17 500,00 |
| Crédit-bail de la machine finitions | | | | | |
| Autres charges fixes | 135 000,00 | 135 000,00 | 135 000,00 | 135 000,00 | 135 000,00 |
| **Total des charges fixes** | | | | | |
| **EBE** | | | | | |
| Amortissements des biens restants | | | | | |
| **Résultat d'exploitation** | | | | | |
| Intérêts bancaires | | | | | |
| **Résultat courant avant impôts** | | | | | |
| Impôt | | | | | |
| Résultat courant net d'IS | | | | | |
| Amortissements | | | | | |
| **CAF prévisionnelle avec crédit-bail** | | | | | |

**Calcul du nouveau besoin de financement**

| Plan de financement initial corrigé du CB | 1 | 2 | 3 | 4 | 5 |
|---|---|---|---|---|---|
| **Emplois** | | | | | |
| Acquisitions d'immobilisations | | | | | |
| Variation du BFR de la nouvelle activité | | | | | |
| Remboursement des emprunts existants | | | | | |
| Remboursement des emprunts supplémentaires | | | | | |
| Versement des dividendes | | | | | |
| **Total Emplois** | | | | | |
| **Ressources** | | | | | |
| CAF de l'activité « Cartonnage » Pack Inbox | | | | | |
| CAF de l'activité « Mobilier » Live Inbox | | | | | |
| Augmentation de capital en numéraire | | | | | |
| Emprunts souscrits | | | | | |
| Subventions reçues | | | | | |
| **Total Ressources** | | | | | |
| Variation de trésorerie (Ressources – Emplois) | | | | | |
| Trésorerie initiale | | | | | |
| **Trésorerie finale** | | | | | |

## Annexe 10

### • Hypothèse 1 : plan de financement définitif avec financement complémentaire par emprunt

**Excel outil « Valeur cible » : recherche du montant à emprunter**

| | A | B |
|---|---|---|
| 1 | **Simulation de calcul du besoin d'emprunt sur année 1.** | |
| 2 | **Emprunt à prévoir** | |
| 3 | Besoin de trésorerie selon plan | |
| 4 | Prévoir Rembt capital année 1 | |
| 5 | *Impact charges intérêt année 1* | |
| 6 | *Impact gain d'is sur intérêts année 1* | |
| 7 | Prévoir CAF manquante année 1 | |
| 8 | **Reste** | |

Valeur à trouver. Cellule vide avant l'utilisation de l'outil « Valeur cible » → B2

Besoin selon plan de financement (voir annexe 9) → B3

À prendre dans le tableau d'emprunt → B4, B5

Valeur à atteindre = 0 → B8

B2-B3-B4-B7 → B8

**Tableau d'amortissement de l'emprunt**

| Années | Capital emprunté | Intérêts de l'année | Capital à rembourser | Annuité | Capital restant |
|---|---|---|---|---|---|
| 1 | | | | | |
| 2 | | | | | |
| 3 | | | | | |
| 4 | | | | | |
| 5 | | | | | |
| **Total** | | | | | |

**Plan de financement définitif avec financement complémentaire par emprunt – Calcul de la CAF et du plan définitif**

| | 1 | 2 | 3 | 4 | 5 |
|---|---|---|---|---|---|
| **Chiffre d'affaires HT** | **291 000,00** | **363 750,00** | **436 500,00** | **523 800,00** | **549 990,00** |
| Charges variables | 72 750,00 | 90 937,50 | 109 125,00 | 130 950,00 | 137 497,50 |
| Location du showroom | 17 500,00 | 17 500,00 | 17 500,00 | 17 500,00 | 17 500,00 |
| Crédit-bail de la machine finitions | | | | | |
| Autres charges fixes | 135 000,00 | 135 000,00 | 135 000,00 | 135 000,00 | 135 000,00 |
| **Total des charges fixes** | | | | | |
| **EBE** | | | | | |
| Amortissements | | | | | |
| **Résultat d'exploitation** | | | | | |
| Intérêts bancaires | | | | | |
| **Résultat courant avant impôts** | | | | | |
| Impôt | | | | | |
| Résultat courant net d'IS | | | | | |
| Amortissements | | | | | |
| **CAF prévisionnelle** | | | | | |

| Plan définitif CB + financement complémentaire par emprunt | 1 | 2 | 3 | 4 | 5 |
|---|---|---|---|---|---|
| **Emplois** | | | | | |
| Acquisitions d'immobilisations | | | | | |
| Variation du BFR | | | | | |
| Remboursement des emprunts existants | | | | | |
| Remboursement des emprunts supplémentaires | | | | | |
| Versement des dividendes | | | | | |
| **Total Emplois** | | | | | |
| **Ressources** | | | | | |
| CAF de l'activité « Cartonnage » Pack Inbox | | | | | |
| CAF de l'activité « Mobilier » Live Inbox | | | | | |
| Augmentation de capital en numéraire | | | | | |
| Emprunts souscrits | | | | | |
| Subventions reçues | | | | | |
| **Total Ressources** | | | | | |
| Variation de trésorerie (Ressources – Emplois) | | | | | |
| **Trésorerie initiale** | | | | | |
| **Trésorerie finale** | | | | | |

**• Hypothèse 2 : plan de financement définitif avec financement complémentaire par augmentation de capital – Calcul du plan définitif**

| Plan définitif CB + financement complémentaire par augmentation de capital | 1 | 2 | 3 | 4 | 5 |
|---|---|---|---|---|---|
| **Emplois** | | | | | |
| Acquisitions d'immobilisations | | | | | |
| Variation du BFR | | | | | |
| Remboursement des emprunts existants | | | | | |
| Remboursement des emprunts supplémentaires | | | | | |
| Versement des dividendes | | | | | |
| **Total Emplois** | | | | | |
| **Ressources** | | | | | |
| CAF de l'activité « Cartonnage » Pack Inbox | | | | | |
| CAF de l'activité « Mobilier » Live Inbox | | | | | |
| Augmentation de capital en numéraire | | | | | |
| Emprunts souscrits | | | | | |
| Subventions reçues | | | | | |
| **Total Ressources** | | | | | |
| Variation de trésorerie (Ressources – Emplois) | | | | | |
| **Trésorerie initiale** | | | | | |
| **Trésorerie finale** | | | | | |

## Annexe 11 Choix de financement et étude de rentabilité

**a. Comparer les choix de financement pour un même financement**

| Activité de base | | Hypothèse 1 : emprunt à 4,5 % | | Hypothèse 2 : augment. de capital | |
|---|---|---|---|---|---|
| | **Pack Inbox N** | **Live Inbox Moyenne** | **Total activité** | **Live Inbox Moyenne** | **Total activité** |
| Capitaux propres | 2 449 100,00 | 0,00 | 2 449 100,00 | 500 000,00 | 2 949 100,00 |
| Emprunts et dettes | 1 266 500,00 | 500 000,00 | 1 766 500,00 | 0,00 | 1 266 500,00 |
| **Total des capitaux LT** | **3 715 600,00** | **500 000,00** | **4 215 600,00** | **500 000,00** | **4 215 600,00** |
| Résultat d'exploitation | 258 600,00 | 53 256,00 | 311 856,00 | 53 256,00 | 311 856,00 |
| Résultat net comptable | 224 000,00 | 27 056,51 | 251 056,51 | 35 504,00 | 259 504,00 |
| **Rentabilité économique** | **6,96 %** | **10,65 %** | **7,40 %** | **10,65 %** | **7,40 %** |
| **Rentabilité financière** | **9,15 %** | | **10,25 %** | **7,10 %** | **8,80 %** |

**b. Comparer les choix de financement compte tenu des montants nécessaires dans chaque hypothèse**

| Activité de base | | Hypothèse 1 : emprunt à 4,5 % | | Hypothèse 2 : augment. de capital | |
|---|---|---|---|---|---|
| | **Pack Inbox N** | **Live Inbox Moyenne** | **Total activité** | **Live Inbox Moyenne** | **Total activité** |
| Capitaux propres | 2 449 100,00 | | | | |
| Emprunts et dettes | 1 266 500,00 | | | | |
| **Total des capitaux LT** | **3 715 600,00** | | | | |
| Résultat d'exploitation | 258 600,00 | 53 256,00 | | 53 256,00 | |
| Résultat net comptable | 224 000,00 | 27 056,51 | | 35 504,00 | |
| **Rentabilité économique** | **6,96 %** | | | | |
| **Rentabilité financière** | **9,15 %** | | | | |

# Fiche ressource 1

## Le recours au plan de financement

L'étude de la rentabilité économique d'un projet d'investissement a permis au gestionnaire de faire le choix d'un matériel parmi plusieurs (voir chapitre 3).
Il s'agit désormais de faire le **choix du moyen de financement** pour le matériel retenu.

## I Quel est l'objectif d'un plan de financement ?

Le plan de financement est un document **prévisionnel** qui permet d'apprécier la cohérence des **choix** stratégiques de financement de l'entreprise.

Il recense, sur un horizon de trois à cinq ans, les éléments à financer, appelés « **emplois** » (la valeur des investissements, par exemple), et les moyens de financement, appelés « **ressources** », qui permettront de les financer (les emprunts, par exemple). Puis il mesure l'équilibre entre ces emplois et ces ressources. Si les ressources ne couvrent pas les emplois ou, au contraire, sont trop importantes, le plan de financement met en évidence un **déséquilibre en trésorerie** finale qu'il faudra corriger.

Le plan de financement est donc un outil de simulation qui permet de préparer les choix. L'objectif est de réaliser, année après année, l'équilibre financier entre les emplois et les ressources.

| | | Année 1 |
|---|---|---|
| Emploi | Ex. : investissement | 960 |
| Ressource | Ex. : emprunts | 1 000 |
| **Trésorerie initiale** | | *600* |
| **Trésorerie finale** | | 640 |

Ici, en année 1, le financement est équilibré car la trésorerie ne s'est pas dégradée.

## II Quel équilibre rechercher ?

Deux situations sont possibles :
– la recherche de l'équilibre financier de la nouvelle activité ;
– la recherche de l'équilibre financier de l'ensemble de l'entreprise : activité existante et nouvelle activité.

Dans le second cas, la nouvelle activité peut éventuellement bénéficier de financements dégagés par l'activité existante. Si cette dernière est bénéficiaire, par exemple, une partie de ces bénéfices peut financer la nouvelle activité.

## III Dans quelles situations a-t-on recours à un plan de financement ?

### 1. Lors de la création d'une entreprise

Lors de la création de son entreprise, le futur entrepreneur est amené à construire un *business plan*, qui est un dossier complet de présentation du projet d'entreprise : aspects commercial (étude de marché…), technique (biens et/ou services…) et financier. Le plan de financement constitue le **volet financier du *business plan***. Il permettra au créateur de négocier des financements auprès des associés ou des établissements financiers.

### 2. Lors de négociations auprès des établissements bancaires

**Le plan de financement est exigé par les établissements financiers** lorsque l'entreprise souhaite négocier un emprunt bancaire. Dans ce cas, il peut s'appliquer à l'ensemble de l'entreprise (cas le plus courant) ou seulement à un projet bien défini.

### 3. Pour certaines entreprises de taille importante

**Le plan de financement est obligatoire en France depuis 1984** pour les entreprises de plus de 300 salariés ou dont le chiffre d'affaires est supérieur à 18 millions d'euros. Celles-ci doivent l'établir tous les ans. Une seule année de prévision est imposée. La forme du document est libre. Le plan de financement apparaît, dans ce cas, comme un outil de prévention des difficultés de l'entreprise.

# Fiche ressource 2

# Le contenu du plan de financement

## I La présentation générale du plan de financement

Il n'existe pas de présentation normalisée officielle du plan de financement. La présentation suivante est proposée à titre indicatif.

| | 1 | 2 | 3 | 4 | 5 |
|---|---|---|---|---|---|
| **Emplois** | | | | | |
| Acquisitions d'immobilisations | | | | | |
| Variation du BFR | | | | | |
| Remboursement des emprunts | | | | | |
| Versement des dividendes | | | | | |
| **Total Emplois** | | | | | |
| **Ressources** | | | | | |
| Capacité d'autofinancement | | | | | |
| Cessions d'immobilisations | | | | | |
| Augmentation de capital en numéraire | | | | | |
| Emprunts souscrits | | | | | |
| Subventions reçues | | | | | |
| **Total Ressources** | | | | | |
| Variation de trésorerie (Ressources – Emplois) | | | | | |
| **Trésorerie initiale** | | | | | |
| **Trésorerie finale** | | | | | |

Ils correspondent aux besoins de financement nécessaires pour mettre en œuvre le projet. Il s'agit de **décaissements**.

Ils correspondent aux moyens de financement proposés pour répondre aux besoins. Il s'agit d'**encaissements**.

Le plan de financement vérifie que la trésorerie est positive chaque année.

## II Le détail des éléments du plan de financement

| Emplois | Caractéristiques | Remarque |
|---|---|---|
| **Acquisitions d'immobilisation** | Ce poste correspond aux investissements prévus en immobilisations corporelles, incorporelles et financières. | |
| **Variation du BFR** | Ce poste correspond aux besoins de trésorerie générés par l'exploitation (le BFR hors exploitation est négligé dans les études prévisionnelles). Cette variation est généralement calculée en nombre de jours de chiffre d'affaires (méthode normative). | |
| **Remboursement des emprunts** | Il s'agit des remboursements des emprunts déjà existants (si le plan est global) et des remboursements d'emprunts prévisionnels à contracter. On peut donc prévoir deux lignes dans le plan. On ne tient pas compte ici des concours bancaires courants. | C'est un élément de simulation qui varie selon les choix. |
| **Versements des dividendes** | Si l'entreprise a défini les versements prévisionnels de dividendes, les montants sont inscrits dans ce poste. | |

| Ressources | Caractéristiques | Remarques |
|---|---|---|
| **Capacité d'autofinancement** | Ce poste correspond à la CAF de l'activité déjà existante (si le plan est global) et à la CAF de la nouvelle activité. On peut donc prévoir deux lignes dans le plan. La CAF de la nouvelle activité est calculée à partir d'un compte de résultat prévisionnel (voir chapitre 3). | La CAF de la nouvelle activité sera ajustée d'une simulation à l'autre. |
| **Cessions d'immobilisations** | Ce poste correspond aux prix de vente probables HT des immobilisations dont la cession est envisagée. | |
| **Augmentation de capital en numéraire** | Ce poste regroupe les nouveaux apports en numéraire. On ne déduit pas ici les frais liés à l'augmentation de capital. Ces derniers sont placés en emplois. | C'est un élément de simulation. |
| **Emprunts souscrits** | Il s'agit des nouveaux emprunts d'une durée supérieure à un an. | C'est un élément de simulation. |
| **Subventions reçues** | Ce sont les sommes attendues en provenance des organismes publics. | |

Fiche ressource 3

# Les deux étapes d'élaboration d'un plan de financement

Le plan de financement est avant tout un support permettant de réaliser des simulations pour faire des choix de financement. Dans cet esprit, il est généralement construit en plusieurs étapes (au moins deux).

## I Première étape : le plan de financement initial

### 1. Les éléments à inscrire dans le plan de financement initial

D'une manière générale, on inscrit dans le plan de financement initial l'ensemble des éléments incontournables pour lesquels il n'y a pas de discussion possible (par exemple, le montant des immobilisations à financer, la variation du BFR induite par la nouvelle activité, la valeur des éventuelles immobilisations cédées).

En termes de financement, seul le **financement interne** est pris en compte dans le plan de financement initial.

**Financement interne**
Il s'agit de l'autofinancement, c'est-à-dire des liquidités générées par l'activité de l'entreprise et non distribuées aux associés.

**a. La prise en compte de l'autofinancement**

Dans le plan de financement, l'autofinancement n'apparaît pas tel quel. La CAF est inscrite en ressources et les dividendes en emplois. La différence entre les deux (CAF – Dividendes) correspond à l'autofinancement.

**b. L'analyse de l'autofinancement**

L'autofinancement augmente les capitaux propres de l'entreprise, améliorant d'autant son indépendance financière. En conséquence, la capacité d'endettement de l'entreprise augmente aussi. Ainsi, lorsque l'entreprise favorise l'autofinancement, elle obtient dans le même temps un « droit à emprunter ».

### 2. Les conclusions du plan de financement initial

Généralement, le financement interne ne suffit pas à couvrir les besoins, c'est pourquoi la trésorerie finale est négative. On dit que le plan initial est déséquilibré. L'objectif du plan de financement initial est de mettre en évidence ce déséquilibre : il correspond aux ressources qui manquent pour financer l'activité.

Pour rééquilibrer cette trésorerie, l'entreprise devra faire appel au financement externe.

## II Seconde étape : le plan définitif, avec financement externe

Dans le plan définitif, l'entreprise réalise des simulations avec des financements externes qui, en complément des ressources internes, permettront d'atteindre l'équilibre financier. Le plan définitif doit être équilibré, c'est-à-dire présenter une trésorerie chaque année positive.

**Financement externe**
Il s'agit de fonds en provenance de l'extérieur : augmentation de capital, emprunt ou crédit-bail.

### 1. Les éléments à inscrire dans le plan de financement définitif

Dans cette seconde étape, l'entreprise complète le plan de financement en inscrivant le montant des financements externes : emprunts, augmentation de capital ou crédit-bail.

Généralement, elle étudie plusieurs hypothèses au cours desquelles elle panache différents moyens. Il s'agit de trouver le meilleur compromis en tenant compte du coût des emprunts (intérêts bancaires), de la bonne volonté des associés (augmentation de capital), des contraintes de l'entreprise (niveau du taux d'endettement…, voir chapitre 3), de la solvabilité et de la liquidité de l'entreprise (voir chapitre 6)…

### 2. Les corrections à apporter aux éléments initialement inscrits

La CAF calculée dans le plan initial doit être corrigée pour tenir compte des impacts du financement externe (loyers en cas de crédit-bail, intérêts en cas d'emprunt…).

Fiche ressource 4

# La location-financement

Dans un contrat de location, celui qui met le bien à disposition s'appelle le bailleur. Celui qui utilise le bien s'appelle le preneur. Dans certains cas, la location constitue un moyen de financement pour l'entreprise.

## I La distinction entre location simple et location-financement (crédit-bail)

Cette distinction dépend plus de la réalité de la transaction que de la forme du contrat.

| Le contrat de location simple | Le contrat de location-financement |
|---|---|
| Un contrat de location est un accord par lequel le bailleur cède au preneur, pour une période déterminée, le droit d'utilisation d'un actif en échange du paiement d'un loyer.<br>Ce type de contrat est aussi appelé « location financière ». | Un contrat de location-financement est un contrat de location ayant pour effet de transférer au preneur la quasi-totalité des risques et avantages inhérents à la propriété d'un actif.<br>Ce type de contrat est aussi appelé « **crédit-bail** ». |
| L'entreprise ne dispose pas de la possibilité de racheter le bien. | La durée du contrat de location couvre la majeure partie de la durée de vie économique du bien. Elle est généralement comprise entre trois et sept ans.<br>À la fin du contrat, l'entreprise a le choix entre trois possibilités :<br>– lever l'option d'achat et donc devenir propriétaire du bien ;<br>– reconduire le contrat en renégociant les conditions ;<br>– restituer le bien à la société de crédit-bail.<br>Le prix de l'option de rachat est fixé à l'avance dans le contrat. |
| La location simple (ou financière) n'est pas soumise à la réglementation bancaire. | La location-financement est soumise à la réglementation bancaire. Le crédit-bail est en effet un moyen pour l'entreprise qui manque de disponibilités pour financer un investissement. |
| Selon les règles du PCG et les normes IFRS, les loyers sont enregistrés en charges. | Selon les règles du PCG, les loyers sont enregistrés en charges. L'en-cours de crédit-bail est mentionné dans les annexes comptables.<br>Selon les normes IFRS, le bien doit être comptabilisé à l'actif et au passif du bilan. |

## II L'intérêt d'un financement par location-financement

Bien que le coût d'un crédit-bail soit toujours supérieur à celui d'un emprunt bancaire, la location-financement présente de nombreux avantages.

| | | |
|---|---|---|
| À la différence de l'emprunt, l'investissement peut être financé à 100 % par le crédit-bail. | Les loyers sont des charges déductibles qui permettent une réduction d'impôt. | La comptabilité française (PCG) donne priorité à l'aspect juridique du contrat. Le bien n'est pas enregistré au bilan, ce qui permet à l'entreprise de présenter un endettement plus limité que dans la réalité*. |

* Mais c'est pourquoi les établissements financiers réclament parfois la présentation d'un bilan fonctionnel (voir chapitre 4) ou d'un bilan financier (voir chapitre 6), qui nécessitent un retraitement du crédit-bail.

Fiche ressource 5

# Le financement de l'activité par emprunt bancaire

## I La notion d'emprunt

Afin de compléter leur financement, les entreprises ont fréquemment recours à l'endettement.

### 1. L'emprunt bancaire, l'emprunt obligataire

L'endettement peut s'effectuer auprès d'un établissement de crédit (emprunt bancaire) ou auprès des marchés financiers (emprunt obligataire).
Dans le cas d'un endettement auprès d'un établissement de crédit, l'emprunt est « **indivis** » : un seul prêteur (la banque) propose à l'entreprise une somme importante.
Lorsque l'entreprise a accès aux marchés financiers, l'emprunt est divisé en fractions, appelées « obligations », achetées par le public. Ainsi, une multitude de prêteurs mettent des sommes modestes à disposition de l'entreprise.

Remarque : seul l'emprunt bancaire sera traité dans cet ouvrage.

**Important :** il ne faut pas confondre augmentation de capital et emprunt obligataire :

Lorsque l'entreprise finance ses investissements par augmentation de capital (voir fiche ressource 2), elle crée des **actions**, financées par des apporteurs de capitaux qui deviennent propriétaires de l'entreprise et sont rémunérés avec des **dividendes**.

Il n'est pas prévu de rembourser les actions.

Lorsque l'entreprise finance ses investissements par emprunt obligataire, elle crée des **obligations**, financées par des prêteurs qui sont rémunérés avec des **intérêts**.

Les obligations sont remboursées selon un échéancier établi à l'avance.

### 2. Le remboursement d'un emprunt bancaire

L'emprunt bancaire peut être remboursé à des rythmes variés. En plus du remboursement du montant emprunté, l'entreprise paie chaque année des intérêts, calculés en fonction d'un taux prévu au contrat, qui peut être fixe ou variable. Ces intérêts sont des charges financières, déductibles du bénéfice comptable. Elles réduisent donc l'impôt.
Les conditions de remboursement sont convenues à l'avance et synthétisées dans un « tableau d'amortissement d'emprunt ».

Exemple

Remboursement d'un emprunt de 15 000 € (*C*), en 3 ans (*n*), au taux annuel de 8 % (*i*)

| Nombre d'années pour rembourser *n* | Attention : capital = sommes empruntées (crédit du compte 164) ≠ apports *C* | Charges financières à payer en plus chaque année (compte 661) *Intérêts* = $C \times i$ | Attention : amortissement = part de l'emprunt qui est remboursé (débit du compte 164) *Amortissement* | Sommes versées chaque année au banquier (« mensualité » si remboursement par mois) *a* = *Intérêts* + *Amortissement* | Part de l'emprunt restant à rendre en fin d'année (on ne déduit pas les intérêts) *C* – *Amortissement* |
|---|---|---|---|---|---|
| ↓ | ↓ | ↓ | ↓ | ↓ | ↓ |
| **Années** | **Capital emprunté** | **Intérêts annuels** | **Amortissement** | **Annuité** | **Capital restant dû** |
| 1 | 15 000,00 | 1 200,00 | 5 000,00 | 6 200,00 | 10 000,00 |
| 2 | 10 000,00 | 800,00 | 5 000,00 | 5 800,00 | 5 000,00 |
| 3 | 5 000,00 | 400,00 | 5 000,00 | 5 400,00 | 0,00 |
| **Total** | | **2 400,00** | **15 000,00** | **17 400,00** | |

## II Les sommes empruntées

Par sécurité, le banquier accepte rarement de financer l'intégralité d'un projet. Généralement, l'emprunt consenti ne dépasse pas 70 ou 80 % du coût de l'investissement, et à condition que l'entreprise reste globalement à un niveau d'emprunt acceptable par rapport à ses capitaux propres.

## III L'emprunt par amortissement constant, annuité constante, *in fine*

### 1. L'emprunt par amortissement constant

On parle d'emprunt par amortissement constant lorsque la part de l'emprunt remboursée est la même chaque année.

Exemple

Emprunt de 25 000 € (*C*), remboursable en 5 ans (*n*), au taux annuel de 4,5 % (*i*)

| Années | Capital emprunté | Intérêts | Amortissement | Annuité | Capital restant |
|---|---|---|---|---|---|
| 1 | **25 000,00** | 1 125,00 | 5 000,00 | 6 125,00 | 20 000,00 |
| 2 | 20 000,00 | 900,00 | 5 000,00 | 5 900,00 | 15 000,00 |
| 3 | 15 000,00 | 675,00 | 5 000,00 | 5 675,00 | 10 000,00 |
| 4 | 10 000,00 | 450,00 | 5 000,00 | 5 450,00 | 5 000,00 |
| 5 | 5 000,00 | 225,00 | 5 000,00 | 5 225,00 | 0,00 |
| Total | | 3 375,00 | 25 000,00 | 28 375,00 | |

*Ordre de calcul :*
1. Intérêts = Capital de début d'année × *i*
2. **Amortissement** = *C* / *n*
3. **Annuité** = Intérêts + Amortissement

C'est l'emprunt le moins coûteux mais les remboursements sont plus lourds en début de période alors qu'on manque généralement de liquidités.

### 2. L'emprunt par annuité constante

On parle d'emprunt par annuité constante lorsque l'ensemble des sommes versées au banquier est la même chaque année.

Exemple :

Emprunt de 25 000 € (*C*), remboursable en 5 ans (*n*), au taux annuel de 4,5 % (*i*)

| Années | Capital emprunté | Intérêts | Amortissement | Annuité | Capital restant |
|---|---|---|---|---|---|
| 1 | **25 000,00** | 1 125,00 | 4 569,79 | 5 694,79 | 20 430,21 |
| 2 | 20 430,21 | 919,36 | 4 775,43 | 5 694,79 | 15 654,78 |
| 3 | 15 654,78 | 704,46 | 4 990,33 | 5 694,79 | 10 664,45 |
| 4 | 10 664,45 | 479,90 | 5 214,89 | 5 694,79 | 5 449,56 |
| 5 | 5 449,56 | 245,23 | 5 449,56 | 5 694,79 | 0,00 |
| Total | | 3 473,95 | 25 000,00 | 28 473,95 | |

*Ordre de calcul :*
1. Intérêts = Capital de début d'année × *i*
2. **Annuité** = calcul mathématique
3. **Amortissement** = Annuité – Intérêts

Cet emprunt est plus coûteux mais les remboursements sont réguliers sur la période.

Calcul de l'annuité :

| Support | Formule de calcul | Exemple |
|---|---|---|
| À l'aide du tableur Excel | –VPM(*i*;*n*;*C*) | –VPM(0,045;5;25000) = 5 694,79 |
| À l'aide d'une calculatrice | $C \times \frac{i}{1-(1+i)^{-n}}$ | $25\,000 \times \frac{0{,}045}{1-(1+0{,}045)^{-5}} = 5\,694{,}79$ |

Remarque : il existe de nombreux sites Internet qui permettent de construire automatiquement des tableaux d'emprunt à annuité ou mensualité constante.

Exemple : http://www.cbanque.com/credit/calculatrice/emprunt.php?typcredit=CLASSIC&typtaux=P

### 3. L'emprunt *in fine*

On parle d'emprunt *in fine* lorsque la totalité des sommes empruntées est remboursée en une fois, à la fin de la période. Des intérêts restent dus chaque année.

Exemple

Emprunt de 25 000 € (*C*), remboursable en 5 ans (*n*), au taux annuel de 4,5 % (*i*)

| Années | Capital emprunté | Intérêts | Amortissement | Annuité | Capital restant |
|---|---|---|---|---|---|
| 1 | **25 000,00** | 1 125,00 | 0,00 | 1 125,00 | 25 000,00 |
| 2 | 25 000,00 | 1 125,00 | 0,00 | 1 125,00 | 25 000,00 |
| 3 | 25 000,00 | 1 125,00 | 0,00 | 1 125,00 | 25 000,00 |
| 4 | 25 000,00 | 1 125,00 | 0,00 | 1 125,00 | 25 000,00 |
| 5 | 25 000,00 | 1 125,00 | 25 000,00 | 26 125,00 | 0,00 |
| Total | | 5 625,00 | 25 000,00 | 30 625,00 | |

*Ordre de calcul :*
1. Intérêts = Capital de début d'année × *i*
2. **Annuité** = Intérêts + Amortissement

Cet emprunt est très coûteux mais il permet de conserver des liquidités le plus longtemps possible.

# Fiche ressource 6

## Quelques points de comparaison entre l'emprunt bancaire et la location-financement

Lorsqu'il recherche le financement le moins coûteux pour l'entreprise, l'analyste financier privilégie généralement l'emprunt au crédit-bail. C'est pourquoi le crédit-bail est relativement peu utilisé. Il présente cependant des avantages en termes de trésorerie et intervient lorsque l'endettement de l'entreprise est déjà trop élevé. Une comparaison point par point permet de faire des choix en connaissance de cause.

| | | L'emprunt bancaire | La location-financement |
|---|---|---|---|
| **Impact sur le bilan** | **L'entreprise est-elle propriétaire du bien ?** | Oui | Non |
| | **Le bien et son financement apparaissent-ils au bilan comptable ?** | Oui<br>Le bien apparaît à l'actif et l'emprunt au passif.<br>La capacité d'endettement diminue. | Non<br>Selon les règles du PCG, l'entreprise n'est pas juridiquement propriétaire du bien. Il n'apparaît pas au bilan.<br>Il est mentionné en annexe. |
| | **Des retraitements comptables sont-ils parfois nécessaires ?** | Non | Oui<br>Pour la présentation du bilan fonctionnel (voir chapitre 4) ou du bilan financier (voir chapitre 6).<br>De même si l'entreprise est soumise aux normes IFRS.<br>Dans ce cas, le crédit-bail apparaît au bilan. |
| **Impact sur le CR** | **Impact sur le résultat comptable et sur l'impôt** | Les charges d'intérêt et d'amortissement comptable du bien réduisent le résultat comptable et l'impôt. | Les loyers sont des charges déductibles qui réduisent le résultat et l'impôt. |
| | **Impact sur la CAF** | Les amortissements sont des charges calculées. Ils réduisent le résultat mais pas la CAF. | Les loyers sont des charges décaissables. Ils réduisent le résultat et la CAF. |
| **Conditions d'obtention** | **Montant du financement** | Entre 70 et 80 % maximum selon la capacité d'endettement de l'entreprise | Le bien est financé à 100 %. |
| | **Des conditions d'acceptation sont-elles à remplir ?** | Oui<br>Le banquier étudie les comptes de l'entreprise et vérifie sa capacité d'endettement. | Oui<br>Mais le crédit-bail est très facile d'accès car le bailleur reste propriétaire. |
| | **Des garanties sont-elles exigées ?** | Oui<br>Des garanties sont souvent exigées (cautionnement, nantissement…). | Oui<br>Le versement d'un dépôt de garantie est souvent exigé en début de contrat. |
| | **Les modalités de paiement sont-elles souples ?** | Oui<br>L'emprunt peut être remboursé par amortissement constant, annuité constante ou *in fine* (voir fiche ressource 3). | Oui<br>Les loyers peuvent être constants, dégressifs ou spécifiques. |
| | **L'entretien du matériel est-il réalisé par l'entreprise utilisatrice ?** | Oui<br>L'entretien est à la charge de l'entreprise. | Non<br>Le matériel est remplacé sans frais en cas de défaillance. Le coût de sa maintenance est compris dans le loyer. |

Fiche ressource 7

# Le financement de l'activité par augmentation de capital

## I La notion d'augmentation de capital

Les associés sont propriétaires de l'entreprise. Ils ont apporté des sommes (apports en numéraire) ou des biens (apports en nature) lors de la constitution de l'entreprise, formant ainsi son capital initial. En contrepartie, ils ont droit chaque année à une part du bénéfice de l'entreprise versée sous forme de dividendes.
En cours de vie, l'entreprise peut faire appel à ses actionnaires pour financer un programme d'investissement important. Ces derniers apportent alors des fonds supplémentaires : on parle d'augmentation de capital.

## II L'augmentation de capital par apport en numéraire

Il existe de nombreuses modalités d'augmentation du capital : par apport en numéraire, par apport en nature, par incorporation de réserve, par conversion de dettes, par conversion d'obligations en actions… (voir *Processus 2*). Mais seule l'augmentation de capital par apport en numéraire apporte de nouvelles ressources financières.

### 1. Les formalités juridiques

L'augmentation de capital doit satisfaire des contraintes juridiques importantes :
– prise de décision en assemblée générale extraordinaire (AGE) ;
– nécessité de solliciter les actionnaires ou de trouver de nouveaux partenaires ;
– fixation des modalités de l'opération : montant, prix d'émission, caractéristique des nouvelles actions, modalités de libération ;
– dépôt au greffe du tribunal de commerce des décisions de l'AGE…
Ces contraintes juridiques rendent l'augmentation de capital difficile à mettre en œuvre. C'est pourquoi cette technique de financement n'est généralement utilisée qu'après l'autofinancement ou l'endettement.

### 2. Les conséquences de l'augmentation de capital

– L'augmentation de capital est un financement gratuit. Il n'y a pas d'intérêts à payer et les associés seront rémunérés sur les éventuels bénéfices.
– Les anciens actionnaires qui n'ont pas participé à l'augmentation de capital voient leur part dans le capital, et donc leur pouvoir, diminuer.
– Les capitaux propres augmentent. Ainsi, le rapport « Emprunt / Capitaux propres » se réduit, renforçant d'autant la capacité d'endettement de l'entreprise.

| |
|---|
| Capital ↗ |
| Réserves |
| Report à nouveau |
| Résultat |
| Subventions d'investissement |
| **Total capitaux propres ↗** |
| **Dettes financières** |

$$\text{Taux d'endettement} = \frac{\text{Dettes financières}}{\text{Capitaux propres}} \searrow$$

Le taux d'endettement doit rester inférieur à 1. C'est une garantie pour le banquier de pouvoir obtenir, d'une manière ou d'une autre, le remboursement des sommes prêtées.
Ainsi, le financement par augmentation de capital permet à la fois d'obtenir des liquidités mais aussi de négocier plus facilement un emprunt supplémentaire auprès des établissements de crédit.

# Fiche ressource 8

# La rentabilité économique, la rentabilité financière

## I L'intérêt d'une étude de rentabilité

L'objectif principal de l'entreprise est de produire du bénéfice.
L'étude du résultat, des soldes intermédiaires de gestion ou des marges permet d'expliquer la formation de ce bénéfice. Ces indicateurs présentent différents niveaux de gain et les comparent le plus souvent au chiffre d'affaires. Le taux de profitabilité, par exemple, exprime le résultat comptable en pourcentage du chiffre d'affaires (voir chapitre 1).
Ces éléments ne suffisent pas pour connaître la vulnérabilité de l'entreprise face à des changements de niveau d'activité et/ou d'endettement. Dans ce cas, une étude de la rentabilité économique ou financière s'impose. Il s'agit alors de comparer les résultats obtenus non pas par rapport au CA mais par rapport aux moyens financiers engagés.

## II La rentabilité économique

La rentabilité économique mesure la performance industrielle et commerciale de l'entreprise, sans tenir compte de la manière dont elle est financée. On dit qu'elle mesure l'outil de production.
Il existe plusieurs variantes dans le calcul de la rentabilité économique.
D'une manière générale, on compare un niveau de résultat non affecté par des éventuelles charges financières liées à un financement par emprunt (on parle de résultat économique), avec l'ensemble des capitaux investis, sans distinction de leur origine (apports, emprunts…).

$$\text{Rentabilité économique} = \frac{\text{Résultat économique}}{\text{Capitaux investis}}$$

**Le résultat économique correspond au revenu procuré par l'activité économique.**
On peut retenir :
- le résultat d'exploitation ;
- le résultat d'exploitation net d'IS ;
- le résultat comptable + les intérêts…

**Les capitaux investis correspondent aux moyens mis en œuvre.**
On peut retenir :
- les immobilisations nettes + les BFR ;
- les capitaux propres + les dettes financières…

## III La rentabilité financière

La rentabilité financière mesure l'aptitude de l'entreprise à rentabiliser les fonds apportés par les associés.

$$\text{Rentabilité financière} = \frac{\text{Résultat net comptable}}{\text{Capitaux propres}}$$

**Le niveau de résultat retenu est le résultat net comptable** : c'est celui qui intéresse prioritairement les associés puisqu'il détermine les dividendes à recevoir.

**Les capitaux retenus sont exclusivement les capitaux propres** puisqu'ils correspondent aux financements apportés (capital) ou laissés à disposition de l'entreprise (réserves) par les associés.

Du point de vue des associés, les apports correspondent à des placements financiers. Le taux de rentabilité financière est donc généralement comparé au taux d'intérêt pratiqué sur le marché financier. Si le taux de rentabilité financière est supérieur au taux d'intérêt, l'entreprise n'aura pas de mal à convaincre les associés de financer une augmentation de capital.

# IV L'effet de levier

## 1. Problématique

Lorsque l'entreprise s'endette, c'est généralement pour investir dans son outil de production. L'endettement peut donc améliorer la rentabilité d'exploitation. Mais l'endettement est aussi coûteux pour l'entreprise, les charges d'intérêt dégradant le résultat financier.
Selon si les gains d'exploitation sont supérieurs ou non au coût financier, l'endettement peut améliorer ou dégrader la rentabilité financière calculée, elle, sur le résultat net.

## 2. L'impact de l'endettement sur la rentabilité de l'entreprise

Si le taux de rémunération des emprunts (taux d'intérêt) est inférieur au taux de rentabilité économique, l'entreprise améliore sa rentabilité financière. En effet, cela revient à emprunter une somme pour la placer dans un outil productif qui rapporte plus que le coût de l'emprunt. Dans ce cas, l'entreprise a intérêt à emprunter. On parle d'**effet de levier**.
Dans le cas contraire, on parle d'**effet de massue**.

Exemple

L'entreprise Mifa souhaite investir dans une nouvelle activité pour 600 € afin d'améliorer son résultat d'exploitation. Cet investissement serait financé par emprunt (100 % par simplification).

| | Base | Hypothèse 1 | Hypothèse 2 | Hypothèse 3 |
|---|---|---|---|---|
| Capitaux propres | 1 000,00 | 1 000,00 | 1 000,00 | 1 000,00 |
| Emprunts | | 600,00 | 600,00 | 600,00 |
| **Total du capital investi** | **1 000,00** | **1 600,00** | **1 600,00** | **1 600,00** |
| Taux d'intérêt bancaire de l'emprunt | | 4,3 % | 6,0 % | 8,0 % |
| Produits d'exploitation | 100,00 | 145,00 | 145,00 | 145,00 |
| Charges d'exploitation | 40,00 | 49,00 | 49,00 | 49,00 |
| **Résultat d'exploitation** | **60,00** | **96,00** | **96,00** | **96,00** |
| Charges financières | | 25,80 | 36,00 | 48,00 |
| **Résultat financier** | **0,00** | **– 25,80** | **– 36,00** | **– 48,00** |
| Impôt | 20,00 | 23,40 | 20,00 | 16,00 |
| **Résultat net comptable après IS** | **40,00** | **46,80** | **40,00** | **32,00** |
| **Taux de rentabilité économique** | **6,0 %** | **6,0 %** | **6,0 %** | **6,0 %** |
| **Taux de rentabilité financière** | **4,0 %** | **4,7 %** | **4,0 %** | **3,2 %** |

En empruntant à 8 % des sommes placées à 6 %, la rentabilité financière se dégrade. **Effet de massue**

En empruntant à 4,3 % des sommes placées à 6 %, la rentabilité financière s'améliore. **Effet de levier**

## 3. Analyse

L'ensemble des capitaux investis dans l'entreprise (apports, emprunts) produisent de la rentabilité économique. Ces capitaux sont fournis soit par les associés (capitaux propres), soit par des créanciers (emprunts). Quels que soient les résultats, les créanciers sont rémunérés par l'intérêt (*i*).
Si les fonds empruntés sont investis dans une activité dont la rentabilité (*Re*) est supérieure à leur coût (*i*), ce sont les associés qui bénéficient du surplus dégagé.
Remarquons que, dans cette situation, plus l'entreprise est endettée, plus l'effet de levier est important. Ainsi, la rentabilité financière dépend de l'endettement dans ses deux composantes : le coût de l'endettement (*i*) et le niveau relatif de l'endettement vis-à-vis des capitaux propres.

## 4. Les risques liés à l'attractivité de l'effet de levier

L'effet de levier favorise l'emprunt. En souhaitant améliorer la rémunération des associés, sans réaliser d'apport supplémentaire, certaines entreprises ont trop recours à l'emprunt et se débattent ensuite avec des taux d'endettement trop élevés.
Ainsi, si l'effet de levier est un élément à prendre en compte lors d'un choix de financement, le niveau d'endettement doit toujours rester maîtrisé par l'entreprise.

# Applications

## 1 Observer l'intérêt et les limites d'un financement par emprunt

Vous travaillez dans l'entreprise Navour, fabricant de meubles. Les résultats de l'année N sont en baisse par rapport à N-1. Votre responsable vous demande d'analyser la rentabilité.

1. **À partir des éléments fournis en annexe, calculez la rentabilité économique et la rentabilité financière pour N et N-1.**
2. **Expliquez l'évolution à la baisse de chacune des rentabilités.**
3. **Votre responsable souhaite investir dans un nouveau projet pour lequel il faudra trouver 90 000 € de financement. Compte tenu du taux de rentabilité économique, il souhaite privilégier l'emprunt. Expliquez pourquoi.**
4. **Il sera néanmoins contraint de trouver un autre moyen de financement. Pourquoi, selon vous ?**

**Annexe** Bilan Navour au 31/12/N

| ACTIF | | | | | PASSIF | | |
|---|---|---|---|---|---|---|---|
| | N | | | N-1 | | N | N-1 |
| | Brut | Amort. & Dép. | Net | Net | | | |
| **Actif immobilisé** | | | | | **Capitaux propres** | | |
| Immobilisations incorporelles | 25 708 | 12 680 | 13 027 | 14 384 | Capital | 250 000 | 250 000 |
| Immobilisations corporelles | 0 | 0 | | 0 | Réserve légale | 16 677 | 8 500 |
| Terrains | 200 000 | 0 | 200 000 | 200 000 | Réserve statutaire | 0 | 0 |
| Constructions | 584 518 | 116 518 | 468 000 | 492 000 | Autres réserves | 325 000 | 265 000 |
| Matériels | 478 651 | 185 185 | 293 466 | 181 184 | Report à nouveau | 8 815 | 3 456 |
| Autres immob. corporelles | | | | | Résultat (1) | 112 997 | 163 535 |
| Immobilisations financières | 6 518 | 1 678 | 4 840 | 6 518 | | | |
| **Total Actif immobilisé** | **1 295 395** | **316 061** | **979 334** | **894 087** | **Total Capitaux propres** | **713 488** | **690 491** |
| **Actif circulant** | | | | | **Emprunts et dettes** | | |
| Stocks de matières premières | 94 814 | | 94 814 | 80 117 | Emprunts bancaires (2) | 660 000 | 540 000 |
| Stocks de marchandises | 205 987 | | 205 987 | 190 765 | Dettes fournisseurs | 481 474 | 510 772 |
| Créances | 682 918 | | 682 918 | 615 584 | Autres dettes | 148 118 | 185 056 |
| VMP | 15 000 | | 15 000 | 100 000 | | | |
| Disponibilités | 25 028 | | 25 028 | 45 765 | | | |
| **Total Actif circulant** | **1 023 746** | **0** | **1 023 746** | **1 032 231** | **Total Emprunts et dettes** | **1 289 592** | **1 235 827** |
| **TOTAL ACTIF** | **2 319 141** | **316 061** | **2 003 080** | **1 926 319** | **TOTAL PASSIF** | **2 003 080** | **1 926 319** |
| | | | | | *(1) Dont résultat d'exploitation* | *256 789* | *287 654* |
| | | | | | *(2) Dont CBC* | *0* | *0* |

Le gérant de l'entreprise Navour (application 1) prévoit d'investir dans une nouvelle machine afin de réaliser des gains de productivité. Son fournisseur lui propose un contrat de crédit-bail.

5. **Quel est, généralement, l'inconvénient majeur du crédit-bail ?**
6. **Dressez une liste des situations, contraintes ou besoins permettant de justifier un financement par crédit-bail.**

## 2 Choisir un rythme d'amortissement d'emprunt

Vous travaillez dans l'entreprise Marie-Pierre, fabricant de bijoux fantaisie. Son dirigeant prévoit d'emprunter 20 000 € pour financer l'achat d'un véhicule dédié au responsable commercial.

1. **Construisez les tableaux de remboursement d'emprunt dans les trois hypothèses (annexe).**
2. **Quelle est la solution la moins coûteuse ? Justifiez.**
3. **Quelle est la solution la plus pratique ? Justifiez.**
4. **Dans quel contexte l'hypothèse 3 paraît-elle la plus adaptée ?**

**Annexe** **Propositions d'emprunt**

| | Hypothèse 1 | Hypothèse 2 | Hypothèse 3 |
|---|---|---|---|
| Montant emprunté | 20 000 € | 20 000 € | 20 000 € |
| Durée | 3 ans | 3 ans | 3 ans |
| Taux | 4,8 % | 4,8 % | 4,8 % |
| Amortissement | Amortissement constant | Annuité constante | *In fine* |

## 3 Réaliser des simulations à l'aide du tableur Excel

L'entreprise Lieutard commercialise des articles de décoration signés par des designers. Les résultats de l'année N ont déçu les associés, qui espéraient de meilleurs taux de rentabilité.
3 456 articles ont été vendus en N pour un prix moyen de 145 € l'unité.

1. **Combien d'articles faudrait-il vendre par an pour atteindre un taux de rentabilité financière de 8 % ?**
2. **En supposant que le nombre d'articles vendus reste le même, quel prix moyen faudrait-il proposer pour atteindre ce taux de rentabilité financière de 8 % ?**
3. **Dans les deux hypothèses, comparez les chiffres d'affaires. Justifiez l'écart.**

**Annexe** **Résultats Lieutard année N**

| | N |
|---|---|
| Quantités vendues | 3 456,00 |
| PU moyen | 145,00 |
| **Chiffre d'affaires** | **501 120,00** |
| Charges variables d'exploitation | 325 430,00 |
| Charges fixes d'exploitation | 145 000,00 |
| **Résultat d'exploitation** | **30 690,00** |
| Intérêts bancaires | 6 898,00 |
| **Résultat courant avant impôts** | **23 792,00** |
| IS | 7 930,67 |
| **Résultat net comptable** | **15 861,33** |

| | |
|---|---|
| Capitaux propres | 1 000 000,00 |
| Emprunts bancaires | 750 000,00 |
| **Rentabilité économique** | **1,8 %** |
| **Rentabilité financière** | **1,6 %** |

## 4 Comprendre un plan de financement

La société Alban est spécialisée dans la fabrication de nougat. Le responsable administratif étudie le financement d'une nouvelle activité et vous présente ses premiers éléments de calcul.

1. Le document présenté (annexe) est-il un plan de financement initial ou définitif ? Justifiez.
2. Quelle est la valeur des investissements prévus ? Quel est le besoin de financement ? Expliquez.
3. Si vous faites le choix de financer par augmentation de capital, quels postes vont varier ?
4. Si vous choisissez un financement par emprunt, quels postes vont varier ?

**Annexe** Le coût de l'investissement

| Plan de financement | 1 | 2 | 3 | 4 |
|---|---|---|---|---|
| **Emplois** | | | | |
| Acquisitions d'immobilisations | **6 000,00** | | | |
| Variation du BFR de la nouvelle activité | 150,00 | 150,00 | 150,00 | 150,00 |
| Versement des dividendes | | | | |
| **Total Emplois** | **6 150,00** | **150,00** | **150,00** | **150,00** |
| **Ressources** | | | | |
| CAF | **1 500,00** | 1 650,00 | 1 815,00 | 1 996,50 |
| Augmentation de capital en numéraire | | | | |
| Emprunts souscrits | | | | |
| Subventions reçues | | | | |
| **Total Ressources** | **1 500,00** | **1 650,00** | **1 815,00** | **1 996,50** |
| Variation de trésorerie (Ressources – Emplois) | – 4 650,00 | 1 500,00 | 1 665,00 | 1 846,50 |
| Trésorerie initiale | 850,00 | – 3 800,00 | – 2 300,00 | – 635,00 |
| **Trésorerie finale** | **– 3 800,00** | **– 2 300,00** | **– 635,00** | **1 211,50** |

## 5 Finaliser un plan de financement

Le responsable financier de l'entreprise Duranton vous présente un plan de financement provisoire.

1. Complétez les cellules grisées de ce plan de financement provisoire (annexe).
2. Que pouvez-vous conclure sur l'équilibre de ce plan ?
3. Quel est le mode de financement retenu par le responsable financier ?
4. Comment peut-il compléter ce financement ? Justifiez.

**Annexe** Le coût de l'investissement

| Plan de financement | 1 | 2 | 3 | 4 | 5 |
|---|---|---|---|---|---|
| **Emplois** | | | | | |
| Acquisitions d'immobilisations | **2 000 000,00** | | | | |
| Variation du BFR de la nouvelle activité | 2 500,00 | | | | |
| Remboursement d'emprunts | | | | | |
| Versement des dividendes | 100 000,00 | 100 000,00 | 100 000,00 | 100 000,00 | 100 000,00 |
| **Total Emplois** | | | | | |
| **Ressources** | | | | | |
| CAF | **850 000,00** | 892 500,00 | 937 125,00 | 983 981,25 | 1 033 180,31 |
| Augmentation de capital | 1 200 000,00 | | | | |
| Emprunts souscrits | | | | | |
| Subventions reçues | | | | | |
| **Total Ressources** | | | | | |
| Variation de trésorerie | | | | | |
| Trésorerie initiale | 15 000,00 | | | | |
| **Trésorerie finale** | | | | | |

# 6 Construire un plan de financement

Vous travaillez dans l'entreprise Castel, fabricant de pièces détachées pour l'industrie aéronautique. Le responsable prévoit d'investir dans une nouvelle usine. Vous êtes chargé(e) de l'étude des moyens de financement.

1. **Présentez le plan de financement initial.**
2. **Quel montant faut-il financer ?**
3. **Calculez l'impact sur la CAF des décisions de financement.**
4. **Présentez le plan de financement définitif.**
5. **Dans cette situation, l'emprunt est moins coûteux que l'augmentation de capital. Pourquoi ?**
6. **Selon vous, pourquoi le responsable financier a-t-il néanmoins choisi de financer pour partie par augmentation de capital ?**
7. **Le responsable financier va négocier auprès de sa banque des découverts autorisés au cours de la première année. Pourquoi, selon vous ?**

## Annexe 1 Éléments à prendre en compte pour le plan de financement initial

| Investissements à réaliser | |
|---|---|
| Terrain | 1 000 000 |
| Constructions | 1 500 000 |
| Matériels | 2 000 000 |

La trésorerie initiale est nulle.

| BFR prévisionnels | |
|---|---|
| Année 1 | 830 000 |
| Année 2 | 875 000 |
| Année 3 | 950 000 |
| Année 4 | 1 000 000 |
| Année 5 | 1 000 000 |

| CAF prévisionnelles | |
|---|---|
| Année 1 | 1 500 000 |
| Année 2 | 1 900 000 |
| Année 3 | 2 500 000 |
| Année 4 | 2 750 000 |
| Année 5 | 2 000 000 |

## Annexe 2 Éléments à prendre en compte pour le plan de financement définitif

Le responsable administratif prévoit :
– une augmentation de capital de 1 000 000 €. Les associés seront rémunérés chaque année par dividende : 7 % des sommes apportées ;
– un emprunt de 1 200 000 € remboursable *in fine* au bout de cinq ans. Taux d'intérêt annuel : 4,3 % ;
– les matériels ne seront pas achetés mais loués par crédit-bail. Loyer annuel : 500 000 €. Une option d'achat de 250 000 € permettra d'en devenir propriétaire au bout de cinq ans.
Le taux d'impôt sur les sociétés est de 33,1/3 %. Le versement de dividendes ne peut débuter qu'au cours de la deuxième année.

Chapitre **9**

# L'interprétation d'un tableau de financement

| **Activité** | **Composante d'activité** | **Compétence** | **P7** |
|---|---|---|---|
| **6.6.** Analyse dynamique des flux financiers | **6.6.1.** Interprétation d'un tableau de financement | Évaluer les risques de défaillance, calculer et interpréter des ratios adaptés à l'analyse dynamique. | Une utilisation du tableur adaptée aux besoins de l'utilisateur (tableau de financement, ratios et indicateurs, graphiques). |

## Situation professionnelle

La société Pack Inbox a mis en œuvre son projet d'activité de meubles en carton (Live Inbox). Les investissements ont été financés et réalisés. L'activité a pu démarrer dès le début de l'année N+1.

Un an plus tard, Mme Fauvet prépare une analyse de cette première année de travail, réunissant à la fois les activités traditionnelles de Pack Inbox et la nouvelle activité.

Les premiers éléments issus du système d'information comptable de l'exercice N+1 sont très positifs. L'activité a très vite connu un grand succès : une analyse des SIG a montré que le chiffre d'affaires et les principaux soldes de gestion (excédent brut d'exploitation, résultat d'exploitation, résultat net...) se sont améliorés par rapport à N.

Le commercial de l'entreprise a su séduire une clientèle imprévue de professionnels : les meubles design sur mesure ont beaucoup plu au secteur de l'hôtellerie (équipement de halls d'accueil) et, plus généralement, aux entreprises dans la mouvance du développement durable.

En revanche, une grande inquiétude porte sur la trésorerie. Alors que les études prévisionnelles laissaient espérer qu'une nouvelle clientèle de particuliers au paiement comptant devait améliorer la situation, elle s'est au contraire fortement dégradée...

## Mission

**Vous travaillez en collaboration avec Mme Fauvet, la directrice administrative et financière, pour l'aider à mettre en œuvre une analyse dynamique capable d'expliquer l'origine du déséquilibre de trésorerie.**

## Travail à faire

## I Observer la structure financière de l'entreprise

Vous avez préparé le bilan fonctionnel au 31 décembre N+1.

**1.** Rappelez les investissements qui ont été choisis et les modalités de financement retenues. ▶ Annexe 1

**2.** À partir du bilan fonctionnel N+1. ▶ Fiche ressource 1

a) Calculez le FRNG, le BFR et la TN de N+1. ▶ Annexes 2 et 3

b) La règle de l'équilibre financier est-elle respectée ?

c) Vous venez de réaliser une analyse « statique ». Justifiez.

**3.** Vous étudiez la variation du FRNG, du BFR et de la TN.

a) Complétez l'annexe 3. Commentez.

b) Vous venez de réaliser une analyse « dynamique ». Justifiez.

c) Cette analyse dynamique n'apporte que peu d'informations par rapport à l'analyse statique. Justifiez.

## II Complétez les informations à l'aide d'un tableau de flux de fonds

Mme Fauvet comprend que le FRNG n'a pas suffisamment augmenté pour répondre aux besoins de la nouvelle activité. Elle vous transmet le tableau de financement de l'année N+1. Vous étudiez son articulation globale.

**4.** Le tableau de financement est un tableau de flux de fonds. ▶ Annexe 4

a) À quoi correspondent les flux de fonds ? ▶ Fiche ressource 2

b) Pourquoi certaines inscriptions comptables ne sont-elles pas prises en compte ?

**5.** Vous étudiez les éléments inscrits en emplois ou en ressources dans la partie 1 du tableau. ▶ Fiche ressource 3

a) S'agit-il de flux ou de stocks ? Expliquez.

b) Pourquoi ces montants ne se retrouvent-ils pas dans le bilan fonctionnel ?

**6.** Vous observez ce tableau dans son ensemble.

a) Ce tableau est constitué de deux parties. Lesquelles ? Expliquez leur finalité respective. ▶ Fiche ressource 4

b) Quel est le montant de la variation du FRNG au cours de l'exercice ? Retrouvez-vous ce montant en partie 2 ?

c) Expliquez pourquoi vous retrouvez le même montant mais de sens opposé (opposition emplois/ressources).

Vous analysez plus en détail la partie 1 du tableau de financement.

**7.** Afin de comprendre la logique de construction de cette partie du tableau, vous observez la variation du poste « Emprunts ». ▶ Fiche ressource 5 ▶ Annexes 4 à 7

a) Comparez les bilans N et N+1. Quelle est la variation globale du poste « Emprunts » ?

b) À partir des informations de l'annexe 6, décomposez cette variation globale en augmentation et remboursement d'emprunt.

c) Quel montant est un flux d'emploi ? Quel montant est un flux de ressources ? Justifiez.

d) Vérifiez que ces deux flux apparaissent bien dans le tableau de financement.

8. Expliquez, à partir de l'annexe 7, la façon dont l'évolution du poste « Immobilisations » est présentée dans cette partie 1 du tableau. Justifiez cette présentation.

9. Retrouvez-vous, dans cette partie 1, la variation du FRNG calculée à la question 3 ?

10. Quels sont les principaux éléments explicatifs de cette variation du FRNG ?

Mme Fauvet vous demande à présent de retrouver l'utilisation qui a été faite de ce FRNG supplémentaire en étudiant la partie 2 du tableau de financement.

11. Observez les postes « Stocks », « Créances d'exploitation » et « Dettes d'exploitation » (annexe 6). Justifiez leur positionnement dans le tableau en tant que besoin ou dégagement.

Fiche ressource 5
Annexes 4 à 6

12. Observez la ligne « Variation de trésorerie ».

a) À partir des bilans fonctionnels N (voir chapitre 4) et N+1, calculez la variation de la trésorerie active et passive.

b) Justifiez leur positionnement dans le tableau en tant que besoin ou dégagement.

c) Retrouvez la variation nette de la trésorerie. Vérifiez qu'elle correspond à votre calcul effectué à la question 3.

13. Selon l'analyse de l'équilibre financier

Fiche ressource 6

a) Quel est l'intérêt d'une observation dynamique de l'équilibre financier ?

b) Expliquez l'utilisation qui a été faite du supplément de FRNG. Déduisez-en l'impact sur la trésorerie.

c) Quel aurait été l'impact sur la trésorerie d'une variation de BFR inférieure à la variation du FRNG ?

14. Comparez l'évolution du BFRE et celle de l'EBE. L'entreprise a-t-elle subi un effet de ciseaux ? Justifiez.

Fiche ressource 7
Annexe 8

P7 15. Vous analysez plus en détail le tableau de financement. Manuellement ou à l'aide d'un tableur et du fichier TabFin_PackInbox, calculez les ratios demandés en annexe 9.

Fiche ressource 8
Annexe 9

16. Lors de votre étude du financement de la nouvelle activité (voir chapitre 8), vous aviez prévu de financer une augmentation du BFR de 45 000 € afin de continuer à respecter l'équilibre financier. Proposez une explication au dérapage non prévu du BFR. Quel est le risque encouru par Pack Inbox ?

Bien que satisfaite de votre travail, Mme Fauvet pense que ces explications sont incomplètes. Elle voudrait savoir, par exemple, si ce déséquilibre de trésorerie provient d'un excès d'investissement ou d'un manque de financement…

17. En focalisant votre attention sur la partie 1 du tableau de financement, expliquez pourquoi ce tableau ne permet pas de connaître la contribution des cycles d'investissement et de financement à la variation de trésorerie.

# Données de la situation

## Annexe 1 Le coût de l'investissement réalisé en début d'année N+1 et les modalités de financement

| | |
|---|---|
| Machine cartonnage | 350 000 € |
| Logiciel | 85 000 € |
| Machine à vernir | Crédit-bail |

**Modalités de financement**

– **Augmentation de capital : 200 000 €**
– **Emprunt 5 ans : 200 000 €**
– Pour le reste, la CAF dégagée par l'entreprise dès la première année permettra assez vite d'apporter du financement.

## Annexe 2 Bilan fonctionnel N+1

| ACTIF | N+1 | PASSIF | N+1 |
|---|---|---|---|
| **Emplois stables** | 5 148 200 | **Ressources stables** | 7 455 902 |
| **Actif circulant** | | **Passif circulant** | |
| Exploitation | 2 907 177 | Exploitation | 197 000 |
| Hors exploitation | 12 100 | Hors exploitation | 123 075 |
| **Trésorerie active** | **14 800** | **Trésorerie passive (1)** | **306 300** |
| **TOTAL GÉNÉRAL** | **8 082 277** | **TOTAL GÉNÉRAL** | **8 082 277** |

(1) 291 300 (concours bancaires) + 15 000 (effets escomptés non échus)

## Annexe 3 Éléments d'équilibre financier N et N+1

| | N | N+1 | Variation (N+1 – N) |
|---|---|---|---|
| **FRNG** | 1 662 700 | | |
| **BFR** | 1 656 200 | | |
| **TN** | 6 500 | | |

## Annexe 4 Tableau de financement au 31/12/N+1

**Partie 1**

| Emplois | Ex. N+1 | Ressources | Ex. N+1 |
|---|---|---|---|
| Distributions mises en paiement au cours de l'exercice | 100 000 | Capacité d'autofinancement de l'exercice | 787 002 |
| Acquisitions d'éléments de l'actif immobilisé : | | Cessions ou réductions d'éléments de l'actif immobilisé : | |
| Immobilisations incorporelles | 85 000 | Cessions d'immobilisations : | |
| Immobilisations corporelles | 350 000 | – Incorporelles | 0 |
| Immobilisations financières | 0 | – Corporelles | 113 000 |
| Charges à répartir sur plusieurs exercices | 0 | Cessions ou réductions d'immobilisations financières | 0 |
| Réduction des capitaux propres (réduction de capital, retraits) | 0 | Augmentation des capitaux propres | |
| Remboursements de dettes financières | 120 000 | Augmentation de capital ou apports | 200 000 |
| | | Augmentation des autres capitaux propres | |
| | | Augmentation des dettes financières | 200 000 |
| **Total des emplois** | **655 000** | **Total des ressources** | **1 300 002** |
| Variation du FRNG (ressource nette) | 645 002 | Variation du FRNG (emploi net) | 0 |

**Partie 2**

| Variation du fonds de roulement net global | Exercice N+1 | | |
|---|---|---|---|
| | Besoin 1 | Dégagement 2 | Solde 2 – 1 |
| **Variation « Exploitation »** | | | |
| Variation des actifs d'exploitation | | | |
| Stocks et en-cours | 496 900 | 0 | |
| Avances et acomptes versés sur commandes | 0 | 71 600 | |
| Créances clients, comptes rattachés et autres créances d'exploitation | 605 977 | 0 | |
| Variation des dettes d'exploitation | | | |
| Avances et acomptes reçus sur commandes en cours | 0 | 0 | |
| Dettes fournisseurs, comptes rattachés et autres dettes d'exploitation | 9 800 | 0 | |
| **Totaux** | **1 112 677** | **71 600** | |
| **A. Variation nette « Exploitation »** | | | **– 1 041 077** |
| **Variation « Hors exploitation »** | | | |
| Variation des autres débiteurs | 4 900 | 0 | |
| Variation des autres créditeurs | 0 | 102 975 | |
| **Totaux** | **4 900** | **102 975** | |
| **B. Variation nette « Hors exploitation »** | | | **98 075** |
| **Total A + B** | | | |
| **Besoins de l'exercice en fonds de roulement** | | | **– 943 002** |
| **Ou Dégagement net de fonds de roulement dans l'exercice** | | | |
| **Variation « Trésorerie »** | | | |
| Variation des disponibilités | 0 | 102 700 | |
| Variation des concours bancaires courants et soldes créditeurs de banque | 0 | 195 300 | |
| **Totaux** | **0** | **298 000** | |
| **C. Variation nette « Trésorerie »** | | | **298 000** |
| **Variation du fonds de roulement net global** | | | |
| **Total A + B + C** | | | |
| **Emploi net** | | | **– 645 002** |
| **Ou Ressource nette** | | | |

## Annexe 5 Bilan comptable N+1

**Bilan du système de base – Pack Inbox**

| ACTIF | Exercice N+1 | | | Exercice N | Exercice N-1 |
|---|---|---|---|---|---|
| | Brut | *Am. & Dép.* | Net | Net | Net |
| **ACTIF IMMOBILISÉ** | | | | | |
| **Immobilisations incorporelles** | | | | | |
| Capital souscrit – non appelé | | | | | |
| Frais d'établissement | 32 500 | *32 500* | 0 | 4 000 | 4 600 |
| Frais de recherche et développement | | | | | |
| Concessions, brevets et droits similaires | 311 500 | *201 200* | 110 300 | 61 800 | 68 700 |
| Fonds commercial | | | | | |
| Autres immobilisations incorporelles | | | | | |
| Avances et acomptes sur immobilisations incorporelles | | | | | |
| **Immobilisations corporelles** | | | | | |
| Terrains | | | | | |
| Constructions | 1 008 700 | *650 600* | 358 100 | 443 300 | 576 500 |
| Install. techn., matériel et outillage industriels | 2 994 400 | *1 726 900* | 1 267 500 | 1 215 400 | 1 406 500 |
| Autres immobilisations corporelles | 647 600 | 357 900 | 289 700 | 390 800 | 146 800 |
| Immobilisations en cours | | | | | |
| **Immobilisations financières** | | | | | |
| Participations | | | | | |
| Créances rattachées à des participations | | | | | |
| Autres titres immobilisés | | | | | |
| Prêts | 33 500 | | 33 500 | 33 500 | 37 800 |
| Autres immobilisations financières | | | | | |
| **Total I** | **5 028 200** | ***2 969 100*** | **2 059 100** | **2 148 800** | **2 240 900** |
| **ACTIF CIRCULANT** | | | | | |
| **Stocks et en-cours** | | | | | |
| Matières premières, approvisionnements | 712 500 | *28 300* | 684 200 | 529 500 | 542 100 |
| En-cours de production (biens et services) | | | | | |
| Produits intermédiaires et finis | 906 200 | *48 500* | 857 700 | 525 700 | 593 200 |
| Marchandises | | | | | |
| Avances et acomptes versés sur commandes | 0 | | 0 | 71 600 | 96 000 |
| **Créances d'exploitation** | | | | | |
| Clients et comptes rattachés | 1 252 477 | *0* | 1 252 477 | 632 500 | 593 600 |
| Autres créances | 12 100 | | 12 100 | 7 200 | 4 900 |
| Capital souscrit – appelé, non versé | | | | | |
| Valeurs mobilières de placement | 0 | *0* | 0 | 48 100 | 58 700 |
| Disponibilités | 14 800 | | 14 800 | 50 700 | 84 600 |
| Charges constatées d'avance | 21 000 | | 21 000 | 38 000 | 37 500 |
| **Total II** | **2 919 077** | ***76 800*** | **2 842 277** | **1 903 300** | **2 010 600** |
| Charges à répartir sur plusieurs exercices | | | | | |
| Prime de remboursement des obligations | | | | | |
| Écart de conversion actif | | | | | |
| **TOTAL GÉNÉRAL** | **7 947 277** | ***3 045 900*** | **4 901 377** | **4 052 100** | **4 251 500** |

| PASSIF | Exercice N+1 | Exercice N | Exercice N-1 |
|---|---|---|---|
| **CAPITAUX PROPRES** | | | |
| Capital social ou individuel | 1 700 000 | 1 500 000 | 1 500 000 |
| Primes d'émission, de fusion, d'apport… | | | |
| **Réserves** | | | |
| Réserve légale | 150 000 | 150 000 | 150 000 |
| Réserves statutaires ou contractuelles | | | |
| Réserves réglementées | | | |
| Autres réserves | 699 000 | 575 000 | 352 100 |
| Report à nouveau | 100 | 100 | 200 |
| Résultat de l'exercice | 385 202 | 224 000 | 458 300 |
| Subventions d'investissement | | | |
| Provisions réglementées | | | |
| **Total I** | **2 934 302** | **2 449 100** | **2 460 600** |
| **Provisions** | | | |
| Provisions pour risques | 9 200 | 10 600 | 9 100 |
| Provisions pour charges | | | |
| **Total II** | **9 200** | **10 600** | **9 100** |
| **DETTES** | | | |
| **Dettes financières** | | | |
| Emprunts obligataires convertibles | | | |
| Autres emprunts obligataires | | | |
| Emprunts auprès des établissements de crédit (1) | 1 637 800 | 1 365 500 | 1 596 500 |
| Emprunts et dettes financières | | | |
| Avances et acomptes reçus sur commandes en cours | | | |
| **Dettes d'exploitation (2)** | | | |
| Dettes fournisseurs et comptes rattachés | 132 500 | 142 000 | 125 700 |
| Dettes fiscales et sociales | 53 800 | 44 300 | 32 700 |
| Dettes diverses | | | |
| Dettes sur immobilisations et comptes rattachés | 112 100 | 14 800 | 10 800 |
| Autres dettes | 3 475 | 1 300 | 200 |
| Produits constatés d'avance | 18 200 | 24 500 | 15 900 |
| **Total III** | **1 957 875** | **1 592 400** | **1 781 800** |
| Écart de conversion passif | | | |
| **TOTAL GÉNÉRAL** | **4 901 377** | **4 052 100** | **4 251 500** |
| *(1) Dont concours bancaires courants* | *291 300* | *99 000* | *149 500* |
| *(2) Dettes et produits constatés d'avance à moins d'un an* | *274 900* | *216 600* | *360 100* |

## Annexe 6 Éléments d'informations complémentaires

**Emprunts :** outre l'augmentation de capital pour financer la nouvelle activité, il a été réalisé un nouvel emprunt de 200 000 € au cours de l'année N+1. En revanche, le montant des emprunts remboursés (amortis) au cours de N+1 s'élève à 120 000 €.

**Stocks, créances clients, dettes fournisseurs :**

| | N+1 | N | Variation |
|---|---|---|---|
| Stocks | 1 618 700 | 1 121 800 | 496 900 |
| Créances d'exploitation | 1 288 477 | 682 500 | 605 977 |
| Dettes d'exploitation | 197 000 | 206 800 | – 9 800 |

## Annexe 7 Éléments relatifs aux immobilisations

En N+1, Pack Inbox a cédé au prix de 113 000 € une immobilisation acquise pour une valeur de 131 400 €. Cette immobilisation est amortie pour 21 400 €.
C'est la seule immobilisation qui a été vendue en N+1.
Les seuls investissements ayant eu lieu en N+1 sont ceux liés à la mise en place de la nouvelle activité (voir annexe 1).

## Annexe 8 Extrait du tableau des SIG

| SIG PACK INBOX (en liste) | N+1 | | N | |
|---|---|---|---|---|
| | **Montant** | **% / CA** | **Montant** | **% / CA** |
| Ventes de marchandises | | | | |
| – Achats de marchandises | | | | |
| – Variation de stocks de marchandises | | | | |
| **= Marge commerciale** | **0** | | **0** | |
| Production vendue | 7 996 002 | | 6 554 100 | |
| + Production stockée | 338 400 | | – 25 000 | |
| + Production immobilisée | | | | |
| **= Production de l'exercice** | **8 334 402** | | **6 529 100** | |
| Production de l'exercice | 8 334 402 | | 6 529 100 | |
| + Marge commerciale | 0 | | 0 | |
| – Consommations en provenance de tiers | 6 038 500 | | 4 677 300 | |
| **= Valeur ajoutée** | **2 295 902** | **28,7 %** | **1 851 800** | **28,3 %** |
| Valeur ajoutée | 2 295 902 | | 1 851 800 | |
| + Subventions d'exploitation | 1 500 | | 2 900 | |
| – Impôts, taxes et versements assimilés | 10 500 | | 9 900 | |
| – Charges de personnel | 1 420 900 | 17,8 % | 1 300 300 | 19,8 % |
| **= Excédent brut d'exploitation** | **866 002** | **10,8 %** | **544 500** | **8,3 %** |

## Annexe 9 Analyse du tableau de financement Pack Inbox à l'aide de ratios

| Ratios | Modalités de calcul | Pack Inbox N+1 | Moyenne secteur N+1 |
|---|---|---|---|
| Capacité à générer de la trésorerie | | | 0,40 |
| Capacité de remboursement d'emprunt | | | 3,2 |
| Capacité de désendettement | | | 1,5 |
| Évolution de la part des ressources propres | | | 0,65 |

# Fiche ressource 1

# Le principe de l'analyse dynamique

Pour analyser les risques de défaillance, le gestionnaire construit et analyse divers documents.

## I Analyse statique, analyse dynamique

### 1. La distinction fondamentale entre flux et stocks

| La comptabilité enregistre des « flux » | Les documents de synthèse présentent des « stocks » |
|---|---|
| Pour décrire le fonctionnement des entreprises, il est d'usage de représenter par des flux l'ensemble des opérations réalisées entre l'entreprise et ses partenaires (flux d'entrée, de sortie… – voir *Processus 1*). Le système comptable enregistre ces flux en ***mouvementant*** les comptes entre eux, soit au débit, soit au crédit.<br>Exemple<br>Le 15 mars, l'entreprise obtient un nouvel emprunt. Une écriture au journal permet de débiter de 50 000 € le compte 512 par le crédit du compte 164 pour le même montant.<br>L'emprunt ***a augmenté*** de 50 000 €. | En revanche, le solde du compte (que l'on appelle « stock », à ne pas confondre avec la notion de stock physique) ne correspond pas à un mouvement. Il résulte d'un calcul et représente une valeur à un moment donné.<br>Exemple<br>Le 15 mars, le solde du compte 164 est de 85 678 €.<br>Le total des emprunts ***est*** de 85 678 €. |
| Le flux est une notion dynamique. | Le stock est une notion statique. |

### 2. Le bilan comptable ou le bilan fonctionnel, une analyse statique

Bien que l'enregistrement dans les comptes traduise une dynamique de flux, les bilans comptable et fonctionnel présentent des **données « statiques »** car ils sont construits à partir des **soldes** des comptes (voir chapitre 4 et *Processus 2*).

## II L'utilité d'un document d'analyse dynamique

### 1. Les documents d'analyse dynamique

En matière d'analyse financière, il est possible de réaliser des documents d'analyse dynamique (donc basés sur des flux) pour compléter les traditionnels documents statiques. Le **tableau de financement** (voir fiche ressource 4) ou le **tableau des flux de trésorerie de l'ordre des experts-comptables** (voir chapitre 10, fiche ressource 2) sont des documents d'analyse dynamique.

Ces documents ne montrent pas les soldes des comptes mais mettent en évidence l'***évolution*** des postes d'une année sur l'autre afin d'expliquer la situation d'aujourd'hui.

### 2. Le concept d'analyse dynamique

Lorsque l'on compare les données comptables d'une année par rapport à l'année précédente, on fait, sans le savoir parfois, une analyse dynamique.

Exemple

| | N | N-1 | Variation |
|---|---|---|---|
| Emprunts | 85 678 | 54 567 | 31 111 |

Éléments statiques : solde des comptes — Analyse dynamique

Ici, on observe que le poste « Emprunts » a augmenté de 31 111 €.

### 3. Les informations supplémentaires apportées par les tableaux dynamiques

Les documents d'analyse dynamique apportent des **informations supplémentaires** à celles que l'on peut trouver par le simple calcul de la variation des postes du bilan.

Exemple

Présentation de l'évolution du poste « Emprunts » dans un document d'analyse dynamique :

| | N | | N |
|---|---|---|---|
| Remboursement des emprunts | 18 889 | Augmentation des emprunts | 50 000 |

Ici, on comprend que l'augmentation du poste « Emprunts » s'explique par deux éléments qui affectent le solde en sens inverse : des remboursements (18 889) et un nouvel emprunt (50 000).
(+ 50 000 – 18 889 = 31 111)

# Fiche ressource 2

# La distinction entre flux de fonds et flux de trésorerie

La notion de flux, conjointement à celle de stock, est au fondement même de la finance. Mais attention aux confusions. Plusieurs types de flux sont couramment employés, il faut savoir les distinguer.

## I Les différents types de flux

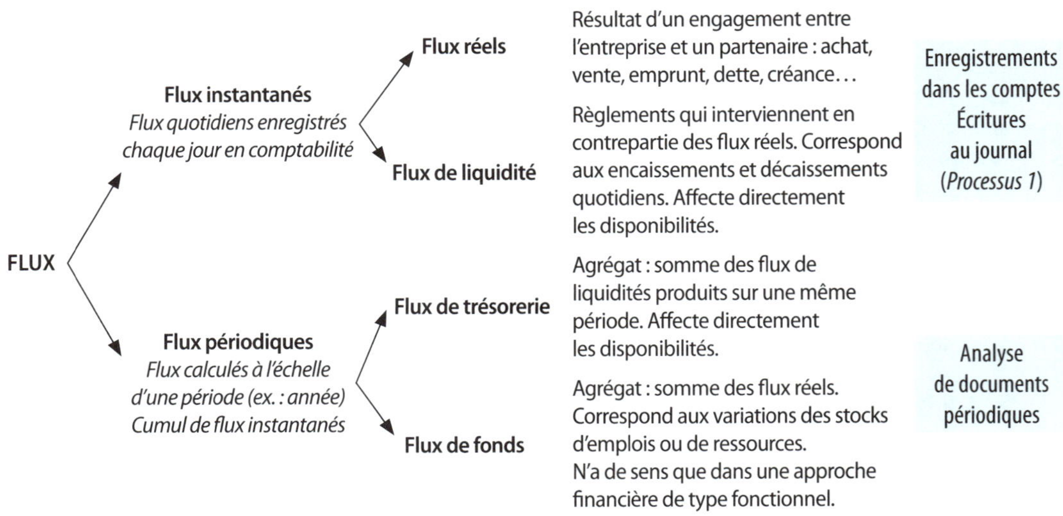


## II Les difficultés d'approche de la notion de flux de fonds

### 1. Ce sont des flux potentiels de trésorerie

Les flux de fonds sont parfois qualifiés de ***flux potentiels de trésorerie*** dans la mesure où ils conduisent à plus ou moins long terme à un flux de trésorerie effectif.
Ainsi, si un flux de fonds n'a pas obligatoirement comme contrepartie immédiate un flux de trésorerie, il l'aura obligatoirement à un moment ou un autre.

### 2. Toutes les inscriptions comptables ne sont pas des flux de fonds

Attention ! il serait erroné de penser que toutes les opérations comptables constituent en fin de période des flux de fonds. En effet, certaines opérations comptabilisées ne donneront jamais lieu à une entrée ou à une sortie de liquidités. Par exemple :
– les dotations aux amortissements, aux dépréciations ou aux provisions ;
– les virements de poste à poste au sein des immobilisations ou au sein des capitaux propres.
Bien que ces opérations soient bien réelles sur le plan de la comptabilité, ce ne sont pas des flux de fonds.
Ainsi, l'analyse dynamique basée sur les flux exclut les opérations comptables rendues nécessaires pour l'approche patrimoniale afin de se baser uniquement sur les flux qui affecteront la trésorerie de l'entreprise.

### 3. La notion de flux de fonds est utilisée dans une approche financière

La notion de flux de fonds peut s'appréhender facilement par référence au bilan fonctionnel. Un flux de fonds correspond alors à une variation des emplois ou à une variation des ressources présentés dans un bilan fonctionnel. Ainsi, les flux de fonds n'ont de sens que dans une approche financière de type fonctionnel.

Fiche ressource 3

# L'utilisation des notions de flux de fonds et des flux de trésorerie dans les différentes analyses

Selon l'analyse souhaitée, on utilisera des données « stocks » ou des données « flux ».

## I Typologie des analyses

ANALYSE

- **Analyse statique**
  - **Bilan comptable** → Stocks d'actif et de passif → Mesure la valeur patrimoniale de l'entreprise.
  - **Bilan fonctionnel** → Stocks d'emplois et de ressources → Mesure la façon dont les emplois ont été couverts par les ressources : explique l'origine et l'emploi des fonds.
- **Analyse dynamique**
  - **Tableau de financement** → Flux de fonds → Analyse la variation des stocks d'emplois et de ressources. Est donc en lien avec le bilan fonctionnel.
  - **Tableau des flux de trésorerie** → Flux de trésorerie → Analyse la variation de la trésorerie globale.

## II Classification des flux de fonds en emplois ou ressources

### 1. La classification des flux entre emplois et ressources

La particularité du raisonnement dynamique est la répartition des informations entre emplois et ressources pour un même poste comptable.

**Bilan fonctionnel**

| Emplois | Ressources |
|---|---|
| | Emprunts : 85 678 |

*Donnée statique*
*Solde du compte*

*Le poste « Emprunts » n'apparaît qu'une fois en ressources.*
***Dans un bilan fonctionnel, on raisonne en « stocks d'emplois » ou « stocks de ressources »**, c'est-à-dire en montrant le solde du compte.*
*(Ici : stocks de ressources = solde d'un compte de passif.)*

**Tableaux de flux de fonds**

| Emplois | Ressources |
|---|---|
| Remb[t] emprunts : 18 889 | Augm. emprunts : 50 000 |

*Données dynamiques*
*mouvements du compte*

*Le poste « Emprunts » apparaît deux fois, en emplois et en ressources, selon le mouvement.*
***Dans un tableau de flux, on raisonne en « flux d'emplois » et/ou « flux de ressources »**, c'est-à-dire en montrant les mouvements de débit ou de crédit du compte.*
*(Ici : des mouvements à la fois au débit et au crédit.)*

### 2. Les principaux flux d'emplois et de ressources

| Information | Type de données | Emploi ou ressource ? | Impact sur la trésorerie |
|---|---|---|---|
| Acquisition d'une immobilisation : 24 000 € | Flux | Emploi | Négatif |
| Vente d'une immobilisation pour 1 500 € | Flux | Ressource | Positif |
| Obtention d'un nouvel emprunt de 50 000 € | Flux | Ressource | Positif |
| Remboursement d'un emprunt pour 18 889 € | Flux | Emploi | Négatif |
| Augmentation de capital en numéraire | Flux | Ressource | Positif |
| Distribution de dividendes | Flux | Emploi | Négatif |

# Fiche ressource 4

## Présentation globale du tableau de financement

De nombreux tableaux décrivent la variation des flux de fonds. Nous focaliserons notre étude sur le tableau de financement. Celui-ci est présenté en deux parties :

Partie 1 (P1) : analyse de l'**origine** de la variation du FRNG

### 1. Tableau des emplois et des ressources

Flux d'emplois (Impact négatif sur la trésorerie)

Si Total Ressources > Total Emplois Le FRNG a augmenté = ressource nette.

| Emplois | N | Ressources | N |
|---|---|---|---|
| Distributions mises en paiement au cours de l'exercice | | Capacité d'autofinancement de l'exercice | |
| Acquisitions d'éléments de l'actif immobilisé | | Cessions ou réductions d'éléments de l'actif immobilisé | |
| Immobilisations incorporelles | | Immobilisations incorporelles | |
| Immobilisations corporelles | | Immobilisations corporelles | |
| Immobilisations financières | | Immobilisations financières | |
| Charges à répartir sur plusieurs exercices | | Augmentation des capitaux propres | |
| Réduction des capitaux propres | | Augmentation capital ou apports | |
| Remboursements de dettes financières | | Augmentation autres capitaux propres | |
| | | Augmentation des dettes financières | 1 000 |
| **Total des emplois** | | **Total des ressources** | |
| **Variation du FRNG (ressource nette)** | 1 000 | **Variation du FRNG (emploi net)** | |
| **TOTAL GÉNÉRAL** | | **TOTAL GÉNÉRAL** | |

Flux de ressources (Impact positif sur la trésorerie)

Si Total Ressources < Total Emplois Le FRNG a baissé = emploi net.

Partie 2 (P2) : **utilisation** de la variation du FRNG

### 2. Tableau des besoins et dégagements

Besoin = Besoin de ressources. Dans cette colonne, on « consomme » du fonds de roulement.

Dégagement = Création de ressources. Dans cette colonne, on dégage des ressources supplémentaires.

| Variation du fonds de roulement net global | Exercice N Besoin 1 | Dégagement 2 | Solde 2 – 1 |
|---|---|---|---|
| **Variation d'exploitation** | | | |
| **Variation des actifs d'exploitation** | | | |
| Stocks et en-cours | *Augmentation des actifs = Besoin* | | |
| Avances et acomptes versés sur commandes | *Baisse des actifs = Dégagement* | | |
| Créances clients, comptes rattachés et autres | | | |
| **Variation des dettes d'exploitation** | | | |
| Avances et acomptes reçus sur commandes en cours | *Augmentation des dettes = Dégagement* | | |
| Dettes fournisseurs, comptes rattachés et autres | *Baisse des dettes = Besoin* | | |
| **Totaux** | 0 | 0 | |
| **A. Variation nette « Exploitation »** | | | 0 |
| **Variation hors exploitation** | | | |
| Variation des autres débiteurs | | | |
| Variation des autres créditeurs | | | |
| **Totaux** | 0 | 0 | |
| **B. Variation nette « Hors exploitation »** | | | 0 |
| **Total A + B** | | | |
| **Besoins de l'exercice en fonds de roulement** | | | – |
| **Ou Dégagement net de fonds de roulement dans l'exercice** | | | + |
| **Variation de trésorerie** *Augmentation des disponibilités = Besoin* | | | |
| Variation des disponibilités *Baisse des disponibilités = Dégagement* | 1 000 | | |
| Variation des concours bancaires courants | | | |
| **Totaux** | 1 000 | 0 | |
| **C. Variation nette « Trésorerie » (C)** | | | – 1 000 |
| **Variation du fonds de roulement net global** | | | |
| **Total A + B + C** | | | |
| **Emploi net** | | | – 1 000 |
| **Ou Ressource nette** | | | |

Correspond à la variation du global du **BFR** sur l'exercice (A + B)

Correspond à la variation de trésorerie (C)

(A + B + C) Correspond à l'utilisation de la variation du FRNG calculée dans la partie 1.

Correspond à la variation du **BFRE**
Si > 0 : dégagement > besoin.
Le BFRE s'est réduit par rapport à l'an passé.
Si < 0 : le BFRE a augmenté.

Correspond à la variation du **BFRHE**
Si > 0 : dégagement > besoin.
Le BFRHE s'est réduit par rapport à l'an passé.
Si < 0 : le BFRHE a augmenté.

Le BFR a augmenté : impact négatif sur la trésorerie.

Le BFR s'est réduit : impact positif sur la trésorerie.

**Attention :** il s'agit ici de l'**utilisation** de la variation du FRNG. C'est pourquoi 1 000 de ressource nette en P1 = – 1 000 d'emploi net en P2. ⇒ **Règle d'égalité** de montants et d'opposition emplois/ressources

Attention : si < 0, la trésorerie a augmenté.

# Fiche ressource 5

# Lecture détaillée du tableau de financement

## I Lecture détaillée de la partie 1 du tableau de financement

### 1. Rappel des principes fondamentaux

- Le tableau de financement présente des flux. Ainsi, les valeurs correspondent à des **variations de poste** d'une année sur l'autre et en aucun cas aux soldes des comptes.
- Il s'agit de flux de fonds, c'est-à-dire des flux ayant un lien avec la trésorerie. C'est pourquoi on trouve la notion de capacité d'autofinancement (CAF) et non le résultat net comptable.
- La partie 1 du tableau de financement explique l'**origine de la variation du FRNG**. Elle s'appuie donc sur les cycles longs (investissement, financement).
- Dans la colonne de gauche, on trouve les **flux d'emplois**, c'est-à-dire les variations de poste ayant eu un impact négatif sur la trésorerie. Dans la colonne de droite, on trouve les **flux de ressources**, c'est-à-dire les variations de poste ayant eu un impact positif sur la trésorerie.
- L'analyse est dynamique et le document apporte des informations détaillées. C'est pourquoi un poste, qu'il soit d'actif ou de passif, peut être présent à la fois en emplois et en ressources, selon les mouvements opérés en cours d'exercice.

### 2. Observation de la partie 1 du tableau de financement à partir d'un exemple

**1. Tableau des emplois et des ressources**

| Emplois | N | Ressources | N |
|---|---|---|---|
| Distributions mises en paiement au cours de l'exercice | 7 000 | Capacité d'autofinancement de l'exercice | 35 000 |
| Acquisitions d'éléments de l'actif immobilisé | | Cessions ou réductions d'éléments de l'actif immobilisé | |
| Immobilisations incorporelles | | Immobilisations incorporelles | |
| Immobilisations corporelles | 25 000 | Immobilisations corporelles | 1 200 |
| Immobilisations financières | | Immobilisations financières | |
| Charges à répartir sur plusieurs exercices | | Augmentation des capitaux propres | |
| Réduction des capitaux propres | | Augmentation capital ou apports | 5 000 |
| Remboursements de dettes financières | 1 500 | Augmentation autres capitaux propres | |
| | | Augmentation des dettes financières | 3 000 |
| | | | |
| **Total des emplois** | **33 500** | **Total des ressources** | **44 200** |
| **Variation du FRNG (ressource nette)** | **10 700** | **Variation du FRNG (emploi net)** | |
| **TOTAL GÉNÉRAL** | **44 200** | **TOTAL GÉNÉRAL** | **44 200** |

Versement de dividendes de l'année. (→ Distributions mises en paiement)

Acquisition en cours d'année, au prix d'acquisition (brut). (→ Acquisitions d'éléments de l'actif immobilisé)

Montant transféré en cours d'exercice (→ Charges à répartir sur plusieurs exercices)

S'ils se traduisent par des sorties de fonds. (→ Réduction des capitaux propres)

Il s'agit des amortissements d'emprunts (sans les intérêts). (→ Remboursements de dettes financières)

La CAF est une ressource. Elle correspond au flux de trésorerie dégagé par l'activité.

Attention, il s'agit du prix de revente des immobilisations (775) et non de la VNC.

Il s'agit d'augmentation en numéraire ou en nature.

Nouvelles subventions

Emprunt obtenu en cours d'exercice

Dans cet exemple, un FRNG de 10 700 a été dégagé au cours de l'exercice comptable. Le FRNG a donc augmenté de 10 700 par rapport à N-1. Ce sont des ressources supplémentaires.

## II Lecture détaillée de la partie 2 du tableau de financement

### 1. Rappel des principes fondamentaux

- La partie 2 du tableau de financement explique l'**utilisation** qui a été faite de la variation du FRNG calculée en partie 1.
- Le fonds de roulement correspond au surplus de ressources à long terme qui sera utilisé au cours du cycle d'exploitation. Après financement de ce cycle, s'il reste encore des ressources, on les retrouvera en trésorerie. S'il en manque, la trésorerie sera négative. C'est donc bien normal que la partie 2 de ce tableau présente les éléments du cycle d'exploitation et de la trésorerie.
- Comme dans le bilan fonctionnel, on distingue les besoins et les dégagements d'exploitation et hors exploitation.

- Un besoin correspond à un « besoin de ressources ». Les besoins sont donc consommateurs de FRNG. Inversement, un dégagement correspond à une création de ressources. Les dégagements sont donc des ressources supplémentaires générées au niveau du cycle d'exploitation.
- Une augmentation d'un poste d'actif et une réduction d'un poste de passif correspondent à un besoin. Inversement, une réduction d'un poste d'actif et une augmentation d'un poste de passif correspondent à un dégagement.
- Pour éviter les confusions de raisonnement, il faut rappeler qu'une trésorerie positive est un emploi, donc un besoin (elle consomme des ressources). Inversement, une trésorerie négative est une ressource, donc un dégagement (elle apporte des ressources).
- Enfin, sachant que la partie 1 présente l'origine de la variation du FRNG et cette partie 2 son utilisation, toute ressource (positif) en partie 1 devient un emploi (négatif) en partie 2 : le cycle d'exploitation et la trésorerie ont « consommé » les ressources issues des cycles longs (et inversement).

## 2. Observation de la partie 2 du tableau de financement à partir d'un exemple

2. Tableau des besoins et dégagements

| Variation du fonds de roulement net global | Exercice N | | |
|---|---|---|---|
| | Besoin 1 | Dégagement 2 | Solde 2 – 1 |
| **Variation d'exploitation** | | | |
| **Variation des actifs d'exploitation** | | | |
| Stocks et en-cours | 2 500 | | |
| Avances et acomptes versés sur commandes | | | |
| Créances clients, comptes rattachés et autres | | 1 300 | |
| **Variation des dettes d'exploitation** | | | |
| Avances et acomptes reçus sur commandes en cours | | | |
| Dettes fournisseurs, comptes rattachés et autres | 6 500 | | |
| **Totaux** | **9 000** | **1 300** | |
| **A. Variation nette « Exploitation »** | | | **– 7 700** |
| **Variation hors exploitation** | | | |
| Variation des autres débiteurs | | | |
| Variation des autres créditeurs | | 400 | |
| **Totaux** | **0** | **400** | |
| **B. Variation nette « Hors exploitation »** | | | **400** |
| **Total A + B**<br>**Besoins de l'exercice en fonds de roulement**<br>**Ou Dégagement net de fonds de roulement dans l'exercice** | | | **– 7 300** |
| **Variation de trésorerie** | | | |
| Variation des disponibilités | 2 900 | | |
| Variation des concours bancaires courants | 500 | | |
| **Totaux** | **3 400** | **0** | |
| **C. Variation nette « Trésorerie » (C)** | | | **– 3 400** |
| **Variation du fonds de roulement net global** | | | |
| **Total A + B + C**<br>**Emploi net**<br>**Ou Ressource nette** | | | **– 10 700** |

Ici, les stocks ont augmenté. C'est un besoin. On a « consommé » du FRNG.

Par nature, les créances sont des emplois (actif). Ce dégagement montre que les créances ont baissé par rapport à N-1. L'entreprise a moins de besoin que l'an passé : elle dégage des ressources sur ce poste.

Ce besoin montre que les dettes fournisseurs ont baissé par rapport à l'an passé (ressource en moins = besoin).

Correspond à la variation du BFRE. Ici, le besoin a augmenté de 7 700. C'est une « consommation » de FRNG (impact négatif sur la trésorerie).

Ici, les autres créditeurs (dettes) ont augmenté puisqu'on dégage une ressource.

Correspond à la variation globale du BFR. Ici, le BFR a augmenté par rapport à l'an passé. Il faut 7 300 de plus que l'an passé pour financer le cycle d'exploitation (impact négatif sur la trésorerie).

Les disponibilités ont augmenté de 2 900. C'est un besoin car cela « consomme » du FRNG. Dans le même temps, les CBC ont baissé de 500. C'est un besoin aussi car cette « dette » se réduit.

Au total, le cycle d'exploitation et la trésorerie ont utilisé les 10 700 de ressource supplémentaire apportées par le FRNG. Le BFR a augmenté de 7 300 et la trésorerie de 3 400, soit un total employé de 10 700.

# Fiche ressource 6

# L'appréciation du risque lié à l'insuffisance du FRNG face au BFR et l'impact sur la trésorerie

## I Analyse de l'équilibre financier

### 1. La notion statique de l'équilibre financier

Selon la règle de l'équilibre financier, les emplois stables (cycle d'investissement) doivent être financés par des ressources stables (financement à long terme).

On parle d'**équilibre financier minimum** lorsque le total des investissements à long terme est juste couvert par les financements à long terme. Mais ce strict respect de l'équilibre financier minimum ne protège pas l'entreprise des risques de difficultés de trésorerie. Le dépassement du montant des ressources stables sur les emplois stables, qui explique l'existence d'un FRNG, est indispensable pour protéger l'entreprise des découverts bancaires chroniques, signe apparent de difficultés profondes. Dans ce cas, l'entreprise est déjà en difficulté (voir chapitre 5).

### 2. L'observation dynamique de l'équilibre financier

Une étude dynamique des FRNG et BFR, par le tableau de financement, permet de contrôler l'évolution de l'un par rapport à l'autre et d'anticiper des risques de déséquilibre.

L'intérêt de l'analyse du tableau de financement est en effet de **pouvoir anticiper ces difficultés**. Ce tableau de flux ne présente que des variations par rapport à l'année précédente. Une dégradation de la trésorerie ne signifie pas forcément que l'entreprise est en découvert et encore moins qu'il soit chronique. En revanche, cela alerte sur le fait que l'***évolution*** du FRNG et du BFR peut, selon le cas, dégrader cette trésorerie. C'est une tendance qui doit alerter avant que les difficultés soient présentes.

Quelques points clés à surveiller :

– la diminution du FRNG : la règle de l'équilibre financier est-elle toujours respectée ?

– la diminution de la trésorerie : est-ce ponctuel ou le signe d'un déséquilibre de la structure financière ?

– les tendances d'évolution du BFR par rapport au FRNG : évoluent-ils dans le même sens ?

### 3. Exemples de situations mises en évidence par l'évolution des FRNG et BFR

**Situation 1**

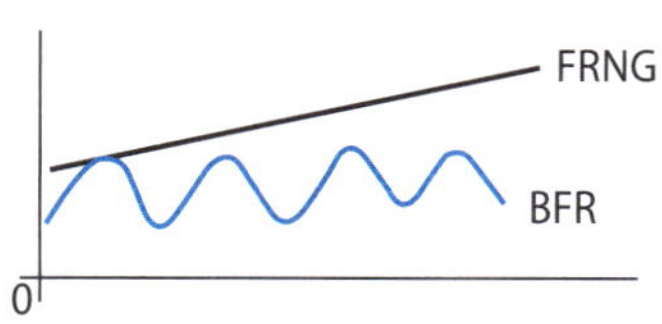


Le FRNG est chaque année de plus en plus élevé par rapport au besoin.

L'entreprise a des excédents de trésorerie à gérer.

**Situation 2**

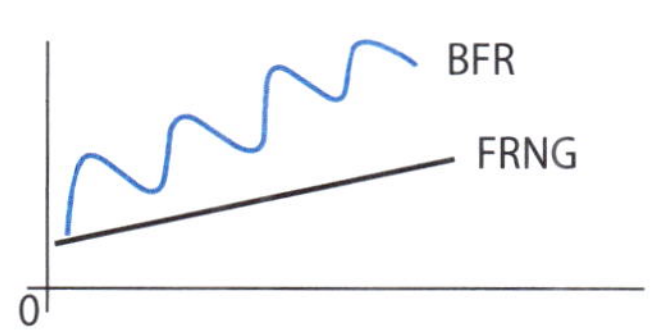


Le BFR est supérieur au FRNG et a tendance à s'accroître par rapport au FRNG.

Les découverts bancaires deviennent chroniques. L'entreprise est en danger.

**Situation 3**

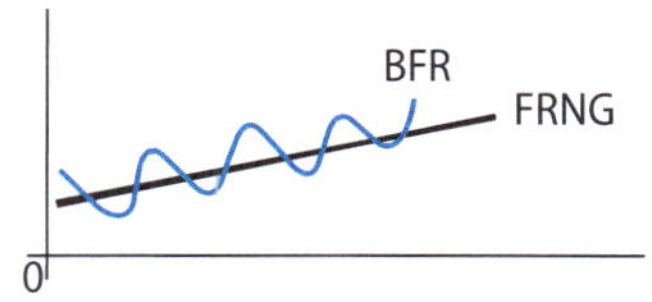


Le FRNG et le BFR progressent selon une même tendance. La situation est contrôlée.

Il y a alternance de période d'excédent et de découvert bancaire.

## II Typologie des situations observables sur un tableau de financement

On peut résumer dans le tableau suivant diverses situations dont certaines sont à risque…

**Sens mathématique de la variation (Année N+1 – Année N)**

| $\Delta$ FRNG | Analyse dans le tableau de financement | $\Delta$ BFR | Analyse dans le tableau de financement | $\Delta$ FRNG face à la $\Delta$ BFR | Analyse | $\Delta$ TN | Analyse dans le tableau de financement |
|---|---|---|---|---|---|---|---|
| Positive | C'est une ressource nette (le FRNG augmente). | Positive | C'est un besoin de ressources (le BFR augmente). Signe négatif | $\Delta$ FRNG $>$ $\Delta$ BFR | Les ressources supplémentaires apportées par le FRNG ne sont pas totalement absorbées par le BFR. | Positive | Dans ces trois situations, une partie des variations de ressources (du FRNG ou du fonds de roulement) est venue augmenter la trésorerie. C'est un emploi, donc le signe est négatif. |
| Négative | C'est un emploi net (le FRNG diminue). | Négative | C'est un dégagement de ressources (le BFR diminue). Signe positif | $\Delta$ FRNG $<$ $\Delta$ BFR | L'emploi net représenté par la diminution du FRNG est compensé par les ressources dégagées par le BFR qui lui sont supérieures. | | |
| Positive | C'est une ressource nette (le FRNG augmente). | Négative | C'est un dégagement de ressources (le BFR diminue). Signe positif | Dans le même sens | Les ressources supplémentaires apportées par le FRNG sont complétées par les ressources dégagées par le BFR. | | |
| Négative | C'est un emploi net (le FRNG diminue). | Positive | C'est un besoin de ressources (le BFR augmente). Signe négatif | Dans le même sens | FRNG et BFR montrent un besoin de ressources. | Négative | Dans ces trois cas, **la situation est à risque** : l'entreprise manque de ressources pour financer les cycles longs et d'exploitation. C'est la trésorerie qui apportera les ressources manquantes. Elle se dégrade donc. C'est un dégagement, donc le signe est positif. |
| Négative | C'est un emploi net (le FRNG diminue). | Négative | C'est un dégagement de ressources (le BFR diminue). Signe positif | $\Delta$ FRNG $>$ $\Delta$ BFR | Les baisses de ressources du cycle long ne sont pas compensées par les ressources dégagées par le BFR. | | |
| Positive | C'est une ressource nette (le FRNG augmente). | Positive | C'est un besoin de ressources (le BFR augmente). Signe négatif | $\Delta$ FRNG $<$ $\Delta$ BFR | Les ressources supplémentaires apportées par le FRNG sont insuffisantes pour couvrir l'augmentation du BFR. | | |

**Interprétation de cette variation dans le tableau de financement**

Fiche ressource 7

# L'effet de ciseaux

## I Le principe de l'effet de ciseaux

En période d'accroissement de l'activité, l'EBE, qui traduit la richesse créée par l'entreprise, augmente en principe proportionnellement au CA. Rappelons que l'EBE est un flux de trésorerie, base de calcul de la capacité d'autofinancement (CAF), elle-même élément du FRNG. Cependant, lorsque l'activité de l'entreprise augmente, le besoin en fonds de roulement (BFR) augmente aussi. En effet, l'augmentation des ventes entraîne une augmentation des créances et des stocks, une augmentation des achats et des dettes fournisseurs…

Si l'augmentation du BFR est plus importante que l'augmentation de l'EBE, la trésorerie se dégrade car la richesse supplémentaire apportée par l'accroissement de l'activité est engloutie dans les variations de stocks, créances ou dettes. On dit que l'entreprise subit un effet de ciseaux.

## II Illustration de l'effet de ciseaux

L'activité de l'entreprise Raoulx est en forte progression. Le CA et l'EBE progressent. La trésorerie initiale est de 20. En situation 1, cette trésorerie progresse ; en situation 2, elle se détériore…

| Situation 1 | | | | | |
|---|---|---|---|---|---|
| **Années** | **1** | **2** | **3** | **4** | **5** |
| CA | 600 | 625 | 650 | 675,0 | 700 |
| **EBE** | **80** | **87,5** | **95** | **102,5** | **110** |
| FRNG | 120 | 127,5 | 135 | 142,5 | 150 |
| BFRE | 100 | 105 | 110 | 115,0 | 120 |
| **Trésorerie** | **20** | **22,5** | **25** | **27,5** | **30** |

Dans la situation 1, **la trésorerie augmente** en même temps que l'activité (CA et EBE).

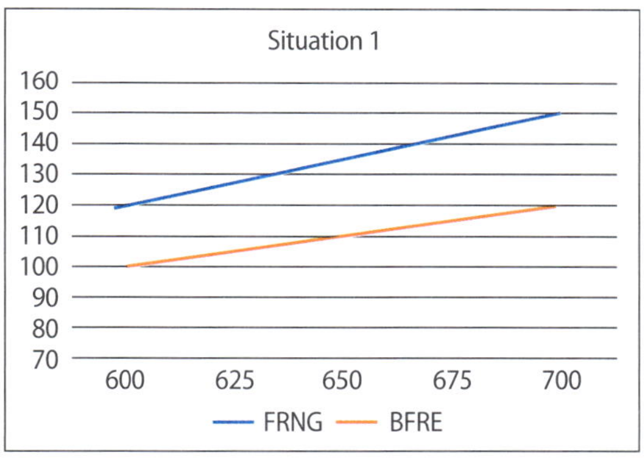


Le graphique confronte l'évolution du FRNG et du BFRE. Les droites s'éloignent. Il n'y a pas d'effet de ciseaux.

Explication :

| Années | 1 | 2 | 3 | 4 | 5 |
|---|---|---|---|---|---|
| Variation EBE | | 7,5 | 7,5 | 7,5 | 7,5 |
| Variation BFRE | | 5 | 5 | 5 | 5 |

L'augmentation de l'EBE est restée chaque année supérieure à celle du besoin. Ainsi, la trésorerie a bénéficié de la différence.

| Situation 2 | | | | | |
|---|---|---|---|---|---|
| **Années** | **1** | **2** | **3** | **4** | **5** |
| CA | 600 | 625 | 650 | 675,0 | 700 |
| **EBE** | **80** | **87,5** | **95** | **102,5** | **110** |
| FRNG | 120 | 127,5 | 135 | 142,5 | 150 |
| BFRE | 100 | 114 | 128 | 142,0 | 156 |
| **Trésorerie** | **20** | **13,5** | **7** | **0,5** | **– 6** |

Dans la situation 2, **la trésorerie se dégrade** alors que l'activité augmente.

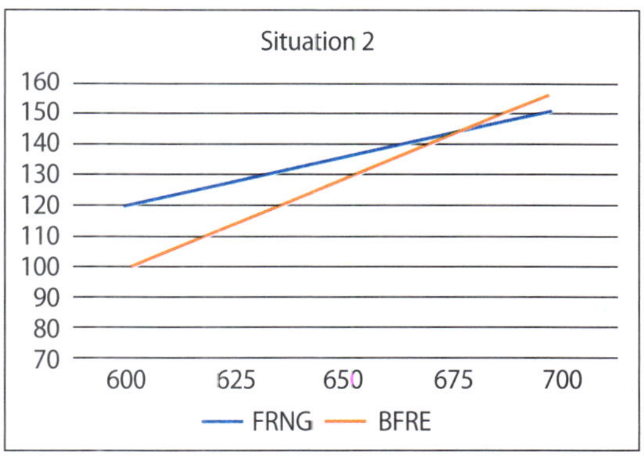


Le graphique confronte l'évolution du FRNG et du BFRE. Les droites ont tendance à se rapprocher, dessinant ainsi des ciseaux. Lorsque les droites se croisent, BFR > FRNG. La trésorerie est alors négative.

Explication :

| Années | 1 | 2 | 3 | 4 | 5 |
|---|---|---|---|---|---|
| Variation EBE | | 7,5 | 7,5 | 7,5 | 7,5 |
| Variation BFRE | | 14 | 14 | 14 | 14 |

L'augmentation du besoin est plus importante que celle de l'EBE. La richesse supplémentaire créée ne se retrouve donc pas en trésorerie. La trésorerie se dégrade.

Fiche ressource 8

# L'analyse financière à partir des éléments du tableau de financement

## I L'analyse de la solvabilité de l'entreprise

### 1. La notion de solvabilité

La solvabilité mesure la capacité de l'entreprise à régler l'ensemble de ses dettes à l'aide de ses actifs. Elle s'apprécie par l'existence d'une trésorerie nette (TN) positive. Le tableau de financement, par la mesure de la variation de la TN, permet de mesurer l'évolution de cette solvabilité.

### 2. La mesure de la capacité de l'entreprise à générer de la trésorerie

$$\frac{\text{CAF}}{\text{Total des ressources}}$$

La capacité d'autofinancement mesure la capacité de l'entreprise à générer de la trésorerie. Mesurer le poids de la CAF dans le total des flux de ressources de l'exercice permet d'alerter le gestionnaire. Lorsque ce poids est important, la pérennité de l'entreprise est assurée, elle dispose d'un fort potentiel. Inversement, une CAF minoritaire dans le total des ressources doit alerter sur des difficultés à venir.

### 3. La mesure de la capacité de l'entreprise à rembourser ses emprunts

$$\frac{\text{CAF}}{\text{Remboursement des dettes financières}}$$

Il s'agit ici de rapprocher la CAF des remboursements d'emprunts de l'exercice. Il faut que ce ratio soit supérieur à 2. La CAF doit en effet être au moins le double des remboursements annuels d'emprunts. Dans ce cas, l'entreprise dispose d'une bonne solvabilité. Inversement, si le ratio est inférieur à 1, cela signifie que l'entreprise ne peut pas rembourser ses emprunts avec la trésorerie générée par sa propre activité. Elle doit emprunter pour rembourser ses dettes…

$$\frac{\text{Remboursement des dettes}}{\text{Augmentation des dettes}}$$

Pour compléter cette analyse, on peut comparer les remboursements de l'exercice et les augmentations de dettes survenues en cours d'exercice. Lorsque ce ratio est supérieur à 1, l'entreprise se désendette. Lorsque ce ratio est inférieur à 1 depuis plusieurs années consécutives, l'entreprise est dans une spirale d'endettement.

## II La mesure de la structure de financement

### 1. L'optimum de financement

La structure financière est caractérisée par la part respective des capitaux propres et de l'endettement au sein des ressources stables. Les ressources propres garantissent l'indépendance de l'entreprise. Les ressources étrangères sont coûteuses mais permettent parfois de bénéficier d'un effet de levier. L'optimum de financement dépend alors de l'entreprise, du secteur, des contraintes et du contexte économique. On restera donc ici sur un principe fondamental : la part des ressources propres doit toujours être supérieure à celle des ressources étrangères, signe d'indépendance financière de l'entreprise. Le tableau de financement, en étudiant les variations d'une année sur l'autre, permet de repérer une éventuelle dégradation de cette structure.

### 2. La mesure de l'évolution de la part des ressources propres

$$\frac{\text{Ressources propres (CAF + Cessions + Augmentation de capital)}}{\text{Total des ressources}}$$

Ce ratio permet de comparer l'évolution des ressources propres avec l'évolution du total des ressources. Lorsque le ratio est supérieur à 50 %, les ressources propres ont davantage augmenté que les dettes financières. Dans ce cas, **l'entreprise renforce sa structure financière et sa solvabilité**.

# Applications

## 1 Analyses statique et dynamique

L'entreprise Mimizaza est spécialisée dans le nettoyage automobile. Elle vous charge de procéder à une analyse de ses bilans fonctionnels.

1. **Complétez les tableaux proposés en annexe 2.**
2. **Expliquez la différence entre l'analyse statique et l'analyse dynamique du FRNG.**

**Annexe 1** Bilans fonctionnels N-1, N et N+1

| ACTIF | N+1 | N | N-1 | PASSIF | N+1 | N | N-1 |
|---|---|---|---|---|---|---|---|
| **Emplois stables** | 400 000 | 300 000 | 300 000 | **Ressources stables** | 500 000 | 410 000 | 400 000 |
| **Actif circulant** | | | | **Passif circulant** | | | |
| Exploitation | 125 000 | 135 000 | 110 000 | Exploitation | 45 000 | 48 000 | 85 000 |
| Hors exploitation | 24 000 | 19 000 | 36 000 | Hors exploitation | 12 000 | 6 000 | 18 000 |
| **Trésorerie active** | **8 000** | **15 000** | **65 000** | **Trésorerie passive** | **0** | **5 000** | **8 000** |
| **TOTAL GÉNÉRAL** | **557 000** | **469 000** | **511 000** | **TOTAL GÉNÉRAL** | **557 000** | **469 000** | **511 000** |

**Annexe 2** Tableau à compléter

| Analyse statique | N+1 | N | N- 1 |
|---|---|---|---|
| Ressources stables | | | |
| – Emplois stables | | | |
| **FRNG** | | | |
| Actif circulant d'exploitation | | | |
| Passif circulant d'exploitation | | | |
| **BFR d'exploitation** | | | |
| Actif circulant hors exploitation | | | |
| Passif circulant hors exploitation | | | |
| **BFR hors exploitation** | | | |
| BFR d'exploitation | | | |
| BFR hors exploitation | | | |
| **BFR** | | | |
| FRNG | | | |
| – BFR | | | |
| **Trésorerie** | | | |

| Analyse dynamique | N+1 – N | N – N-1 |
|---|---|---|
| Variation FRNG | | |
| Variation BFRE | | |
| Variation BFRHE | | |
| Variation TN | | |

## 2 Comprendre le risque d'insuffisance du FRNG sur le BFR

Avant votre embauche, le cabinet Opalinski vous soumet un petit test de compréhension de la variation des agrégats de l'équilibre financier matérialisée par le tableau de financement.
Mme Élisabeth, l'expert-comptable qui dirige le cabinet, vous demande de faire le test sans calculatrice.

1. **Complétez le tableau proposé.**
2. **Mettez en relation ces notions avec le tableau de financement :**
   a) pour chaque variation de FRNG, indiquez si cela correspond à un emploi net ou à une ressource nette dans la partie 1 du tableau de financement ;
   b) pour chaque composante du BFR, indiquez si la variation proposée correspond à un besoin ou à un dégagement de ressources.

**Annexe** Tableau à compléter

| N° de situation | FRNG | BFR | | | Montant et sens de la variation de TN (flux) | Montant TN finale (stock) |
|---|---|---|---|---|---|---|
| | | Stock | Créances | Dettes | | |
| Situation de départ (stock) | 100 | 60 | 30 | 50 | – | 60 |
| *Exemple 1 (flux)* | *↗ 10* | *↘ 20* | *↗ 60* | *↗ 30* | *→* | *60* |
| *Exemple 2 (flux)* | *↘ 30* | *→* | *↗ 10* | *↘ 30* | *↘ 70* | *– 10* |
| 1 | → | ↗ 20 | ↗ 10 | ↗ 50 | | |
| 2 | ↗ 50 | ↗ 60 | ↘ 20 | ↘ 30 | | |
| 3 | ↘ 40 | → | ↗ 30 | ↗ 70 | | |
| 4 | → | ↘ 20 | ↘ 20 | ↗ 30 | | |
| 5 | ↗ 150 | ↗ 50 | ↗ 20 | ↘ 40 | | |
| 6 | ↘ 60 | ↘ 30 | ↘ 20 | ↗ 60 | | |
| 7 | → | ↗ 20 | → | ↘ 20 | | |

## 3 Comprendre l'effet de ciseaux

L'entreprise Pelat commercialise des produits de nettoyage pour automobile. Son chiffre d'affaires est stable depuis plusieurs années et s'élève en moyenne à 1 000 000 €. Ce chiffre peut être considéré comme une activité de référence.
L'entreprise souhaite développer son activité sous forme de franchise et son dirigeant, M. Thierry, souhaite simuler une évolution de son CA et voir l'impact sur la trésorerie de cette hausse de l'activité. Il vous fournit un tableau où ont été simulés différents niveaux de CA, d'EBE et de BFRE.

1. **Complétez, à l'aide ou non d'un tableur, le tableau de calcul présenté en annexe.**
2. **En comparant les variations de l'EBE et du BFRE, démontrez que l'entreprise Pelat subit un effet de ciseaux.**
3. **Quelle autre information du tableau montre l'effet de ciseaux ?**
4. **La situation est actuellement équilibrée (le FRNG finance le BFR) et la trésorerie nette est positive à hauteur de 100 000 €.**
   a) Quel niveau de CA doit inquiéter M. Thierry ?
   b) Si le CA prévisionnel est évalué à 5 000 000 €, quel doit être le supplément minimum de FRNG que M. Thierry doit mobiliser afin de ne pas être inquiété par son développement ? Comment peut-il trouver ce supplément de FRNG ?

**Annexe** **Tableau de calcul**

| CA | EBE (a) | BFRE | Var. EBE | Var. BFRE (b) | Mesure de l'impact sur la trésorerie (a – b) |
|---|---|---|---|---|---|
| 1 000 000 | 200 000 | 500 000 | – | – | – |
| 1 200 000 | 240 000 | 600 000 | | | |
| 1 500 000 | 300 000 | 750 000 | | | |
| 2 000 000 | 400 000 | 1 000 000 | | | |
| 5 000 000 | 1 000 000 | 2 500 000 | | | |
| 10 000 000 | 2 000 000 | 5 000 000 | | | |

## 4 Le traitement des variations d'immobilisations dans le tableau de financement

L'entreprise Tristan commercialise des figurines de superhéros. Suite au départ précipité du comptable, on vous demande d'expliquer les documents qu'il a réalisés.

1. **Justifiez les montants (immobilisations, capitaux propres, amortissements et dépréciations de l'actif) figurant au bilan fonctionnel de l'année N+1 (annexe 3) à partir des informations fournies en annexes 1 et 2.**
2. **Calculez la CAF puis justifiez les sommes figurant dans la partie 1 du tableau de financement de l'exercice N+1 (annexe 4).**
3. **Vérifiez que la variation de FRNG mise en évidence par les bilans fonctionnels se retrouve bien dans le tableau de financement.**
4. **Expliquez comment le calcul de la variation de FRNG est identique par les bilans fonctionnels et par le tableau de financement compte tenu du fait que l'immobilisation figure pour son prix de vente dans le tableau de financement, tandis qu'elle est supprimée des emplois pour sa valeur d'origine dans le bilan fonctionnel.**

## Annexe 1 Bilan fonctionnel au 31 décembre N (extrait)

| | | | |
|---|---|---|---|
| Immobilisations | 700 | Capitaux propres (1) | 1 000 |
| | | Amortissements et dépréciations de l'actif | 500 |
| | | Dettes financières | 0 |
| **Total Emplois stables** | **700** | **Total Ressources stables** | **1 500** |
| FRNG | 800 | | |

(1) Dont résultat de l'exercice N : 100

## Annexe 2 Informations concernant l'exercice N+1

Au cours de l'année N+1 :
- on a vendu une immobilisation de valeur d'origine 200, amortie à hauteur de 50. Le prix de vente de cette immobilisation est de 110 ;
- on a acheté une immobilisation pour une valeur de 100 ;
- les dividendes versés aux actionnaires à partir du résultat de l'année N ont été de 60 ;
- le montant des dotations aux amortissements comptabilisés durant l'exercice N+1 est de 10.

Le résultat de l'exercice N+1 s'élève à 80.

## Annexe 3 Bilan fonctionnel au 31 décembre N+1 (extrait)

| | | | |
|---|---|---|---|
| Immobilisations | 600 | Capitaux propres | 1 020 |
| | | Amortissements et dépréciations de l'actif | 460 |
| | | Dettes financières | 0 |
| **Total Emplois stables** | **600** | **Total Ressources stables** | **1 480** |
| FRNG | 880 | | |

## Annexe 4 Tableau de financement de l'exercice N+1 (Partie 1)

| Emplois | Ex. N+1 | Ressources | Ex. N+1 |
|---|---|---|---|
| Distributions mises en paiement au cours de l'exercice | 60 | Capacité d'autofinancement de l'exercice | 130 |
| Acquisitions d'éléments de l'actif immobilisé : | | Cessions ou réductions d'éléments de l'actif immobilisé : | |
| Immobilisations incorporelles | | Cessions d'immobilisations : | |
| Immobilisations corporelles | 100 | – Incorporelles | |
| Immobilisations financières | | – Corporelles | 110 |
| Charges à répartir sur plusieurs exercices | | Cessions ou réductions d'immobilisations financières | |
| Réduction des capitaux propres (réduction de capital, retraits) | | Augmentation des capitaux propres | |
| Remboursements de dettes financières | | Augmentation de capital ou apports | |
| | | Augmentation des autres capitaux propres | |
| | | Augmentation des dettes financières | |
| **Total des emplois** | **160** | **Total des ressources** | **240** |
| Variation du FRNG (ressource nette) | 80 | Variation du FRNG (emploi net) | |

Chapitre 10

# L'interprétation d'un tableau des flux et la réalisation d'un diagnostic global

**Activité**
**6.6.** Analyse dynamique des flux financiers

**Composante d'activité**
**6.6.2.** Interprétation d'un tableau des flux

**Compétence**
Établir un diagnostic financier analytique et global, repérer les situations à risque.

**P7**
Une utilisation des outils numériques de communication.

## Situation professionnelle

Devant le paradoxe lié à des résultats flatteurs et à un déséquilibre de trésorerie, Mme Fauvet décide d'analyser plus en détail l'origine de la variation de trésorerie.
Son objectif est de mettre en œuvre une analyse dynamique centrée sur la trésorerie et non sur l'équilibre financier. Plus globalement, ce sera l'occasion de présenter à M. Altoviti un diagnostic financier global permettant de conclure sur cette première année de double activité (cartons traditionnels et meubles en carton).

## Mission

Vous travaillez en collaboration avec Mme Fauvet, la responsable administrative, pour l'aider à mettre en œuvre une analyse centrée sur la trésorerie et un diagnostic financier global permettant de repérer les risques.

## Travail à faire

### I Observer la structure d'un tableau de flux de trésorerie

Mme Fauvet a construit un tableau des flux de trésorerie que vous étudiez dans sa globalité.

1. Quel est le principal reproche que l'on peut faire au tableau de financement en matière d'analyse de la variation de trésorerie ? ▶ Fiche ressource 1
2. Le tableau de trésorerie cherche à expliquer la variation de la trésorerie à partir des trois cycles fondamentaux de l'entreprise. Rappelez lesquels.
3. Vous observez la structure globale de ce tableau. ▶ Fiche ressource 2 ▶ Annexe 1
   a) Repérez les montants de variation de trésorerie de chacun des cycles fondamentaux et indiquez s'il s'agit d'une augmentation ou d'une diminution de trésorerie.
   b) Justifiez par le calcul le montant de la trésorerie de clôture.
   c) La variation de trésorerie est-elle la même que celle mise en évidence dans le tableau de financement (voir chapitre 9) ?

### II Analyser un tableau de flux de trésorerie

Vous allez procéder à présent à l'analyse du tableau de flux de trésorerie.

4. Quelle différence faites-vous entre le résultat d'exploitation et le résultat brut d'exploitation calculé dans ce tableau ? Expliquez pourquoi les dotations ont été retranchées. ▶ Fiche ressource 3 ▶ Annexe 1
5. Analysez la ligne « Flux net de trésorerie d'exploitation ».
   a) Pourquoi 1 041 077 € de BFRE ont-ils été retranchés ?
   b) Si le BFRE avait été négatif, aurait-on retranché ce montant ? Justifiez.
   c) Quel lien pouvez-vous faire entre ce flux net de trésorerie et l'effet de ciseaux mis en évidence au chapitre 9 ?
6. Analysez la ligne « Flux net de trésorerie généré par l'activité ».
   a) Repérez les éléments comptables permettant de passer de la notion d'exploitation à la notion d'activité.
   b) Justifiez le fait qu'aucun élément exceptionnel du compte de résultat ne figure dans cette partie du tableau.
7. Vous confrontez les trois flux de trésorerie A, B et C.
   a) Quel est l'intérêt de confronter ces trois flux ?
   b) La dégradation de la trésorerie de Pack Inbox peut-elle être justifiée par l'investissement ou son financement ? Justifiez.
8. Concluez sur les raisons de la dégradation de la trésorerie.

### III Élaborer un diagnostic financier

M. Altoviti a demandé à Mme Fauvet la mise en forme d'un diagnostic complet qu'il pourra présenter à l'assemblée des actionnaires.

9. Quels sont les objectifs d'un diagnostic financier ?

P7 10. À partir des informations contenues dans l'ensemble des chapitres, et pour chaque composante du diagnostic, rédigez, à l'aide de l'outil numérique de communication de votre choix, un compte rendu sur la situation de Pack Inbox : constat, explication, propositions d'amélioration… ▶ Fiche ressource 4 ▶ Annexe 2 ▶ Annexe 3

# Données de la situation

## Annexe 1 Tableau des flux de trésorerie au 31/12/N+1

| | Montants |
|---|---|
| **Flux de trésorerie liés à l'activité** | |
| **Résultat d'exploitation** | **457 102** |
| *Élimination des charges et produits sans incidence sur la trésorerie* | |
| + Dotations aux amortissements, dépréciations et provisions d'exploitation (nettes de reprises) | 404 800 |
| **= Résultat brut d'exploitation** | **861 902** |
| – Variation du BFRE | – 1 041 077 |
| **= Flux net de trésorerie d'exploitation** | **– 179 175** |
| *Autres encaissements et décaissements liés à l'activité* | |
| – Frais financiers | – 83 700 |
| + Produits financiers | 98 500 |
| – Autres décaissements liés à l'activité (ex. : IS, participation des salariés) | – 89 700 |
| – Charges exceptionnelles liées à l'activité | 0 |
| + Produits exceptionnels liés à l'activité | 0 |
| – Variation du BFR lié à l'activité (hors BFRE) | 775 |
| **= Flux net de trésorerie généré par l'activité (A)** | **– 253 300** |
| **Flux de trésorerie liés aux opérations d'investissement** | |
| – Acquisitions d'immobilisations | – 435 000 |
| + Cessions/réductions d'immobilisations (nettes d'impôts sur les plus-values) | 113 000 |
| – Variation du BFR lié à l'investissement (créances et dettes liées aux immobilisations) | 97 300 |
| **= Flux net de trésorerie lié aux opérations d'investissement (B)** | **– 224 700** |
| **Flux de trésorerie liés aux opérations de financement** | |
| + Augmentation de capital en numéraire | 200 000 |
| – Réduction de capital | 0 |
| – Dividendes versés | – 100 000 |
| + Émissions d'emprunts | 200 000 |
| – Remboursements d'emprunts | – 120 000 |
| + Subventions d'investissements reçues | 0 |
| **= Flux net de trésorerie lié aux opérations de financement (C)** | **180 000** |
| **Variation de trésorerie (A + B + C)** | **– 298 000** |
| **Trésorerie d'ouverture (D)** | **6 500** |
| **Trésorerie de clôture (A + B + C + D)** | **– 291 500** |

## Annexe 2 Ratios de l'entreprise Pack Inbox

| Pack Inbox | | | | |
|---|---|---|---|---|
| | N+1[1] | N | N-1 | Commentaires |
| **Mesure de la performance de l'entreprise** | | | | |
| **Indicateurs d'activité** | | | | |
| Taux de croissance du CA | 22,00 % | 1,16 % | 2,17 % | Évolution d'un an sur l'autre |
| Taux de croissance de la VA | 23,98 % | – 9,36 % | – 3,37 % | Évolution d'un an sur l'autre |
| **Indicateurs de profitabilité** | | | | |
| Taux de marge brute | 10,83 % | 8,31 % | 12,07 % | EBE / CA |
| Taux de marge nette | 4,82 % | 3,42 % | 7,07 % | RNC / CA |
| **Mesure du financement de l'entreprise** | | | | |
| **Autofinancement de l'entreprise** | | | | |
| Capacité d'endettement | 2,08 | 2,67 | 2,16 | Dettes financières / CAF |
| **Ratios d'équilibre financier** | | | | |
| Financement des immobilisations | 1,45 | 1,34 | 1,37 | Ressources LT / Emplois LT |
| Ratio de couverture des capitaux investis | 0,95 | 1,00 | 1,00 | Ressources LT / Emplois LT + BFRE |
| **Ratios de structure** | | | | |
| Taux d'endettement | 0,56 | 0,56 | 0,65 | Emprunts et dettes financières / Capitaux propres |
| Intensité capitalistique | 0,63 | 0,70 | 0,69 | Actif immobilisé brut / Actif total brut |
| **Ratios de rotation** | | | | |
| Délai de rotation des stocks de matières premières | 62,7 | 94,28 | 104,02 | Stocks moyens / Coût d'achat HT × 360 |
| Délai de rotation des créances clients | 35,87 | 28,67 | 28,02 | Créances / Ventes TTC × 360 |
| Délai de rotation des dettes fournisseurs | 4,94 | 3,23 | 4,15 | Dettes / (Achats + Services ext. TTC) × 360 |

1. L'année N+1 intègre la nouvelle activité de meubles en carton (Live Inbox).

## Annexe 3 Ratios : moyennes statistiques du secteur pour l'année N+1

La chambre de commerce a communiqué à Mme Fauvet quelques ratios du secteur d'activité auquel appartient l'entreprise Pack Inbox.

| Ratios | Valeurs |
|---|---|
| Taux de croissance du CA | 8,00 % |
| Taux de marge brute | 2,30 % |
| Capacité d'endettement | 1,02 |
| Financement des immobilisations | 1,26 |
| Ratio de couverture des capitaux investis | 0,96 |
| Taux d'endettement | 1,20 |
| Délai de rotation des stocks de matières premières | 74,59 jours |
| Délai de rotation des créances clients | 26,28 jours |
| Délai de rotation des dettes fournisseurs | 12 jours |

# Fiche ressource 1

# L'intérêt d'un tableau de flux de trésorerie

## I La nécessaire analyse de la trésorerie

### 1. Le tableau de financement n'a pas pour objectif central d'étudier la trésorerie

L'analyse dynamique du tableau de financement est centrée sur la notion d'équilibre financier (FRNG, BFR et TN). Dans cette analyse, la trésorerie est présentée comme l'un des éléments de cet équilibre. Au même titre que le cycle d'exploitation, elle représente un besoin de ressources (excédent de disponibilités) ou un dégagement (concours bancaires).

Seules deux lignes lui sont consacrées : « Variation des disponibilités » et « Variation des concours bancaires courants ».

Cependant, la trésorerie est un élément fondamental de l'analyse financière. L'explication de sa variation et de sa constitution est un élément précieux de prévention des difficultés.

Aussi, le tableau de financement peut-il être avantageusement complété par un autre tableau qui se focalise sur la variation de la trésorerie en expliquant les constituants de cette variation, tout comme le compte de résultat explique les constituants de la formation du résultat.

### 2. La trésorerie est un indicateur de la santé de l'entreprise

| Un indicateur objectif | Un indicateur facilement mobilisable | Un indicateur réactif |
|---|---|---|
| Certaines écritures comptables (amortissements, dépréciations, provisions, variation des stocks) impactent le résultat comptable de l'exercice mais pas la trésorerie. Celle-ci est la résultante tangible de la gestion de l'entreprise. | Il n'est pas besoin d'effectuer un inventaire (au sens comptable) pour obtenir le solde de la trésorerie. Le solde du compte banque, pointé régulièrement (rapprochement bancaire) est à disposition. | La trésorerie est sensible aux variations d'activité : en période de réduction des ventes, le résultat peut continuer d'augmenter (grâce à l'écriture de variation des stocks). Cela fausse donc l'appréciation du gestionnaire et lui donne l'illusion que l'activité se porte bien alors qu'il devrait s'inquiéter. La trésorerie ne subit pas ce phénomène et va montrer assez rapidement l'impact de la réduction des ventes. |

## II Les principes du tableau de flux de trésorerie

### 1. La notion de flux de trésorerie

Les flux de trésorerie sont des flux périodiques, cumuls de flux de liquidités (voir chapitre 9, fiche ressource 2). Aux flux de trésorerie correspondent donc des entrées ou des sorties immédiates de liquidités. Le tableau de flux de trésorerie ne prend donc en compte que les flux qui sont réellement encaissés ou décaissés.

### 2. La structuration du tableau de flux de trésorerie selon trois fonctions

La structure du tableau de flux explique la variation de la trésorerie globale selon les trois activités principales de l'entreprise : exploiter son activité, investir et procéder à des opérations de financement (les trois cycles fondamentaux).

**Flux de trésorerie**
- Liés à l'activité A → Renseigne sur la capacité de l'entreprise à générer de la trésorerie compte tenu de son niveau d'activité.
- Liés à l'investissement B
- Liés au financement C

(B et C) Renseigne sur les décisions d'investissement et de financement, et mesure leur impact sur la trésorerie.

Le tableau de flux de trésorerie met donc en évidence la contribution de chaque cycle à la variation de la trésorerie (flux) sur l'exercice comptable afin d'expliquer le montant de la trésorerie à disposition de l'entreprise en fin d'exercice (stock).

# Fiche ressource 2

## Le tableau des flux de trésorerie de l'ordre des experts-comptables

Il existe de nombreuses présentations des tableaux de flux de trésorerie issues d'auteurs différents. L'ordre des experts-comptables (OEC) en propose deux versions, l'une à partir du résultat net et l'autre à partir du résultat d'exploitation.

Remarque : conformément au référentiel du BTS CG, nous limiterons notre approche au tableau de l'OEC construit à partir du résultat d'exploitation.

| | Montants |
|---|---|
| **Flux de trésorerie liés à l'activité** | |
| **Résultat d'exploitation** | |
| *Élimination des charges et produits sans incidence sur la trésorerie* | |
| + Dotations aux amortiss., dépréciat. et prov. d'exploitation (nettes de reprises) | |
| **= Résultat brut d'exploitation** | |
| – Variation du BFRE (1) | |
| **= Flux net de trésorerie d'exploitation (2)** | |
| *Autres encaissements et décaissements liés à l'activité* | |
| – Frais financiers | |
| + Produits financiers | |
| – Autres décaissements liés à l'activité (ex. : participation des salariés) | |
| – Charges exceptionnelles liées à l'activité | |
| + Produits exceptionnels liés à l'activité | |
| – Variation du BFR lié à l'activité (hors BFRE) | |
| **= Flux net de trésorerie généré par l'activité (A)** | |
| **Flux de trésorerie liés aux opérations d'investissement** | |
| – Acquisitions d'immobilisations | |
| + Cessions/réductions d'immobilisations (nettes d'impôts sur les plus-values) | |
| – Variation du BFR lié à l'investissement (créances et dettes liées aux immob.) | |
| **= Flux net de trésorerie lié aux opérations d'investissement (B)** | |
| **Flux de trésorerie liés aux opérations de financement** | |
| + Augmentation de capital en numéraire | |
| – Réduction de capital | |
| – Dividendes versés | |
| + Émissions d'emprunts | |
| – Remboursements d'emprunts | |
| + Subventions d'investissements reçues | |
| **= Flux net de trésorerie lié aux opérations de financement (C)** | |
| **Variation de trésorerie (A + B + C)** | |
| **Trésorerie d'ouverture (D)** | |
| **Trésorerie de clôture (A + B + C + D)** | |

Point de départ. On considère que le RE est positif.

Retraitements pour exclure les éléments n'ayant pas donné lieu à décaissement ou encaissement (1).

On distingue les éléments d'exploitation et hors exploitation.

Capacité de l'entreprise à générer de la trésorerie grâce à son activité.

La variation du BFR est répartie en trois éléments. La variation du BFRHE est elle-même scindée en deux.

Impact sur la trésorerie des opérations d'investissement

Impact sur la trésorerie des opérations de financement

Explication de la variation globale de la trésorerie (flux).

Mise en évidence de la trésorerie finale (stock)

(1) Compte tenu de l'existence de créances et de dettes d'exploitation issues de l'exercice précédent qui vont être encaissées au cours de l'exercice et compte tenu de la présence dans le résultat d'exploitation de charges et de produits qui ne seront pas encore décaissées/encaissés à la fin de N, on va ôter du résultat d'exploitation la variation du BFRE afin d'obtenir le flux net de trésorerie d'exploitation.

(2) Le flux net de trésorerie d'exploitation est une notion fondamentale mise en évidence dans ce tableau. Cette notion correspond globalement à : EBE (RE + amortissements) – variation du BFRE. Remarque : ces notions ont été étudiées dans le calcul de l'effet de ciseaux (voir chapitre 9, fiche ressource 7). Ainsi, une entreprise dont le flux net de trésorerie d'exploitation serait négatif aurait subi un effet de ciseaux.

Fiche ressource 3

# L'analyse du tableau des flux de trésorerie de l'OEC

## I L'analyse des flux nets de trésorerie

### 1. Le flux net de trésorerie généré par l'activité (A)

Le tableau ci-dessous détaille les commentaires élément par élément.

| Flux de trésorerie liés à l'activité | Commentaires |
|---|---|
| **Résultat d'exploitation** | RE = point de départ |
| *Élimination des charges et produits sans incidence sur la trésorerie* | |
| + Dotations aux amortissements, dépréciations et provisions d'exploitation (nettes de reprises) | Elles sont ajoutées ici car elles sont déduites du RE alors qu'il ne s'agit pas de flux de trésorerie. |
| = Résultat brut d'exploitation | Notion proche de l'EBE |
| – Variation du BFRE | Certaines ventes ou certains achats ne sont pas encore encaissés ou décaissés. Ce ne sont donc pas des flux de trésorerie et on les retrouve dans la variation du BFR. En les déduisant, on garde exclusivement les flux ayant eu un impact sur la trésorerie. |
| **= Flux net de trésorerie d'exploitation** | Il s'agit de la ressource de trésorerie dégagée par les opérations d'exploitation de l'entreprise. C'est un indicateur essentiel de l'équilibre financier à court terme car il mesure l'excédent (s'il est positif) ou la consommation (s'il est négatif) de liquidités que le travail de l'entreprise génère. S'il est négatif, on peut le justifier avec l'effet de ciseaux (voir fiche ressource 2). |
| *Autres encaissements et décaissements liés à l'activité* | |
| – Frais financiers | Ils correspondent aux charges financières et font partie de l'activité courante de l'entreprise. À ne pas confondre avec les remboursements d'emprunts, qui font partie du cycle de financement (C). |
| + Produits financiers | Il s'agit des intérêts perçus, par exemple. Ils font partie de l'activité courante. À ne pas confondre avec les obtentions d'emprunts, qui font partie de cycle de financement. |
| – Autres décaissements liés à l'activité | On place ici la participation des salariés ou l'impôt sur les sociétés, qui sont des décaissements. |
| – Charges exceptionnelles liées à l'activité | |
| + Produits exceptionnels liés à l'activité | |
| – Variation du BFR lié à l'activité (hors BFRE) | On retranche ici la variation du BFRHE afin d'exclure des postes précédents ceux qui n'ont pas affecté la trésorerie. Attention ! les éléments du BFRHE en lien avec les investissements ne sont pas pris en compte (dettes sur créances d'immobilisations…). On les retrouvera en partie B. |
| **= Flux net de trésorerie généré par l'activité (A)** | Cette notion est plus large que celle d'exploitation car elle intègre une partie des éléments hors exploitation. L'activité tient compte de tous les éléments encaissés et décaissés, même des éléments financiers (courants) et exceptionnels, mais à condition qu'ils ne relèvent pas des cycles B ou C. |

Le solde A fournit une indication essentielle sur la capacité de l'entreprise à pouvoir rembourser ses emprunts, payer les dividendes et procéder à de nouveaux investissements sans faire appel à des sources de financement externes. Il doit être positif ; un flux négatif, surtout s'il devient chronique, représente un fort risque de défaillance de l'entreprise.

## 2. Le flux de trésorerie lié aux opérations d'investissement (B)

| Flux de trésorerie liés aux opérations d'investissement | Commentaires |
|---|---|
| – Acquisitions d'immobilisations | Au coût d'acquisition |
| + Cessions/réductions d'immobilisations (nettes d'impôts sur les plus-values) | Au prix de vente (775) |
| – Variation du BFR lié à l'investissement (créances et dettes liées aux immobilisations) | On retrouve ici une partie de la variation du BFRHE : celle en lien avec les investissements (dettes ou créances sur immobilisations…) dont on n'a pas tenu compte en partie A. Cela permet d'exclure des valeurs précédentes toutes celles qui n'ont pas donné lieu à encaissement ou décaissement. |
| **= Flux net de trésorerie lié aux opérations d'investissement (B)** | Il correspond à l'impact réel et concret du cycle d'investissement sur la trésorerie de l'entreprise. |

Le flux net de trésorerie lié aux opérations d'investissement permet de connaître l'impact du cycle d'investissement sur la trésorerie de l'entreprise.
Si l'entreprise investit, ce flux sera en général négatif. Ceci n'est pas une mauvaise chose.
Un flux positif montre que l'entreprise a vendu une partie de son actif sans avoir investi en contrepartie. Si cette situation devient régulière, on peut légitimement s'inquiéter de l'avenir : comment générer de la richesse future si l'entreprise vend ses outils de production ?

## 3. Le flux de trésorerie lié aux opérations de financement (C)

| Flux de trésorerie liés aux opérations de financement | Commentaires |
|---|---|
| + Augmentation de capital en numéraire | Seules les augmentations en numéraire ont un impact sur la trésorerie. |
| – Réduction de capital | |
| – Dividendes versés | |
| + Émissions d'emprunts | Emprunts nouveaux obtenus |
| – Remboursements d'emprunts | Remboursement de l'amortissement et non des intérêts qui font partie de l'activité courante. |
| + Subventions d'investissements reçues | |
| **= Flux net de trésorerie lié aux opérations de financement (C)** | Il correspond à l'impact réel et concret des opérations de financement sur la trésorerie de l'entreprise. |

Cette partie du tableau montre les flux de trésorerie liés aux opérations de financement tout en permettant d'identifier les sources de financement (augmentations de capital, nouveaux emprunts, subventions d'investissement…) et les décaissements qui ont été réalisés (distribution de dividendes, remboursements d'emprunts…).
Il est aisé d'analyser ce flux qui sera négatif si l'entreprise effectue des remboursements (politique de désendettement ou de dividendes élevés) et positif dans le cas contraire.

# II L'analyse de la variation de la trésorerie

| | Commentaires |
|---|---|
| **Variation de trésorerie (A + B + C)** | On cumule ici les variations de trésorerie mises en évidence pour les trois cycles (A, B, C). Elle correspond à la variation globale de la trésorerie que l'on trouve dans le tableau de financement (flux). |
| **Trésorerie d'ouverture (D)** | Montant de la trésorerie au 31/12/N-1 (stock) |
| **Trésorerie de clôture (A + B + C + D)** | Montant de la trésorerie au 31/12/N (stock) |

L'utilité fondamentale de ce type de tableau est de montrer clairement la disparité qui peut exister, d'une part, entre les charges et les décaissements, et d'autre part, entre les produits et les encaissements.
Plus que la variation globale ou le solde final (trésorerie de clôture), c'est l'analyse des flux les uns par rapport aux autres qui doit primer.
Par exemple, tout en ayant une variation de trésorerie positive, si le flux net de trésorerie généré par l'activité (A) est durablement inférieur au flux net de trésorerie lié aux opérations d'investissement (B), alors l'entreprise doit avoir recours à des financements (C) qui peuvent finir par peser sur la rentabilité (charges d'intérêts importantes).
Une trésorerie qui augmente n'est pas nécessairement la traduction d'une santé florissante.

# Fiche ressource 4

# Le diagnostic financier

Le diagnostic est le point ultime de l'analyse qui met en œuvre toutes les compétences de réflexion et de synthèse de l'analyste.

Le diagnostic est LE document de la finance d'entreprise : il permet de mettre en lumière les enseignements que l'on peut tirer d'un bilan, d'un compte de résultat et des annexes. Et ces enseignements sont nombreux. Il peut être réalisé en interne ou par des partenaires extérieurs (expert-comptable, commissaires aux comptes…).

## I Les objectifs du diagnostic

Le diagnostic permet d'évaluer la santé financière de l'entreprise, de mesurer l'équilibre financier, d'apprécier sa solvabilité (risques de non-paiement), de comparer ses performances actuelles avec ses performances passées et celles de ses concurrents, de mettre en évidence ses points forts, ses points faibles et d'accompagner *in fine* la stratégie de l'entreprise.

Les trois axes du diagnostic sont les suivants :
- mettre en relation l'analyse des éléments chiffrés avec les événements qui ont affecté la vie de l'entreprise ;
- comprendre son évolution à travers l'évolution des flux ;
- apprécier ses possibilités d'évolution ou les risques qui pèsent sur le futur.

## II Les différents destinataires du diagnostic financier

On distingue principalement trois types d'utilisateurs d'un diagnostic financier dont les angles de lecture ne sont pas tout à fait les mêmes :
- les gestionnaires : afin d'apprécier la situation de l'entreprise et d'en déduire certaines prises de décision ;
- les prêteurs : afin d'apprécier la liquidité, la rentabilité et la solvabilité ;
- les investisseurs : afin d'apprécier la viabilité de l'entreprise et son potentiel à générer des profits, d'évaluer en fait si leurs placements sont judicieux.

## III Les documents d'analyse

Le diagnostic s'opère à partir de différents documents comptables :
- le bilan et le compte de résultat ;
- les tableaux d'analyse statique : tableau des SIG, bilan fonctionnel ;
- les tableaux d'analyse dynamique : tableau de financement, tableau de flux.

## IV La réalisation du diagnostic financier

Diverses composantes peuvent nourrir un diagnostic qui commence toujours par l'élaboration de chiffres et se termine par leur interprétation.

### 1. La phase de calculs préparatoires

Au cours de cette phase, des tableaux d'analyse sont réalisés, des ratios sont calculés…

Remarque : un ratio est un rapport entre deux valeurs caractéristiques d'un domaine.

Un ratio seul n'a pas grand sens, il doit être comparé :
- dans le temps (ratios des périodes précédentes) ;
- dans l'espace (ratio du secteur, ratio moyen d'entreprise concurrente…).

D'une manière générale, le diagnostic financier recouvre les éléments suivants :

| Composantes du diagnostic | Exemples d'éléments chiffrés supports de l'analyse |
|---|---|
| Analyse de l'activité et des résultats | Évolution du CA, de l'EBE, évolution de la rentabilité commerciale, ratios d'activité. |
| Analyse de l'équilibre financier | Agrégats du bilan fonctionnel (FRNG, BFR, TN) et évolution de ces agrégats (tableau de financement). |
| Analyse de l'endettement | Capacité ou ratio d'endettement ou de remboursement, ratio d'autonomie financière. |
| Analyse de la trésorerie | Flux nets de trésorerie (tableaux des flux de trésorerie), délai de rotation des clients, des stocks, délai de paiement des fournisseurs. |

## 2. La phase rédactionnelle

Pour chaque composante du diagnostic, l'analyste devra :
– rédiger un constat ;
– proposer une explication ;
– envisager, dans la mesure du possible, des propositions de correction ou d'amélioration dans le cas d'un constat défavorable.

De nombreux plans peuvent être mis en œuvre dans la rédaction du diagnostic.
En voici un exemple :

| | | |
|---|---|---|
| **I. Analyse de l'activité de l'entreprise**<br>Constats<br>Explications<br>Propositions | *À partir du compte de résultat N / N-1* | • SIG<br>• Ratios<br>• CAF<br>• Comparaison dans le temps et dans l'espace |
| **II. Analyse de la structure**<br>Constats<br>Explications<br>Propositions | *À partir du bilan comptable retraité* | • Construction du bilan fonctionnel<br>• Calcul du fonds de roulement, du BFR, de la TN<br>• Ratios<br>• Mesure de la rentabilité économique et de la rentabilité financière |
| **III. Analyse dynamique : étude de l'évolution de la structure**<br>Constats<br>Explications<br>Propositions | *À partir du bilan fonctionnel* | • Construction du tableau de financement<br>• Construction du tableau des flux de trésorerie<br>• Ratios |

# Applications

## 1 Présentation d'un tableau de flux de trésorerie

La société Jeannota fabrique et commercialise des articles d'accastillage pour voiliers. Son dirigeant, M. Jean-Marc, vous demande de l'aider à terminer le tableau des flux de trésorerie de son entreprise pour l'année N.

1. **Indiquez ce qui différencie le tableau de flux de trésorerie de l'OEC du tableau de financement du PCG en précisant, notamment, le principe et la structure de construction du tableau des flux de trésorerie.**
2. **Complétez le tableau des flux par les montants manquants.**
3. **Indiquez si la variation du BFRE est un besoin ou un dégagement.**
4. **Procédez à un bref commentaire du flux net de trésorerie d'exploitation.**

**Annexe** **Tableau des flux de trésorerie de l'exercice N à compléter**

| Flux de trésorerie liés à l'activité | |
|---|---|
| **Résultat d'exploitation** | **71 470** |
| *Réintégration des charges et élimination des produits sans incidence sur la trésorerie* | |
| + Amortissements et provisions (dotations nettes de reprises) | ............ |
| **= Résultat brut d'exploitation** | **131 930** |
| – Variation du BFRE | ............ |
| **= Flux net de trésorerie d'exploitation** | **23 930** |
| *Autres encaissements et décaissements liés à l'activité* | |
| + Produits financiers | 4 600 |
| – Charges financières | ............ |
| ± Charges et produits exceptionnels | – 10 500 |
| – Autres (IS, participation, augmentation des frais d'établissement) | 0 |
| – Variation du BFR lié à l'activité (hors variation du BFRE) | 0 |
| **= Flux net de trésorerie généré par l'activité (A)** | **............** |
| **Flux de trésorerie liés aux opérations d'investissement** | |
| + Cessions d'immobilisations | 13 000 |
| + Réduction d'immobilisations financières | 32 800 |
| – Acquisitions d'immobilisations | ............ |
| *Incidence de la variation des décalages de trésorerie sur opérations d'investissement* | |
| – Variation du BFR lié à l'investissement | 0 |
| **= Flux net de trésorerie lié aux opérations d'investissement (B)** | **– 74 200** |
| **Flux de trésorerie liés aux opérations de financement** | |
| ± Augmentation ou réduction de capital | |
| – Dividendes versés | – 7 050 |
| + Augmentation des dettes financières | ............ |
| – Remboursements des dettes financières | ............ |
| + Subventions d'investissements reçues | 10 000 |
| *Incidence de la variation des décalages de trésorerie sur opérations de financement* | |
| – Variation du BFR lié au financement | 0 |
| **= Flux net de trésorerie lié aux opérations de financement (C)** | **55 420** |
| **Variation de trésorerie (A + B + C)** | **............** |
| **Trésorerie d'ouverture (D)** | **32 800** |
| **Trésorerie de clôture (A + B + C + D)** | **............** |

Autre information : au cours de l'exercice N, 32 000 € de dettes financières ont été amortis.

## 2 Interprétation d'un tableau de flux de trésorerie

La société Julpel fabrique et commercialise des jupes et divers articles de mode. Le dirigeant, M. Julien, vous charge d'analyser le tableau des flux de trésorerie remis par le cabinet comptable de la société.

1. **Caractérisez la variation du BFRE : s'agit-il d'un besoin ou d'un dégagement ?**
2. **Quelle est la différence entre le flux net de trésorerie d'exploitation et le flux net de trésorerie généré par l'activité ?**
3. **Commentez le tableau de flux. Votre commentaire suivra la structure du tableau (exploitation, investissement, financement).**

**Annexe** **Tableau des flux de trésorerie de l'exercice N (en K€)**

| **Flux de trésorerie liés à l'activité** | |
|---|---|
| **Résultat d'exploitation** | **1 107** |
| *Réintégration des charges et élimination des produits sans incidence sur la trésorerie* | |
| + Amortissements et provisions (dotations nettes de reprises) | 645 |
| **= Résultat brut d'exploitation** | **1 752** |
| – Variation du BFRE | – 1 934 |
| **= Flux net de trésorerie d'exploitation** | **– 182** |
| *Autres encaissements et décaissements liés à l'activité* | |
| + Produits financiers | 116 |
| – Charges financières | – 96 |
| ± Charges et produits exceptionnels | 2 |
| – Autres (IS, participation, augmentation des frais d'établissement) | |
| – Variation du BFR lié à l'activité (hors variation du BFRE) | 554 |
| **= Flux net de trésorerie généré par l'activité (A)** | **394** |
| **Flux de trésorerie liés aux opérations d'investissement** | |
| + Cessions d'immobilisations | 0 |
| + Réduction d'immobilisations financières | 0 |
| – Acquisitions d'immobilisations | – 499 |
| *Incidence de la variation des décalages de trésorerie sur opérations d'investissement* | |
| – Variation du BFR lié à l'investissement | 125 |
| **= Flux net de trésorerie lié aux opérations d'investissement (B)** | **– 374** |
| **Flux de trésorerie liés aux opérations de financement** | |
| ± Augmentation ou réduction de capital | |
| – Dividendes versés | |
| + Augmentation des dettes financières | 683 |
| – Remboursements des dettes financières | – 680 |
| + Subventions d'investissements reçues | 100 |
| *Incidence de la variation des décalages de trésorerie sur opérations de financement* | |
| – Variation du BFR lié au financement | 0 |
| **= Flux net de trésorerie lié aux opérations de financement (C)** | **103** |
| **Variation de trésorerie (A + B + C)** | **123** |
| **Trésorerie d'ouverture (D)** | **82** |
| **Trésorerie de clôture (A + B + C + D)** | **205** |

Autres informations :
– les acquisitions d'immobilisations sont uniquement composées d'immobilisations corporelles (outil de production) ;
– la trésorerie fin N-1 était de 200.

## 3 Analyse et commentaire d'un tableau des flux de trésorerie

L'entreprise Tron a une activité de coupe de bois pour alimenter les scieries. Son activité est florissante depuis quelques années. Son dirigeant, M. Philippe, s'inquiète toutefois de la baisse de la trésorerie cette année. Le comptable a élaboré un tableau de flux de trésorerie qui doit permettre d'expliquer l'origine de la baisse.

**Réalisez un commentaire à partir du tableau de flux de trésorerie.**

**Annexe** Tableau des flux de trésorerie de l'exercice N (en K€)

| Flux de trésorerie liés à l'activité | |
|---|---|
| **Résultat d'exploitation** | **1 290** |
| *Réintégration des charges et élimination des produits sans incidence sur la trésorerie* | |
| + Amortissements et provisions (dotations nettes de reprises) | 860 |
| **= Résultat brut d'exploitation** | **2 150** |
| – Variation du BFRE | – 1 450 |
| **= Flux net de trésorerie d'exploitation** | **700** |
| *Autres encaissements et décaissements liés à l'activité* | |
| + Produits financiers | 0 |
| – Charges financières | – 260 |
| ± Charges et produits exceptionnels | – 160 |
| – Autres (IS, participation, augmentation des frais d'établissement) | 0 |
| – Variation du BFR lié à l'activité (hors variation du BFRE) | 0 |
| **= Flux net de trésorerie généré par l'activité (A)** | **280** |
| **Flux de trésorerie liés aux opérations d'investissement** | |
| + Cessions d'immobilisations | 500 |
| + Réduction d'immobilisations financières | 0 |
| – Acquisitions d'immobilisations | – 1 600 |
| *Incidence de la variation des décalages de trésorerie sur opérations d'investissement* | |
| – Variation du BFR lié à l'investissement | 0 |
| **= Flux net de trésorerie lié aux opérations d'investissement (B)** | **– 1 100** |
| **Flux de trésorerie liés aux opérations de financement** | |
| ± Augmentation ou réduction de capital | |
| – Dividendes versés | – 250 |
| + Augmentation des dettes financières | 1 300 |
| – Remboursements des dettes financières | – 500 |
| + Subventions d'investissements reçues | 0 |
| *Incidence de la variation des décalages de trésorerie sur opérations de financement* | |
| – Variation du BFR lié au financement | 0 |
| **= Flux net de trésorerie lié aux opérations de financement (C)** | **550** |
| **Variation de trésorerie (A + B + C)** | **– 270** |
| **Trésorerie d'ouverture (D)** | **500** |
| **Trésorerie de clôture (A + B + C + D)** | **230** |

## 4 Synthèse sur le diagnostic financier

La société Agrotech SA est une société anonyme spécialisée dans la fabrication de machines pour l'industrie agroalimentaire. Réputée pour ses installations uniques et son savoir-faire, l'entreprise a toutefois connu de sérieuses difficultés au cours d'exercices récents. Ses dirigeants désirent que vous leur présentiez une analyse complète de la situation économique et financière de l'entreprise.

**1 Présentez l'utilité d'un diagnostic financier pour l'entreprise elle-même, d'une part, et pour les apporteurs de capitaux, d'autre part.**

**2 Retrouvez le montant des remboursements de dettes financières figurant dans le tableau de financement (annexe 1).**

**3 Justifiez les sommes surlignées dans le tableau de flux de trésorerie (annexe 6).**

**4 Commentez, en une page au maximum, la situation de l'entreprise au cours de ces dernières années en développant notamment :**
**– l'évolution de son activité et de ses résultats ;**
**– l'évolution de son endettement ;**
**– l'évolution de sa trésorerie.**

### Annexe 1 Tableau de financement de l'exercice N (en k€)

| Emplois | Exercice | Ressources | Exercice |
|---|---|---|---|
| Distributions mises en paiement au cours de l'exercice | 1 000 | Capacité d'autofinancement de l'exercice | 3 334 |
| Acquisitions d'éléments de l'actif immobilisé : | | Cessions ou réductions d'éléments de l'actif immobilisé : | |
| Immobilisations incorporelles | 37 | Cessions d'immobilisations : | |
| Immobilisations corporelles | 439 | – Incorporelles | |
| Immobilisations financières | 16 | – Corporelles | 6 |
| Charges à répartir sur plusieurs exercices | | Cessions ou réductions d'immobilisations financières | 16 |
| Réduction des capitaux propres (réduction de capital, retraits) | | Augmentation des capitaux propres | |
| Remboursements de dettes financières | 637 | Augmentation de capital ou apports | |
| | | Augmentation des autres capitaux propres | |
| | | Augmentation des dettes financières (b) (c) | |
| **Total des emplois** | **2 129** | **Total des ressources** | **3 366** |
| Variation du FRNG (ressource nette) | 1 237 | Variation du FRNG (emploi net) | |

### Annexe 2 Informations complémentaires

– Les produits et les charges constatés d'avance relèvent de l'exploitation.
– Les autres créances relèvent de l'exploitation.
– Les autres dettes diverses sont liées à l'activité (mais hors exploitation).
– Les reprises sur amortissements, dépréciations et provisions d'exploitation se décomposent de la façon suivante : 479 k€ au titre des provisions pour risques et charges et 237 k€ au titre des dépréciations des stocks et créances clients.

## Annexe 3 Bilan actif au 31 décembre N

| ACTIF (en k€) | Exercice N | | | Exercice N-1 |
|---|---|---|---|---|
| | Brut | Am. & Dép. | Net | Net |
| Capital souscrit – non appelé | 0 | | 0 | 0 |
| **Immobilisations incorporelles** | | | | |
| Frais d'établissement | 0 | 0 | 0 | 0 |
| Frais de recherche et développement | 9 | 9 | 0 | 0 |
| Concessions, brevets, droits et valeurs similaires | 517 | 489 | 28 | 12 |
| Fonds commercial | 130 | 107 | 23 | 23 |
| Immobilisations incorporelles en cours | 0 | 0 | 0 | 0 |
| Avances et acomptes | 0 | 0 | 0 | 0 |
| **Immobilisations corporelles** | | | | |
| Terrains | 108 | 0 | 108 | 108 |
| Constructions | 9 664 | 7 304 | 2 360 | 2 651 |
| Installations techniques, matériel et outillage industriels | 6 699 | 5 911 | 788 | 796 |
| Autres | 762 | 580 | 182 | 123 |
| Immobilisations corporelles en cours | 0 | 0 | 0 | 0 |
| Avances et acomptes | 0 | 0 | 0 | 0 |
| **Immobilisations financières** | | | | |
| Participations | 1 647 | 0 | 1 647 | 1 647 |
| Créances rattachées à des participations | 0 | 0 | 0 | 0 |
| Titres immobilisés de l'activité de portefeuille | 0 | 0 | 0 | 0 |
| Autres titres immobilisés | 1 | 0 | 1 | 1 |
| Prêts | 281 | 0 | 281 | 281 |
| Autres | 10 | 0 | 10 | 10 |
| **Total I** | **19 828** | **14 400** | **5 428** | **5 652** |
| **Actif circulant** | | | | |
| Stocks et en-cours : | | | | |
| Matières premières et autres approvisionnements | 3 606 | 865 | 2 741 | 4 299 |
| En cours de production [biens et services] | 1 651 | 0 | 1 651 | 1 804 |
| Produits intermédiaires et finis | 0 | 0 | 0 | 0 |
| Marchandises | 0 | 0 | 0 | 0 |
| Avances et acomptes versés sur commandes | 17 | 0 | 17 | 667 |
| Créances d'exploitation : | | | | |
| Créances clients et comptes rattachés | 8 113 | 198 | 7 915 | 7 412 |
| Autres | 539 | 0 | 539 | 737 |
| Créances diverses | 0 | 0 | 0 | 0 |
| Capital souscrit – appelé, non versé | 0 | 0 | 0 | 0 |
| Valeurs mobilières de placement | 0 | 0 | 0 | 0 |
| Disponibilités | 555 | 0 | 555 | 1 224 |
| Charges constatées d'avance | 64 | 0 | 64 | 57 |
| **Total II** | **14 545** | **1 063** | **13 482** | **16 200** |
| Charges à répartir sur plusieurs exercices (III) | **0** | **0** | **0** | **0** |
| Primes de remboursement des emprunts (IV) | **0** | | **0** | **0** |
| Écarts de conversion Actif (V) | **0** | | **0** | **0** |
| **TOTAL GÉNÉRAL (I + II + III + IV + V)** | **34 373** | **15 463** | **18 910** | **21 852** |

**Annexe 4** Bilan passif au 31 décembre N

| PASSIF (en k€) | Exercice N | Exercice N-1 |
|---|---|---|
| **Capitaux propres** | | |
| Capital [dont versé...] | 3 000 | 3 000 |
| Primes d'émission, de fusion, d'apport... | 0 | 0 |
| Écart de réévaluation | 0 | 0 |
| Écart d'équivalence | | |
| Réserves : | | |
| Réserve légale | 300 | 300 |
| Réserves statutaires ou contractuelles | 0 | 0 |
| Réserves réglementées | 0 | 0 |
| Autres | 2 000 | 1 557 |
| Report à nouveau | 634 | – 1 564 |
| **Résultat de l'exercice [bénéfice ou perte]** | **2 010** | **3 641** |
| Subventions d'investissement | 0 | 0 |
| Provisions réglementées | 0 | 0 |
| **Total I** | **7 944** | **6 934** |
| **Provisions pour risques et charges** | | |
| Provisions pour risques | 177 | 531 |
| Provisions pour charges | 1 112 | 764 |
| **Total II** | **1 289** | **1 295** |
| **Dettes (1)** | | |
| Dettes financières : | | |
| Emprunts obligataires convertibles | 0 | 0 |
| Autres emprunts obligataires | 0 | 0 |
| Emprunts et dettes auprès des établissements de crédit (2) | 806 | 490 |
| Emprunts et dettes financières diverses (3) | 1 216 | 1 656 |
| Avances et acomptes reçus sur commandes en cours | 793 | 2 771 |
| Dettes d'exploitation : | | |
| Dettes fournisseurs et comptes rattachés | 3 514 | 4 900 |
| Dettes fiscales et sociales | 3 171 | 3 634 |
| Autres | 0 | 0 |
| Dettes diverses : | | |
| Dettes sur immobilisations et comptes rattachés | 2 | 2 |
| Dettes fiscales (impôts sur bénéfices) | 0 | 0 |
| Autres | 175 | 170 |
| Produits constatés d'avance (1) | 0 | 0 |
| **Total III** | **9 677** | **13 623** |
| **Écarts de conversion Passif** **(IV)** | **0** | **0** |
| **TOTAL GÉNÉRAL (I + II + III + IV)** | **18 910** | **21 852** |
| *(1) Dont à plus d'un an* | | |
| *Dont à moins d'un an* | | |
| *(2) Dont concours bancaires courants et soldes créditeurs de banque* | *565* | *56* |
| *(3) Dont emprunts participatifs* | | |

## Annexe 5 Compte de résultat en liste au 31 décembre N

| | (En k€) | Exercice N – France | Exercice N – Exportations et livraisons intra | Exercice N – Total | Exercice N-1 |
|---|---|---|---|---|---|
| Produits d'exploitation | Ventes de marchandises | | | 0 | 0 |
| | Production vendue – Biens | | | 30 396 | 34 501 |
| | Production vendue – Services | | | 466 | 722 |
| | Chiffre d'affaires net | | | 30 862 | 35 223 |
| | Production stockée | | | – 154 | – 1 452 |
| | Production immobilisée | | | | |
| | Subventions d'exploitation | | | | 4 |
| | Reprises sur amortissements, dépréciations et provisions, transfert de charges | | | 716 | 505 |
| | Autres produits | | | 416 | 291 |
| | **Total des produits d'exploitation (I)** | | | **31 840** | **34 571** |
| Charges d'exploitation | Achats de marchandises (y compris droits de douane) | | | | |
| | Variations de stocks (marchandises) | | | | |
| | Achats de matières premières et autres approvisionnements | | | 8 244 | 12 388 |
| | Variations de stocks (matières premières et approvisionnements) | | | 900 | – 828 |
| | Autres achats et charges externes | | | 9 274 | 9 821 |
| | Impôts, taxes et versements assimilés | | | 823 | 774 |
| | Salaires et traitements | | | 4 924 | 4 726 |
| | Charges sociales | | | 2 023 | 2 058 |
| | Dotations d'exploitation – Sur immobilisations | | | 693 | 726 |
| | Dotations d'exploitation – Sur actif circulant : dotations aux dépréciations | | | 883 | 207 |
| | Dotations d'exploitation – Pour risques et charges : dotations aux provisions | | | 475 | 403 |
| | Autres charges | | | 135 | 178 |
| | **Total des charges d'exploitation (II)** | | | **28 374** | **30 453** |
| | **1 - RÉSULTAT D'EXPLOITATION (I – II)** | | | **3 466** | **4 118** |
| Produits financiers | Produits financiers de participations | | | 100 | 198 |
| | Produits des autres valeurs mobilières et créances de l'actif immobilisé | | | 2 | 1 |
| | Autres intérêts et produits assimilés | | | 11 | 27 |
| | Reprises sur dépréciations, provisions et transferts de charges | | | | 229 |
| | Différences positives de change | | | 10 | 2 |
| | Produits nets sur cessions de valeurs mobilières de placement | | | | |
| | **Total des produits financiers (V)** | | | **123** | **457** |
| Charges financières | Dotations financières aux amortissements, dépréciations et provisions | | | | |
| | Intérêts et charges assimilées | | | 73 | 102 |
| | Différence négative de change | | | 2 | 1 |
| | Charges nettes sur cessions de valeurs mobilières de placement | | | | |
| | **Total des charges financières (VI)** | | | **75** | **103** |
| | **2 - RÉSULTAT FINANCIER (V – VI)** | | | **48** | **354** |
| | **3 - RÉSULTAT COURANT AVANT IMPÔTS (I – II + III – IV + V – VI)** | | | **3 514** | **4 472** |
| Produits exception. | Produits exceptionnels sur opérations de gestion | | | 3 | 0 |
| | Produits exceptionnels sur opérations en capital | | | 6 | 319 |
| | Reprises sur dépréciations, provisions et transferts de charges | | | | |
| | **Total des produits exceptionnels (VII)** | | | **9** | **319** |
| Charges exception. | Charges exceptionnelles sur opérations de gestion | | | 0 | 18 |
| | Charges exceptionnelles sur opérations en capital | | | | |
| | Dotations exceptionnelles aux amortissements, dépréciations et provisions | | | 5 | 3 |
| | **Total des charges exceptionnelles (VIII)** | | | **5** | **21** |
| | **4 - RÉSULTAT EXCEPTIONNEL (VII – VIII)** | | | **4** | **298** |
| Participation des salariés aux résultats de l'entreprise (IX) | | | | **313** | **234** |
| Impôts sur les bénéfices (X) | | | | **1 195** | **895** |
| | **TOTAL DES PRODUITS (I + III + V + VII)** | | | **31 972** | **35 347** |
| | **TOTAL DES CHARGES (II + IV + VI + VIII + IX + X)** | | | **29 962** | **31 706** |
| **5 - BÉNÉFICE OU PERTE (Total des produits – Total des charges)** | | | | **2 010** | **3 641** |

## Annexe 6 Tableau des flux de trésorerie de l'exercice N

| Flux de trésorerie liés à l'activité | |
|---|---|
| **Résultat d'exploitation** | **3 466** |
| *Réintégration des charges et élimination des produits sans incidence sur la trésorerie* | |
| + Amortissements et provisions (dotations nettes des reprises) | 689 |
| **= Résultat brut d'exploitation** | **4 155** |
| **– Variation du BFRE** | **– 1 778** |
| **= Flux net de trésorerie d'exploitation** | **2 377** |
| *Autres encaissements et décaissements liés à l'activité* | |
| + Produits financiers | 123 |
| – Charges financières | – 75 |
| ± Charges et produits exceptionnels | 3 |
| – Autres (IS, participation, augmentation des frais d'établissement) | – 1 508 |
| – Variation du BFR lié à l'activité (hors variation du BFRE) | 5 |
| **= Flux net de trésorerie généré par l'activité (A)** | **925** |
| **Flux de trésorerie liés aux opérations d'investissement** | |
| + Cessions d'immobilisations | 6 |
| + Réduction d'immobilisations financières | 16 |
| – Acquisitions d'immobilisations | – 492 |
| *Incidence de la variation des décalages de trésorerie sur opérations d'investissement* | |
| – Variation du BFR lié à l'investissement | 0 |
| **= Flux net de trésorerie lié aux opérations d'investissement (B)** | **– 470** |
| **Flux de trésorerie liés aux opérations de financement** | |
| ± Augmentation ou réduction de capital | |
| – Dividendes versés | – 1 000 |
| + Augmentation des dettes financières | 0 |
| – Remboursements des dettes financières | – 633 |
| + Subventions d'investissements reçues | 0 |
| *Incidence de la variation des décalages de trésorerie sur opérations de financement* | |
| – Variation du BFR lié au financement | 0 |
| **= Flux net de trésorerie lié aux opérations de financement (C)** | **– 1 633** |
| **Variation de trésorerie (A + B + C)** | **– 1 178** |
| **Trésorerie d'ouverture (D)** | **1 168** |
| **Trésorerie de clôture (A + B + C + D)** | **– 10** |

## Annexe 7 Autres éléments chiffrés de diagnostic

| | N | N-1 | N-2 | N-3 |
|---|---|---|---|---|
| **Chiffre d'affaires HT** (en k€) | 30 882 | 35 223 | 5 460 | 5 190 |
| **Valeur ajoutée** (en k€) | 12 290 | 12 590 | 7 430 | 7 050 |
| **EBE** (en k€) | 4 520 | 4 836 | 1 010 | 550 |
| **CAF** (en k€) | 3 344 | 3 927 | 780 | 490 |
| **Résultat d'exploitation** (en k€) | 3 466 | 4 118 | – 330 | – 170 |
| **Résultat de l'exercice** (en k€) | 2 010 | 3 641 | – 300 | – 200 |
| **Rotation des créances clients** (en jours) | 71 | 71 | 81 | 91 |
| **Rotation des dettes fournisseurs** (en jours) | 60 | 70 | 92 | 65 |
| **Taux de marge bénéficiaire** (Résultat de l'exercice / CA) | 6,5 % | 10,33 % | – 5,49 % | – 3,85 % |
| **Frais financiers / EBE** | 1,6 % | 2,11 % | 27,46 % | 38,43 % |
| **Taux d'endettement**<br>Endettement financier (y compris concours bancaires courants) / Capitaux propres | 25 % | 31 % | 194 % | 166 % |
| **Capacité de remboursement**<br>Endettement financier (y compris des concours bancaires courants) / CAF | 0,60 | 0,55 | 8,16 | 12,18 |

N° de projet : 10231647 - Dépôt légal : Mai 2017 - LO YENNE - Imprimé en Italie par L.E.G.O. S.p. A., Lavis (TN)